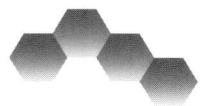

治安政策としての「安全・安心まちづくり」

監視と管理の招牌

清水雅彦

Shimizu Masahiko

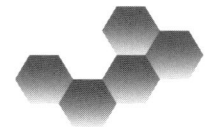

社会評論社

治安政策としての「安全・安心まちづくり」

監視と管理の招牌

目次

序章　「安全・安心まちづくり」とは何か　7

第一部　「安全・安心まちづくり」の展開　23

―第一章―　戦後治安政策の展開と改憲論　24

―第二章―　「安全・安心まちづくり」論の生成と具体化　36

―第三章―　「地域安全活動」の実例と問題点　71

第二部　自治体における「生活安全条例」と治安政策の実例　115

―第四章―　東京・千代田区条例の内容と問題点　116

―第五章―　東京・世田谷区条例の内容と問題点　128

―第六章―　東京都条例及び神奈川県条例の内容と問題点　139

―第七章―　東京都の治安政策の内容と問題点　161

序章

「安全・安心まちづくり」とは何か

はじめに

　今、「治安の悪化」が叫ばれている。具体的に「治安の悪化」とは刑法犯認知件数の増加と刑法犯検挙率の低下を意味し、特に刑法犯認知件数については一九九六年から二〇〇二年まで七年連続で戦後最多の記録を更新し続けた。このような「データ」を警察が発表し、これをマスメディアが報道することで、また昨今の一部「凶悪犯罪」の発生とその報道の過程で生じる「イメージ」から、一般市民の多くも「治安の悪化」を感じているようである。

　ただ最近は警察の取組もあり、二〇〇三年から刑法犯認知件数は減少してきた。しかし、「情勢は依然として厳しい(1)」という。それは、巷に流布する「体感治安の悪化(2)」という表現にも現れている。「治安」とは「安全」を確保するという客観的概念であるのに対して、「体感温度」が客観的に計測される温度計の温度とは異なる人の主観的な身体で感じる温度であるように、「体感治安」も個人的主観的な治安概念である。そこから、単に「安全」のみならず「安心」をも求める言説が出てきた。特にこの両者を求める警察の、さらには政府の取組が「安全・安心まちづくり」（又は「安全・安心のまちづくり」「安全・安心なまちづくり」）なのである。

　多くの市民が「安全・安心まちづくり」を言葉のイメージだけで考える傾向があると思われるが、では、この「安全・安心まちづくり」とはいったいどのような治安政策なのか。この治安政策に異議を唱える人々もいるが、このような人々の認識と反対論に問題はないのであろうか。多くの市民にしろ異議を唱える人々にしろ、「安全・安心まちづくり」を正確に把握している人は多数派ではないように思われる。そこで、まずはこの論点から考察を始めたい。

一　「安全・安心まちづくり」をめぐる誤解

1　取組開始時期の誤解

「治安の悪化」に対して警察庁が総合的な治安政策としての「緊急治安対策プログラム」を策定し、政府が「犯罪対策閣僚会議」を設置するのが二〇〇三年であるので、昨今の治安対策が二〇〇〇年代から展開され始めたと誤解している人が多いように思われる。まず、次の文章を読んでいただきたい。

「今、安全で安心な生活が求められている。／……従来良好であると言われ、諸外国からも評価されてきた我が国の治安は、……極めて厳しい情勢にある。特に、乗物盗、ひったくり等地域住民に身近な犯罪が増加していることが懸念される。また、最近の調査によると、地域住民の犯罪の発生についての不安感が著しく増大していることがうかがわれる。／こうした状況の下では、安全で住みよい地域社会の実現が従来以上に強く求められており、このためには、地域において犯罪、事故、災害の被害を未然に防止する活動―地域安全活動―をより強く推進していく必要がある。こうした認識の下、警察では、交番、駐在所を中心に、地域の安全活動の充実強化に努めている。他方、地域住民の側でも、地域の安全の問題に関心をもつ人が増えてきており、ボランティアによる様々な活動が行われつつある。／今後、安全で安心な生活の実現のためには、警察が地域住民の視点に立って、より地域に密接した幅広い活動を展開するとともに、警察とボランティアが連携を強化し、安全で住みよい地域社会づくりを行っていくことが重要である」(3)。

以上、警察庁編の『警察白書』から引用した文章であるが、これは何年版のものであると思われるだろうか。実は、これは一三年前の「平成六年版」(一九九四年)の文章である。この年の『警察白書』の副題は「安全で住みよい地域社会を目指して」というもので、いわゆる「地域における安全」に関する特集を第一章に持ってきた。確かにこの時期は明確に「安全・安心まちづくり」とは表現していないが、「犯罪の増加」「不安感の増大」に対して、警察の地域における活動とボランティアとの連携を拡大し、「安全で安心な生活」を求めるという構図は、基本的に昨今の治安政策でも引き継がれている。本書で詳細に検討するように、警察が本格的に地域における治安対策に乗り出したのは一九九〇年代半ばからであり、決して突如二〇〇〇年代に入ってからのことではない。

2 「安全」「安心」についての混同と誤解

次に、「安全・安心まちづくり」を「治安強化」と捉えて異議申立する人々の中には、「安全・安心まちづくり」を「安心・安全まちづくり」と表現したり、「安全」と「安心」の両者を混同している人も結構いるようである。

確かに、現場の警察官や防犯ボランティア活動に従事する人々の中には「安心・安全」と表現する者がいるようであるし、両者を区別しない人もいるであろう。しかし、先にあげた『警察白書』の文章に限らず警察の文書では「安全・安心」という順番で表現し、「安心・安全」とは表現しない。また、この「安全」と「安心」は同義語で使用しているわけではなく、別概念として使用し、「安全・安心まちづくり」といっ

た場合、警察は両者の確保を求めているのである。(4)

「安全」と「安心」の両者を同義語として用いないのは、警察法から考えれば当たり前のことである。「警察の責務」を規定する警察法二条一項は、「警察は、個人の生命、身体及び財産の保護に任じ、犯罪の予防、鎮圧及び捜査、被疑者の逮捕、交通の取締その他公共の安全と秩序の維持に当たることをもつてその責務とする」としている。警察による公共の「安全」の維持が結果的に個人の「安心」につながることは望ましいことであるとはいえ、警察は客観的な「個人の生命、身体及び財産」や「公共の安全」の保護・維持に当たる組織であり、警察法に明示されていないように、個人の「安心」まで確保する組織ではない。したがって、当然、警察が「安全」と「安心」を同じ概念として使用することはない。

また、そもそも言葉の意味からしても、「安全」と「安心」が同義語として使えないことは明白である。『広辞苑』(岩波書店)を引いてみると、「安全」とは「安らかで危険のないこと。平穏無事。物事が損傷したり、危害を受けたりするおそれのないこと」とされており、「安心」とは「心配・不安がなくて、心が安らぐこと。また、安らかなこと」とされている。特に漢字を見ればわかるように、「安心」の場合は「心」の問題である。そして、「安全」の反対語は「危険」、「安心」の反対語は「不安」「心配」であろう。したがって、言語的にも客観的な「安全」と主観的な「安心」という違いは明らかである。

では、そのようなことを踏まえた上で、なぜ「安全・安心」なのであろうか。この両者を別概念とした上で「安全・安心」と表現するのは、以下のような事情からである。警察法からすれば警察の責務は「安全」の維持である。「安全」の維持が結果的に市民の「安心」につながることはありうるから「安全・安心」であって、決して「安心・安全」ではない。なぜなら、個人の「安心」が満たされたからといって、その人や社会全体の客観的な「安全」が維持・確保されるわけではないからである。

また、そもそも一人一人捉え方の異なる主観的な「安心」の確保をいうのは、本書で検討するように警察活動を際限なく拡大していくためだからである。実際には社会が「安全」であっても、人々が「不安」を抱えていれば、それだけで「監視」のような防犯対策にニーズが生まれるし[(5)]、国家による安全配慮が具体的危険の除去から主観的な「安心感」へ転換すると、被害発生を予防するために求められる措置は無限に拡大するからである[(6)]。

3　「安全・安心まちづくり」と「生活安全条例」についての誤解

さらに、「安全・安心まちづくり」については、このネーミングから一般市民は全体像を理解する前に肯定的イメージを抱く傾向があると思われる。「安全」のみならず「安心」を警察が求めることに対する疑問は抱かないようである。また、都市行政や建築行政は本来警察の責務ではないのに、警察が「まちづくり」に関与することの問題に鈍感なようである。一方、「安全・安心まちづくり」を批判する人々の中でも、この治安政策が何を参考に研究され、どのような形で理論構築され、現在ではどのように構成され、どのような問題があるのか、必ずしも十分に認識せずに、「治安強化に向かうから」「警察権限を拡大するから」「監視社会をもたらすから」などの理由で反対する場合もあるように思われる。

国の政策に対して不正確な認識で反対する構図は、例えば「有事法制」に対する反応でも見られた。「有事法制」の整備は、アメリカの要請も受けて、日本が「アメリカ有事」に対処するために整備されたものである。ところが、一般市民の中には政府の「備えあれば憂いなし」や「日本有事に備えた法制」とのスローガンから誘導され、「日本が攻められた場合に備えるための法制」と捉えた人も多い。一方で、「有事法制」に反対する人々の中には、戦前の戦争と現在の「対テロ戦争」では戦争の形態・規模・性格などが異なるのに、「戦前の国家総動員法の再来」とか「日本が戦場になる」などの不正確な認識に基づく反対論も見られた。

また、本書で詳しく検討するように、「安全・安心まちづくり」を追求するために自治体で活用されているのが「生活安全条例」である。しかし、例えば本書でも検討する東京都の千代田区条例について、区側はそのような表現をしていないのにマスメディアが「路上禁煙条例」と報道し、情報の受け手の一般市民の多くがそのような条例と考えたと思われるが、マスメディアには千代田区条例が「生活安全条例」であるという認識が全くなかったようである。一般的に市民の権利・自由に敏感と思われる各地方議会の日本共産党議員や社会民主党議員でさえ、「生活安全条例」に賛成している場合もかなり見受けられる。

やはり、ある政策に賛成するにしろ反対するにしろ、なるべく情報を集めて、正確な認識に努めた上で意思決定を行うべきであろう。本書ではまずこのような意図の下で執筆したものである。

二 「安全・安心まちづくり」と「生活安全条例」

1 二つの『警察白書』から

先に「平成六年版」の『警察白書』を紹介したが、その後、「地域における安全」について特集を組んだ『警察白書』は副題を「地域社会との連帯」とする「平成一六年版」(二〇〇四年)である。この時の「特集に当たって」には以下のような記述が見られる。

「最近の刑法犯の認知件数は昭和期の約2倍の水準に達し、街頭犯罪・侵入犯罪や来日外国人犯罪も増加するなど、国民は犯罪被害の不安をより身近に感じるようになっている。他方で、治安悪化の一因に規範意識の低下や住民相互の人間関係の希薄化があり、これらをいかにして改善するかが治安回復の鍵であるとの認識も一般的になりつつある。／こうしたことから､国民は警察に対し､街頭パトロール等地域社会に密着した活動の強化を一層強める一方、防犯ボランティア団体の結成等により、自らの手で身近な犯罪を抑止しようとする動きも広まっている。／また、治安の回復には、警察のパトロールや犯罪の取締りだけではなく、警察と関係機関、地域住民が連携した社会全体での取組みが必要であることから、平成15年12月に犯罪対策閣僚会議が策定した『犯罪に強い社会の実現のための行動計画』においても、水際対策を始めとした各種犯罪対策のほか、犯罪の生じにくい社会環境の整備と、国民が自らの安全を確保するための活動の支援を進めるべきことが示された。／……地域の犯罪抑止や防犯活動を進めることは、治安の回復にとどまらず、希薄化した地域社会における連帯の再生にもつながるものである。本特集を通じ、『自らの安全は自ら守る』という意識が国民の間で更に高まり、地域社会における様々な取組みと融合し、豊かで住みよい社会が実現することを願うものである。(7)」

「地域における安全」をいかに確保するかについて、『警察白書』一〇年の歳月は治安政策をさらに充実させている。「平成六年版」では、警察による地域の安全活動の充実強化とボランティアとの連携が必要としていたが、「平成一六年版」ではさらに犯罪の生じにくい環境の整備を求め、規範意識の回復や「地域社会における連帯の再生」まで言及している。

2 「安全・安心まちづくり」の内容と展開

この『平成一六年版 警察白書』の「特集に当たって」が昨今の「安全・安心まちづくり」の思想を端的に語っている。「安全・安心まちづくり」については本書で詳細に検討するが、本章では読者に全体像を簡単に思い描いていただくために、簡単に「安全・安心まちづくり」とこれを実現するための「生活安全条例」の内容を説明しておく。

昨今の「治安の悪化」に対して、警察庁は二〇〇三年から「街頭犯罪・侵入犯罪抑止総合対策」を掲げ、「安全・安心まちづくりの推進」を展開している。これは「犯罪防止に配慮した環境設計活動(ハード面の施策)の推進」と「地域安全活動(ソフト面の施策)の推進」の二本柱から成るものである。この二本柱から成る治安政策は突然二〇〇三年に登場したのではなく、本書第一部第二章で検討するように約一〇年の歳月をかけて着々と研究・紹介・具体化してきた。

まず、「ハード面」の「犯罪防止に配慮した環境設計活動」は、特に一九八〇年代以降に導入されるようになったアメリカにおける「環境設計による犯罪予防(CPTED:Crime Prevention through Environmental Design)」やイギリスにおける「状況的犯罪予防(Situational Crime Prevention)」を参考にしたものである。この考えは、道路、公園、駐車・駐輪場、公衆便所、共同住宅における見通しの確保と監視カメラ等防犯設備の整備を要求するものである。このような理論を警察は一九九〇年代に入り少しずつ研究し、その成果を発表しながら具体化してきた。まず一九九三年に、行政法・刑事法・建築学の研究者を中心に警察庁内に「生活安全研究会」を設置し、同年の研究会では先に触れた「ハード面」と「ソフト面」の二つの施策の原型を提示する。そして同研究会はこの線で一九九七年に最終報告を出すが、同年にはさらに警察庁が建設省（現国土交通省）と共同して「安全・安心まちづくり手法調査検討委員会」を立ち上げ、翌年には同研究会の報告書が発表される。また、警察大学校編集の『警察学論集』では、二〇〇〇年に「国民を犯罪から守るためのシステム」の、二〇〇二年に「環境設計による犯罪予防」の特集を組んでいる。警察の取組を概観すれば、一九九七年から二〇〇〇年に「環境設計による犯罪予防」を研究・紹介・具体化してきたといえる。そして、警察庁は建設省と協議の上、二〇〇〇年に「安全・安心まちづくり推進要綱」を制定した。これを受けて全国で展開しているのは、警察による「街頭緊急通報システム（スーパー防犯灯）」や「街頭防犯カメラシステム（コミュニティセキュリティカメラシステム）」などの設置と、警察の関与の下で進む店舗・住宅・駐車場等の監視カメラの設置である。特に後者に関しては、「生活安全条例」の制定とそれに基づく「生活安全協議会」等の活用が求められている。

一方、「ソフト面」の「地域安全活動」は一九九三年に登場する概念で、特に一九八〇年代以降にアメリカやイギリスで導入されるようになった「コミュニティ・ポリシング（Community Policing）」を参考にしている。この考えは、地域の安全確保のために警察が地域社会に入り、住民・ボランティア団体、自治体などと協力しながら警察活動を行おうというものである。具体的には、本書第一部第三章で紹介するように、警察が地域で町内会・自治会・女性・学生などの「自主防犯活動」を組織化したり、警備会社・コンビニ・タクシー会社・新聞販売店・郵便局など各種事業者・法人等と防犯や「安全・安心」のための「ネットワーク」を構築したり、さらに、教育機関・家庭・マスメディア・自治体などと連携を強めている。また、「コミュニティ・ポリシング」と関連して主張されるのは、「犯罪は小さい芽の内に摘む」という「割れ窓理論（Broken Windows Theory）」と迷惑犯罪を重大犯罪と同様に厳しく取り締まるという「ゼロ・トレランス（Zero Tolerance」である。この「ソフト面」についても警察は一九九〇年代に入り少しずつ研究し、その成果を発表しながら具体化してきた。『警察学論集』では、一九九四年に「地域安全活動」の特集を組んでいる。警察の取組を概観すれば、一九九三年から一九九五年に「コミュニティ・ポリシング」を研究・紹介・具体化してきたといえる。

したがって、『警察白書』の「平成六年版」では登場したての「地域安全活動」についての言及しかなかったが、「平成一六年版」では「犯罪防止に配慮した環境設計活動」も加わり、「安全・安心まちづくり」の「ハード面」と「ソフト面」が揃うのである。

3　「生活安全条例」の内容と展開

以上の理論の具体化にあたって、全国の自治体における「生活安全条例」（名称としては、他に「防犯推進条例」や「安全・安心まちづくり条例」など）が活用されてきた。「生活安全条例」は「防犯」「生活安全」「安全・安心まちづくり」の実現を主たる目的とする条例であり、警察庁に生活安全局が設置される一九九四年から急速に制定されていく。「地域安全活動」の推進を図る上で、「生活安全条例」の制定は必ずしも必須の要件とはされていないし、警察と各種事業者・法人等との「ネットワーク」作りには条例の根拠を必要としない。しかし、条例を制定した方が自治体や住民の責務が明確になり、警察との連携や地域における警察活動の助長を担保するので、条例の制定を進めてきたのである。したがって、条例が制定された場合は、必ず「地域安全活動」の理論が挿入されている。また、一九九〇年代は地域における「地域安全活動」が求められていたので、当初は条例の制定は市区町村で先行する。

それに対して、「ゼロ・トレランス」については、条文数の少ない理念型条例では全く規定していなかったが、本書第二部第四章で検討するように東京都の千代田区条例で路上喫煙のようなマナー違反程度の行為などを取り締まるために盛り込んでいる。ただし、条例全体の中では「ゼロ・トレランス」規定を盛り込んだ条例は少数派といえる。「犯罪防止に配慮した環境設計活動」についても理念型条例では規定していなかったが、「安全・安心まちづくり推進要綱」制定以降は規定するものが増えてくる。本書第二部第六章で検討するように東京都条例など都道府県条例では規定するのが一般的となり、千代田区条例のように市区町村条例でも規定するものが増えている。

実際には「生活安全条例」の制定は警察主導とはいえ、治安政策が具体化されるのは自治体レベルにおいてであり、「生活安全条例」は警察の後押しを受けて地方から草の根的に広がった。しかし、二〇〇三年に入り、八月には警察庁が「緊急治安対策プログラム」を発表し、九月には政府が「犯罪対策閣僚会議」を設置し（同会議は一二月に「犯罪に強い社会の実現のための行動計画」を策定）、一一月の総選挙では自民党も民主党もマニフェストで治安対策を掲げることで、治安政策は国レベルの問題となった。二〇〇三年以降は下（地方）からも上（国）からも治安政策が展開されるようになるのである。

三　本書の構成

それでは、これから本書を読んでいただく読者に、簡単に本書の構成を説明しておく。本書は全体を大きく四部構成にした。

まず、第一部では「『安全・安心まちづくり』の展開」と称して、現在までの「安全・安心まちづくり」の具体的な展開をまとめた。第一章「戦後治安政策の展開と改憲論」では、本書で検討する一九九〇年代の生活安全警察の展開と問題点を考察する前に、その前史を簡単に振り返る。第二章「『安全・安心まちづくり』論の生成と具体化」では、一九九三年以降の「安全・安心まちづくり」がどのように生成・具体化してきたかを一年毎にまとめた。第三章「『地域安全活動』の実例と問題点」では、一般紙ではなかなか全体像がつかみにくい「安全・安心まちづくり」の「ソフト面」である「地域安全活動」の実例を整理しながら紹介すると共に、簡単に問題点を指摘する。特に第三章では部分的にしか知られていない様々な「地域安全活動」について、興味深く読んでいただける章だと思う。

第二部では「自治体における『生活安全条例』と治安政策の実例」と称して、実際に「安全・安心まちづくり」に取り組んできた自治体の事例を紹介・検討するものである。第四章「東京・千代田区条例の内容と問題点」では、マスメディアの誤ったネーミングにより全国的に「路上禁煙条例」として知られる東京都千代田区の「生活安全条例」について検討した。第五章「東京・世田谷区条例の内容と問題点」では、オウム真理教（現アーレフ）対策を名目に制定された東京都世田谷区の「生活安全条例」について検討した。第六章「東京都条例及び神奈川県条例の内容と問題点」では、都道府県レベルの「生活安全条例」として東京都と神奈川県の条例について検討し、両者に対する法律家・法学者の反対声明を紹介する。第七章「東京都の治安政策の内容と問題点」では、石原都政における「安全・安心まちづくり」を含む治安政策全般を検討した。

第三部では「『安全・安心まちづくり』と『生活安全条例』の批判的検討」と称して、第一部と第二部の具体例を受けて理論的考察を行った。第八章「『安全・安心まちづくり』の批判的検討」では、「安全・安心まちづくり」の理論構造を明らかにし、この効果とインパクトを批判的に検討する。第九章「『生活安全条例』の批判的検討」では、「生活安全条例」の内容・制定の経緯・問題点などを細かく批判的に検討した。この第三部は本書の中心部分となる。

第四部では「連動する有事体制と少数者の排除」と称して、「安全・安心まちづくり」に連動する有事法制と少数派排除の問題を考察した。第一〇章「『国民保護法制』と『生活安全条例』」では、平時における「生活安全条例」などによる「防犯体制」が有事における「国民保護法制」などによる「防衛体制」に容易に連続していく構造と問題点をまとめた。第一一章「『不安社会』と『安全』――オウム真理教事件を手がかりに」では、オウム真理教（現アーレフ）に対する地域での排除運動が「安全・安心まちづくり」における「不審者」排除に連続する構造と問題点を検討する。

そして、最後に終章「『安全・安心まちづくり』を越えて」は、「安全・安心まちづくり」の背景を明らかにしながら、またこれと関連して昨今の「治安の悪化」否定論を検証しながら、「安全・安心まちづくり」にどう向き合っていくかをささやかながら検討するものである。

なお、資料については挙げるときりがなくなるので、本書では第二部で検討の対象とした東京・千代田区条例、東京・世田谷区条例、東京都条例にとどめてそれぞれの全文を収録した。

（1）例えば、警察庁編『平成一八年版　警察白書』（ぎょうせい、二〇〇六年）七〇頁。
（2）「体感治安」という言葉は国松孝次元警察庁長官の造語といわれることがよくあるが、本人はそれを否定し、「韓国の国会議員が演説で使った言葉だ」としている（国松孝次「警察の枠越えた論議を」朝日新聞二〇〇三年七月一一日朝刊）。
（3）警察庁編『平成六年版　警察白書』（大蔵省印刷局、一九九四年）一頁。
（4）例えば、「『安全』と『安心』の両面からの治安回復に向けた取組み」とする表現など（漆間巌警察庁長官「年頭あいさつ　『安全』と『安心』の両面から　全国警察を挙げて治安と信頼の回復へ取組む」日刊警察二〇〇七年一月四日）。
（5）鈴木謙介『カーニヴァル化する社会』（講談社現代新書、二〇〇五年）五八頁以下。
（6）西原博史「改憲論の目指す国家と個人の関係」全国憲法研究会編『法律時報増刊　憲法改正問題』（日本評論社、二〇〇五年）二八頁以下。
（7）警察庁編『平成一六年版　警察白書』（ぎょうせい、二〇〇四年）一頁。

第一部　「安全・安心まちづくり」の展開

第一章　戦後治安政策の展開と改憲論

はじめに

近代市民革命は、権力が暴走したかつての封建制社会の反省から「国家権力＝悪」と捉え、国家権力の発動を規制するために憲法を制定した。そして近代国家においては、「夜警国家」といわれたように、国家の役割を防衛と治安の最小限のものに限定した。[1]国内治安について見れば、「市民の安全」を守る活動は専門的な知識と特殊な権限を有しつつ、法律により活動が規律される警察に委ねられることになった。

ところで、本書で検討の対象にしている「安全・安心まちづくり」は、一九九〇年代以降に生活安全警察が展開してきたものである。「安全・安心まちづくり」の施策として代表的なものは、全国各地で見られる監視カメラの設置以外に、警察が地域社会に積極的に介入することや、市民による防犯パトロールの展開がある。ここには、治安は国家の責務であり、警察活動は国家が独占するという従来の原則を突き崩す発想が見られ、市民が警察に積極的に協力する事例も見られる。

そこで、一九九〇年代以降の具体的な生活安全警察の展開と問題点を検討する前に、その前史として本書に関係する範囲で日本における治安政策の歴史を概観しておく。

一　戦前・戦後の警察と治安政策

1　戦前の警察と治安政策

日本は江戸時代までの封建制社会を否定して明治時代から外見的立憲主義を導入し、欧米諸国に対抗すべく擬似的近代国家として歩み始める。一八八九年制定の大日本帝国憲法（明治憲法）では「臣民の権利」を保障することになったが、それは「法律ノ範囲内ニ於テ」や「法律ニ定メタル場合ヲ除ク外」保障されるにすぎなかった（法律の留保）。

このような憲法体制の下、警察組織については、イギリス型の市民を守る市民警察・自治体警察ではなく、公共の秩序を守るフランス・ドイツの大陸型警察を導入した。この警察組織は、警察以外にも土木や衛生など国内の多種多様な行政を司る内務省に属し、司法警察（犯罪が発生した後の犯罪捜査）・行政警察（内務行政における危害防止、健康保全、社会風俗上の逸脱防止、建築規制、労働事務などの行政警察と、反体制思想の取締と天皇制維持のために一九一一年に設置した「特別高等警察」＝「特高」などによる政治警察）として活動する巨大な権力機構であった。そして、天皇を頂点とする国家体制を維持するため（「国体護持」）、一九二五年以降は治安維持法体制の下で、「国体の変革」と「私有財産制の否認」を禁止し（ここで主な弾圧の対象になったのは無政府主義と共産主義）、天皇制国家にとって不都合な思想・（新興）宗教・労働運動・自由主義の弾圧を行い、庶民のありとあらゆる活動を監視してきたのである。

2　戦後当初の警察と治安政策

それが一九四五年のポツダム宣言の受諾と日本の敗戦により、日本は国際社会に民主主義と基本的人権の尊重の確立を約束し、内務省は解体され、治安維持法や特高などは廃止された。そして一九四六年には、国民主権・基本的人権の尊重・平和主義を三大基本原理とする日本国憲法を制定する。日本国憲法では、基本的人権は永久不可侵のものとなり（一一条、九七条）、戦前の反省から他国と比較しても条文数の多い人身の自由規定を置いた（一八条、三一条〜四〇条）。国家の活動が憲法の基本原理に大きく規律されることになったのである。

警察については、一九四七年の旧警察法により、公安委員会制度による民主化、国家地方警察（自治体警察を設置しない町村のために設置され、自治体警察の連絡調整にもあたる）と自治体警察（市と五千人以上の市街的町村で設置され、国家非常事態以外は国家地方警察の指揮監督を受けない）との分離という地方分権化、行政警察の大幅な縮小、司法警察の拡大により再出発が図られた。これにより「国家のための警察」から「市民のための警察」へと転換したのである。

3　「逆コース」後の警察と治安政策

しかし、その後の「逆コース」の中で、連合国軍最高司令官総司令部（ＧＨＱ）は命令や書簡などにより、一九四七年に官公庁労働者を中心とする「二・一ゼネスト」の中止や一九四八年に公務員労働者のストライキ権の剥奪、一九五〇年には日本共産党中央委員の公職追放や職場から共産主義者を追放する「レッド・パージ」などを行った。こういう中で法制面の動きとしては、一九四八年以降には各地の自治体で集会やデモ行進を規制する「公安条例」が制定されることになる。さらに、一九五二年には「団体の活動として暴力主義的破壊活動を行った団体」に対して、デモ行進・集会や機関誌紙の印刷・頒布、役職員・構成員の行為禁止、さらには団体の解散指定などを行うことができる「破壊活動防止法」が制定され、法務省の外局として公安調査庁が設置された。憲法二一条の規定がありながら、表現・結社の自由を侵害していくことになるのである。

また、一九五四年の警察法改正は旧警察法の枠組を大幅に改変し、自治体警察は廃止され、警察の中央集権化が進む(2)。一九六〇年・一九七〇年の二度にわたる安保闘争や一九七〇年前後がピークとなる学園闘争・全共闘運動などに対処するため、警察活動は司法警察から警備・公安警察偏重に転換していく。そして、公安調査庁や警察の公安部門（警視庁公安部及び各道府県警察警備部公安課・係）は、新左翼諸党派や右翼以外にも、公党である日本共産党や朝鮮総聯など在日朝鮮人、一部労働組合までも調査・監視対象としてきた。この活動方法には、違法な情報収集（電話盗聴、写真・ビデオ撮影など）、違法検問（所持品検査・車内検索の強制や拒否者に対する嫌がらせなど）、過剰警備（膨大な警察官配備、デモ行進・集会参加者への挑発など）、違法捜索（微罪事件による無差別的捜索や違法な身体捜索など）、不当逮捕（微罪逮捕、別件逮捕など）も含まれている。

要するに、警察法二条では警察の責務として「個人の生命、身体及び財産の保護」「公共の安全と秩序の維持」を掲げるが、「公共の安全と秩序」を「法規又は社会的慣習をもって確立している国家及び社会の公の安全秩序を意味する(3)」と解釈することで、戦後においても「国家体制」の維持とこれに批判的な個人・団体に対する監視・弾圧を行ってきたのである。

二　昨今の治安立法と警察

1　行政警察拡大の開始

一九八〇年代以降では、まず一九四八年制定の「風俗営業取締法」を一九八四年に大幅に改正した「風俗営業等の規制及び業務の適正化等に関する法律」(風営法)で、規制目的の拡大(「少年の健全な育成」「風俗営業の健全化」という積極目的の導入)、対象の拡大(すべての風俗営業・性風俗営業へ)、行政処分の範囲拡大を行う。これにより、警察が市民の日常生活に関わる自己決定権(憲法一三条)や風俗営業者の営業の自由(憲法二二条・二九条)に踏み込み、市民社会に国家や警察が考える「健全」概念など道徳的価値を強制する取っかかりができあがるのである。

また、一九九一年の「暴力団員による不当な行為の防止等に関する法律」(暴力団対策法)は、「集団的に又は常習的に暴力的不法行為等を行うことを助長するおそれがある団体」を「暴力団」とし、公安委員会が指定した「指定暴力団」の「暴力的要求行為」等を禁止した。そして、公安委員会が「暴力的要求行為」等の中止等の措置命令を出せるという規定と、命令違反者に対する罰則規定を盛り込み、警察官の暴力団事務所への立入、物件の検査・質問権を与えた。暴力団対策として、各地の暴力団事務所所在地で地域住民が暴力団反対運動を展開すると共に、法律の整備を行ったのである。この暴力団員の犯罪行為の取締から暴力団の存在そのものの取締への転換は、結社の自由(憲法二一条)の重大な制約があり、令状主義(憲法三五条)の後退も見られる。

要するに、この二つの事例からいえることは、一部市民の性風俗営業や暴力団に対する嫌悪感などを利用して、警察による特定の価値観への介入と予防活動という行政警察を拡大していくのである。(4)

2　団体規制を通じた警察権限の拡大

一九九九年には組織的犯罪対策立法の一つとして、「組織的な犯罪の処罰及び犯罪の収益の規制等に関する法律」（組織的犯罪処罰法）が制定された。これにより、「共同の目的を有する多数人の継続的結合体であって、その目的又は意思を実現する行為の全部又は一部が組織により反復して行われるもの」を「団体」と定義した上で、組織的な犯罪に対する刑罰の加重、犯罪収益等のマネー・ロンダリング（資金洗浄）行為中の隠蔽・収受の処罰、犯罪収益等の没収・追徴が可能になった。

また、組織的犯罪対策立法の一つとして、「犯罪捜査のための通信傍受に関する法律」（通信傍受法、盗聴法）が制定される。これは「数人の共謀によって実行される組織的な殺人、薬物及び銃器の不正取引に係る犯罪等」（他に集団密航）の「事案の真相の的確な解明」のために「電話その他の電気通信の傍受」を行うという法律である。しかし、被疑者に傍受令状を提示することなく傍受を行うことや傍受令状で会話を特定しないことは令状主義（憲法三五条）に抵触するといえ、「傍受令状に記載された傍受すべき通信に該当するかどうか明らかでないものについては、……傍受すべき通信に該当するかどうかを判断するため、……当該通信の傍受をすることができる」とする予備的傍受を含め、通信傍受行為そのものがプライヴァシー権（憲法一三条）や通信の秘密（憲法二一条）に反する法律といえる。

同じく一九九九年には、一連のオウム真理教（現アーレフ）による殺人事件やサリン事件などに対処するために、「無差別大量殺人行為を行った団体の規制に関する法律」（団体規制法）が制定される。これにより、公安調査庁が「無差別大量殺人を行った」団体の土地・建物への立入検査や必要な物件への検査などから なる観察処分や、公安審査委員会が土地・建物の取得・借り受け・使用の禁止や団体役員等の活動禁止などからなる再発防止処分を行えるようになった。このオウム真理教対策でも、各地のオウム真理教支部所在地などで地域住民がオウム真理教反対運動を展開すると共に、法律の整備を行った。しかし、同法には結社の自由（憲法二一条）を侵害しかねない問題がある。

3　さらなる行政警察拡大の動き

その他、一九八〇年代から、各自治体で表現の自由（憲法二一条）を脅かしかねない「拡声器規制条例」の制定や、「有害図書」規制や淫行禁止を通じて家庭や学校が担う教育の領域に警察が踏み込み、趣味や性生活などの自己決定権（憲法一三条）を脅かしかねない「青少年保護育成条例」の改正などが行われてきた。

そして、一九九四年の警察法改正により広域捜査体制の整備（警察の中央集権化）と警察庁生活安全局の設置が行われる。特に同局は、所掌事務の第一に「市民生活の安全と平穏」（警察法二三条一号）を、外に「地域警察」（同条二号）、「犯罪の予防」（同条三号）、「保安警察」（同条四号）を掲げることで、生活安全警察（防犯保安警察）として、犯罪予防、少年非行、高齢者対策、風俗営業、健康など市民生活の隅々にまで介入することになり（行政警察の拡大）、市民へ特定の価値を押しつけかねない組織となった。

昨今の治安立法と警察の組織改編でいえることは、内務省の廃止により大幅に行政警察が縮小されたにもかかわらず、戦後は着実に「特高」警察的な政治警察と、風俗や青少年から犯罪予防まで取り組む行政警察が拡大してきたということである。この流れは、関連する法制の整備と警察権限の拡大で展開するが、組織的には警察庁に生活安全局が設置されたことが大きい。そして、この生活安全警察がさらに一九九〇年代から二〇〇〇年代にますます活動を拡大していくことになるのである。(5)

三　戦後の改憲論と治安政策

1　一九五〇年代の復古主義的改憲論

以上概観してきた治安政策を考察するにあたっては、具体的な治安立法や警察の取組を見ているだけでは不十分である。「逆コース」後の治安政策は、同時期の改憲論と連動する部分があり、昨今の治安政策はこれからの改憲により大きく影響を受ける部分があるからである。特に、一九五〇年代には不可能であった改憲が、改憲を志向する政党が憲法改正の発議に必要な国会内三分の二以上の議席を有することになった現在、現実的な問題となったからである。

では、「逆コース」の中で登場した改憲案にはどのようなものがあったのであろうか。一九五〇年代に出てきた改憲論は、天皇元首化、再軍備、権利の制限と義務の拡大などを特徴とする復古主義的な改憲論であった。このような改憲論の中で、警察・治安政策に関連する改憲案としては、例えば一九五四年に発表された改進党憲法調査会の「現行憲法の問題点の概要」は、「現行憲法では個々の基本権と『公共の福祉』との関係は明確でなく今日迄の実績では、『公共の福祉』の名の下で基本権が不当に狭められる傾向があるから、個々の基本権について制限の要否と限界を明瞭にする必要がある」とし、同じく同年に発表された自由党憲法調査会の「日本国憲法改正案要綱」は、「基本的人権は社会の秩序を維持し、公共の福祉を増進するため法律を以て制限し得る旨を規定する」「全般に条文を簡略にし、殊に刑事手続に関する一部を刑事訴訟法に譲る」とした。また、保守合同後の一九五六年に発表された自由民主党憲法調査会の「憲法改正の問題点」では、「社会連帯の理念に基づく国民の基本的義務たとえば他人の人格、権利を尊重する義務、社会秩序を尊重する義務、国土防衛の義務等が考究されている」とし、「刑事手続に関する諸規定」を「あまりに詳細」とした。

しかし、このような復古主義的改憲論は、日本国内における広範な平和運動・憲法擁護運動と、国会内で改憲に反対する勢力が三分の一以上を占めることによって、徐々に衰退していった。(6)

2　一九九〇年代以降の新自由主義的改憲論

それが、一九八〇年代末からの国外におけるソ連・東欧の崩壊と米ソ冷戦の終結、「湾岸危機」以降の「国際貢献」論の登場などにより、自衛隊を海外に展開するための議論が出てくる。一方で、国内における社会党・総評の衰退・組織再編によって、改憲論がまた盛んになってくる。現在の改憲論は、かつての復古主義的改憲論が少数派となり、自衛隊の海外派兵など日本の軍事大国化と構造改革など新自由主義改革に適合的な改憲論が主流になってくる。

このような改憲論の中で、警察・治安政策に関連する改憲案については人身の自由規定の削減案が主流ではなくなり、「公共の福祉」による人権制限論が一般的となってきた。例えば小沢一郎は、「通信傍受法」を治安維持のための法律と捉え、「基本的人権はすべて公共の福祉及び公共の秩序に遵う」との改憲案を提示する。(7)読売新聞社の二〇〇〇年の改憲案でも、国民の自由及び権利については、「国民は、常に相互に自由及び権利を尊重し、国の安全や公の秩序、国民の健全な生活環境その他の公共の利益との調和を図り、これを濫用してはならない」とした。(8)そして、政党による本格的な改憲案では、自民党が二〇〇五年一〇月に発表した「新憲法草案」で、「自由及び権利には責任及び義務が伴うことを自覚しつつ、常に公益及び公の秩序に反しないように自由を享受し、権利を行使する責務を負う」とした[9]。

自民党のこの「新憲法草案」は、「人権相互の調整原理」と捉えられてきた「公共の福祉」概念を転換し、新たに「公益及び公の秩序」により権利制限を行うというものである。この「公益及び公の秩序」という文言は抽象的であるが、「新憲法草案」の基になる改憲案では、「基本的な権利・自由の行使は、他人の基本的な権利・自由との調整を図る必要がある場合又は国家の安全と社会の健全な発展を図る『公共の価値』がある場合に限って、かつ、法律の定めるところに従ってのみ、制限される」としたり[10]、「現行の『公共の福祉』の概念は曖昧である。個人の権利を相互に調整する概念として、または国家の安全と社会秩序を維持する概念として明確に記述すべきである」「『公共の福祉』の概念をより明確にするため、『公益』あるいは『公の秩序』などの文言に置き換える」としている[11]。「公益及び公の秩序」の裏には、「国家の安全」や「社会秩序の維持」の名で防衛・治安政策を遂行するために、人権を制限するという意図が隠されており、さらに治安政策に関していえば、新自由主義改革による社会統合の解体や治安の悪化に対して、治安の強化で対応するための改憲論が出てくるのである[12]。

おわりに

一九九〇年代以降の改憲論で、人身の自由規定の削減案が主流となりえなかった要因としては、国民の戦前の体験や憲法の人権規定の定着、そして国民の治安立法に対する反対運動などがあげられよう。後者に関しては、一九五八年の警察官職務執行法の「改正」を阻止し、破壊活動防止法は制定されたが、強力な反対運動によりその適用を最小限にとどめている（一九九七年にいたっても、公安審査委員会はオウム真理教に対する破防法の適用はできなかった）。

しかし一方で、警察権限の強化と治安立法の制定を市民が十分に止められなかったのも事実である。特に一九八〇年代以降は、暴力団・組織的犯罪・オウム真理教など、市民がこれらの団体・関係者に対する取締を望み、「自分たちとは関係ない」という意識が諸法の成立を許した。これらの立法も結局は市民全体の自由を縮減するという認識が市民に十分共有されなかったといえる。さらに、一九九〇年代以降の生活安全警察では、市民の「安全」要求を警察が巧みに利用し、それが昨今の人権制約的改憲論にもつながっているのである。

（1）マルクス主義では国家を階級支配の道具・暴力装置と捉え、アナキズム（無政府主義）では国家組織を否定するが、本稿では国家そのものと国家における警察組織の存在は必要なものであるという立場から論じる。

（2）戦前・戦後の警察の変遷を警察サイドからまとめたものとして、田村正博『四訂版　警察行政法解説』東京法令出版（二〇〇二年）四〇頁以下、警察制度研究会編『全訂版　警察法解説』東京法令出版（二〇〇四年）三頁以下など。

（3）前掲註（2）『警察法解説』五四頁。

（4）戦後から一九九〇年代半ばまでの警察活動を批判的に検討するものとして、日本弁護士連合会編『検証　日本の警察』（日本評論社、一九九五年）。

（5）一九八〇年代以降の警察権限の拡大を批判的に検討するものとしては、小林道雄『日本警察の現在』（岩波書店、一九九八年）一二七頁以下、日本弁護士連合会第45回人権擁護大会シンポジウム第1分科会実行委員会編『だいじょうぶ？　日本の警察――市民が求める改革とは――』（日本弁護士連合会、二〇〇二年）一八一頁以下など。また、戦後から二〇〇〇年代までの警察の戦略を批判的に検討するものとしては、渡辺治「グローバル化・『強い国家』政策と現代警察のねらい」小倉利丸編『グローバル化と監視警察国家への抵抗――戦時電子政府の検証と批判』（樹花舎、二〇〇五年）一三頁以下。

(6) 以上、一九五〇年代の改憲案資料とその分析については、渡辺治『憲法改正の争点――資料で読む改憲論の歴史』（旬報社、二〇〇二年）四一七頁以下。

(7) 小沢一郎「日本国憲法改正試案」文藝春秋一九九九年九月号（文藝春秋社、一九九九年）一〇一頁。

(8) 読売新聞二〇〇〇年五月三日朝刊。

(9) 自由民主党「新憲法草案」（二〇〇五年）。

(10) 自由民主党憲法調査会憲法改正起草委員会「憲法改正草案大綱（たたき台）～『己も他もしあわせ』になるための『共生憲法』を目指して～」（二〇〇四年）七頁。

(11) 自由民主党新憲法起草委員会「新憲法起草委員会各小委員会要綱」（二〇〇五年）三頁。

(12) 自民党の「新憲法草案」の人権規定を批判的に検討するものとして、拙稿「自民党『新憲法草案』（人権各論）部分的な復古主義と巧妙な新自由主義的改憲案」法と民主主義四〇四号（日本民主法律家協会、二〇〇五年）二三頁以下。また、昨今の改憲論を批判的に検討するものとして、渡辺治『憲法「改正」――軍事大国化・構造改革から改憲へ』旬報社、二〇〇五年）。

第二章　「安全・安心まちづくり」論の生成と具体化

はじめに

現在、警察庁は「街頭犯罪等抑止総合対策」を掲げ、「安全・安心まちづくりの推進」を展開している。これには「犯罪防止に配慮した環境設計活動（ハード面の施策）の推進」と「地域安全活動（ソフト面の施策）の推進」の二つがある。これらの内容については、あらためて第三部第八章で詳細に検討するが、前者は見通しの確保と監視カメラ等防犯設備の整備を内容とするアメリカの「環境設計による犯罪予防（Crime Prevention through Environmental Design）」を、後者は地域社会と連携した警察活動を内容とするアメリカの「コミュニティ・ポリシング（Community Policing）」を参考にしている。両者の実現には「生活安全条例」に根拠をおく場合と、条例に関係なく展開される場合がある。

そこで本稿では、現在に至る警察の「安全・安心まちづくり」の取組について、警察庁に生活安全局が設置された前年である一九九三年以降の動向を、現職・ＯＢ警察官及び警察関連法人向けの日刊紙である『日刊警察』（一九五一年七月創刊、日刊警察新聞社発行）、警察大学校編集の紀要雑誌である『警察学論集』（立花書房発行）、警察庁編集の『警察白書』などから分析したいと思う。

一　一九九三年～「地域安全活動」概念の登場と「安全・安心まちづくり」の原型提示

1　「生活安全研究会」の設置

まずこの年は、今後の防犯対策の推進、少年非行防止対策、地域警察の在り方などを検討するために、警察庁保安部内に「国民生活の安全を守るための施策を研究する会」（生活安全研究会）を設置した。研究会の主なメンバーは、成田頼明横浜国立大学名誉教授、藤田宙靖東北大学法学部教授、前田雅英東京都立大学法学部教授、伊藤滋慶応大学環境情報学部教授などであり、ほかに財界関係者、弁護士、評論家、青年会議所役員、ＰＴＡ全国協議会役員など約二〇名から構成された。六月に開催した第一回研究会では、城内康光警察庁長官が、「住民の連帯意識の希薄化、匿名性の増加など、地域の有していた防犯機能は低下し、……既に発生した犯罪の取締活動を推進することはもちろんでありますが、更に前に一歩出て、犯罪の発生の予防、事故や災害のような身近な危険の防止のための活動を強力に展開することが重要であります」と述べた(1)。

この研究会のメンバーは、その後も「安全・安心まちづくり」の展開で活躍する行政法・刑事法や建築学などの大学教員であり、警察庁長官も今後の生活安全警察が目指すべき論点を的確に指摘しているといえる。

2　「安全・安心まちづくり」の二つの施策の原型提示

そして、一一月開催の第二回「生活安全研究会」では、「地域の安全のための方策に係る意見、要望等について」を提示する。その内容として、「地域住民の自主的な活動に関するもの」という項目では、「自分の身は自分で守るという気持ちから活動を行うことが必要である」とし、「警察の行う地域の安全対策に関するもの」では、「例えば地下駐車場を作るような場所には、死角ができて犯罪発生、少年非行などの問題が生じることがあるので、警察は、都市計画等についても、防犯上の観点からもっと積極的に意見を言うべきである」とした。また、「地域の安全のための方策を考える上での基本指針」として七項目を挙げ、特にその中の「二」では、「このような地域安全活動は、ひとり警察のみでは不十分であって、生活の安全を自ら守ろうとする地域住民の自主的な活動として推進されなければ実効あるものとはならない。このため、地域住民によるボランティア活動を基盤に、防犯協会、防犯連絡所、防犯指導員などの民間防犯組織が中心となって、自主的な地域安全活動が推進される必要がある」とした(2)。

警察庁はこの年に「地域安全活動」概念を確立するが、さらにこの二回目の「生活安全研究会」からいえることは、駐車場などで死角をなくすという「安全・安心まちづくり」の「ハード面」と、地域住民による防犯活動の展開という「安全・安心まちづくり」の「ソフト面」の原型が既に示されているということである。

二　一九九四年〜警察庁生活安全局の設置と警察白書の特集

1　警察庁生活安全局の新設

一九九四年七月に改正警察法が施行され、「犯罪、事故その他の事案に係る市民生活の安全と平穏に関すること」を所掌事務の第一に掲げる生活安全局が警察庁に新設された。今後、「安全・安心まちづくり」

を推進していく生活安全警察の中心組織がこの年に設置されたのである。

2　警察白書の特集

このような重要な組織が新設された年の『平成六年版　警察白書』では、副題を「安全で住みよい地域社会を目指して」とした。そして、「第一章　地域の安全確保と警察活動～安全で住みよい地域社会を目指して～」では、「今、安全で安心な生活が求められている」という書き出しから始まり、「地域住民に身近な犯罪が増加し」「地域住民の犯罪の発生についての不安感が著しく増大している」から、「安全で住みよい地域社会の実現が従来以上に強く求められており、このためには、地域において犯罪、事故、災害の被害を未然に防止する活動―地域安全活動―をより強く推進していく必要がある」「今後、安全で安心な生活の実現のためには、警察が地域住民の視点に立って、より地域に密接した幅広い活動を展開するとともに、警察とボランティアが連携を強化し、安全で住みよい地域社会づくりを行っていくことが重要である」とした。(3) 特に二〇〇〇年代以降に社会全体で顕著となる「不安感の増大」論を、既に警察はこの時点で指摘し、それに対処するための「地域安全活動」を提示したのである。

そして、第一章は、地域の「生活安全センター」としての交番・駐在所などを紹介する「第一節　地域を守る警察活動」、「地域安全活動」を中心に紹介する「第二節　ボランティアとともにある地域安全活動」（またここでは、簡単であるが「安全な街づくり」についても言及している）、「地域安全活動」の先駆的な事例である愛知県春日井市の取組を紹介した「第三節　ボランティア活動を支えるもの―ある地方都市のケーススタディー―」、アメリカの「コミュニティ・ポリシング」ほか、カナダ、イギリス、シンガポールにおける警察活動を紹介する「第四節　諸外国の地域の安全のための取組み」、交番等の機能強化や地域住民の活動への支援などの課題を提示する「第5節　今後の方向」から構成されている。(4)

3　『警察学論集』の特集など

八月には警察庁と全国防犯協会連合会（全防連）主催の「地域社会の安全確保活動に関する国際シンポジウム」（「生活安全国際シンポジウム」）を都内で開催する。ここではディヴィッド・H・ベイリー（ニューヨーク州立大学教授）が「コミュニティー・ポリシングの力～国際的視点から」と題する講演を行い、「コミュニティ・ポリシング」の必要性を訴えた。(5)

続く九月は警察庁が「地域安全活動強化月間」とし、防犯協会等の民間ボランティア団体の活動に対する支援・連携活動を推進し、「安全・安心の街づくり」を進めるとした。(6)

また、『警察学論集』九月号（四七巻九号）は、「コミュニティ・ポリシング」の紹介を中心とする一〇本の論文・対談からなる『特集・地域安全活動の新展開』を組んでいる。主な論稿として、ディヴィッド・H・ベイリー（ニューヨーク州立大学教授）＝渥美東洋（中央大学総合政策学部長）「《対談》コミューニティ・ポリースィングと警察」、田村正博（前警察大学校生活安全教養部長、警察庁総務課企画官）「二一世紀のコミュニティと安全」、小野正博（警察庁地域課長）「地域安全活動の展開と実践」、島田尚武（警察庁生活安全企画課長）「『地域安全活動』とは?」、栁木義人（警察庁生活安全企画課付）「地域安全活動各種施策の推進状況」などが掲載された。(7)

以上の点から、警察庁に生活安全局が誕生したこの年は、「コミュニティ・ポリシング」を積極的に研究・紹介した年といえる。また、この年から全国各地で「生活安全条例」の制定が本格的に展開されるようになる。

三　一九九五年〜「全国地域安全運動」の開始

この年は、全国防犯協会連合会、都道府県防犯協会（連合会）、都道府県暴力追放運動推進センター、警察庁、各都道府県警察主催による「全国地域安全運動」が一〇月一一日から十日間開催された（メインスローガンは、「みんなで　つくろう　安心の街」）。元々この運動は、一九七七年から「全国防犯運動」として実施されてきたが、「民間主導へ力点を移行させ、防犯協会その他の地域安全活動を担う団体と警察が連携して行うことにな［った］」[8]ため、この年から名称を変更したのである。これは「コミュニティ・ポリシング」の実践化といえる。

四　一九九六年〜「生活安全条例」論文の登場

1　『警察学論集』の「生活安全条例」論文

この年の『警察学論集』八月号（四九巻八号）では、「生活安全条例」を紹介する論文として、泉幸伸（警察庁生活安全局長）・大園猛志（警察大学校生活安全教養部長）「《特別対談》生活安全警察の課題と展望」[9]と横山雅之（警察庁生活安全企画課理事官）「『生活安全条例』の制定と地域安全活動の効果的推進」が掲載された。特に後者の論文では、一九九三年一一月に確立された「地域安全活動」の概念を積極的に推進するため、地域での「生活安全条例」制定の必要性を唱え、本格的に制定が始まる一九九四年以降の「生活安全条例」の内容を具体的に紹介した上で、広範な地域住民の参加、問題解決機能の向上、民間防犯組織等に対する助成等自治体による支援の強化といった条例制定の効果などをまとめている。[10] 警察学論集にこのような論文が掲載されることにより、その後の各地での条例制定に一定の影響を与えたと思われる。

2　『日刊警察』での「地域安全活動コーナー」の新設

一方、『日刊警察』紙面では、一〇月から「地域安全活動コーナー」を新設する。これまでも各地の「地域安全活動」を紙面で紹介してきたが、「コーナー」で複数まとめて紹介するようになり、地域での取組の助長を意図していると思われる。[11]

3　「治安の悪化」の開始

ちなみに、この一九九六年から刑法犯認知件数が増加し始め、この増加現象は二〇〇二年まで続くことになる。

五　一九九七年〜「地域安全活動」から「犯罪防止に配慮した環境設計活動」へ

1　「生活安全警察運営重点」での施策提示

一月に警察庁の「平成九年」の「生活安全警察運営重点〜市民生活の安全と平穏を守るために〜」が発表されるが、この中の「第一、個人の生命、身体、財産、権利の保護〜地域安全活動の推進〜」「一、市民生活に身近な犯罪、事故、災害の予防」「(一) 地域住民、企業、自治体等との協働による地域安全活動の強化」として、「地区防犯協会の体制強化」「地域ボランティアの裾野拡大及びボランティアとの緊密な連携による活動の推進〜女性、若年層などの組織化」「防犯活動アドバイザーの配置促進と効果的運用」「セーフティカメラ、防犯灯の新設等防犯設備の整備充実」を掲げる。

また、「(二)　犯罪、事故、災害への適切な対応（検挙活動等）」「(三)　警備業との連携強化」では、「警備業との通報連絡システムの構築と同システムの活用」に言及している。[12] 以上、この内容から、警察庁が考える当面の防犯対策が各地での「地域安全活動」を中心とする項目であることがよく理解できる。

2　「生活安全警察の回顧と展望」での言及内容

『日刊警察』では、年の初めに各警察部局による「回顧と展望」の連載を掲載するが、この年は二月三日から小堀豊警察庁生活安全企画課長による「市民生活の安全と平穏を守るための活動推進〜生活安全警察の回顧と展望」という連載が始まる。この一回目では、「都道府県警察の非常勤職員の身分を有する防犯活動アドバイザーについては、……現在二十五都道府県百十七名が警察本部・警察署へ配置されている。具体的な活動としては、地区防犯研修会等の企画・調整及びアドバイス、金融機関強盗訓練等のチェック、防犯相談コーナーを開設しての防犯指導等を行っているところである」との記述がある。

また、「オウム真理教による地下鉄サリン事件を契機として、公共空間に対してもセーフティカメラの普及促進が図られている」としている。[13] 特に後者について、オウム真理教事件をきっかけに、公共空間においても監視カメラの設置が進んでいることをうかがわせる。

3　「生活安全研究会」の「最終報告書」

一九九三年六月に設置された「生活安全研究会」は、その後、同年一一月と一二月、一九九四年一〇月、一九九六年六月と一二月の計六回の研究会を開催し、一九九七年一月に「地域の安全の確保に関する最終報告書」をまとめた。この概要が『日刊警察』四月一〇日付から二五日付まで計一二回にわたり掲載された。この中の「二、『生活安全センター』としての交番等の在り方」では、地域警察官一〇万人の増員や「従来警察の任務外とされていた防犯活動のための助成補助をすること等三〇〇億ドルの支出」など、「住民等と協力・連携して犯罪等の発生を抑止する方向で各地の警察制度の改善が行われつつある」として、アメリカの「コミュニティ・ポリシングの普遍化」をうたう。(14)

また、「五、おわりに」では、「地域安全活動及び環境設計による防犯対策について」の中で、「諸外国、特にイギリスなどでは、街づくりそのものに警察が積極的に関与しており、結果的に犯罪の減少に効果を上げているという報告もある。……今後は、街づくり、すなわち都市計画・地域開発計画の段階で防犯的観点から環境設計の専門家が関与していけるような枠組みづくりも必要であると思われる」とした。(15)

この「最終報告書」からいえることは、従来の「地域安全活動」で参考にしたアメリカの「コミュニティ・ポリシング」の「普遍化」をいうと同時に、新たにイギリスなどを参考に「犯罪防止に配慮した環境設計活動」の必要性を打ち出したといえる。

4　「安全・安心まちづくり手法調査検討委員会」の設置

そして、「生活安全研究会」の「最終報告書」を受けて、警察庁は建設省と共同して「安全・安心まちづくり手法調査検討委員会」を設置し、「安全・安心まちづくり手法調査」を開始する。この委員会メンバーは、伊藤滋慶応大学大学院政策・メディア研究科教授（委員長）、清永賢日本女子大学教授、小出治東京大学教授、前田雅英東京都立大学教授ほか警察・自治体関係者から構成されることになった(16)。

以上のことから、この一九九七年は、新たに「犯罪防止に配慮した環境設計活動」の必要性を唱え始め、研究が始まった年といえる。

六　一九九八年〜「犯罪防止に配慮した環境設計活動」の研究成果発表

1　『日刊警察』の新連載

一九九八年になると、四月に『日刊警察』に生活安全警察研究会による「生活安全警察の基礎知識」という欄が新設され、毎週金曜日に連載されるようになる。この連載はその後、一九九九年三月まで続く。

2　「安全・安心まちづくり手法調査検討委員会」の「報告書」

七月には、前年に設置されたばかりの「安全・安心まちづくり手法調査検討委員会」による「安全・安心まちづくり手法調査報告書〜防犯まちづくり編」が発表される。この「報告書」は、「一、防犯まちづくりとは何か」「二、防犯まちづくりの進め方」「三、防犯診断の進め方」「四、防犯まちづくりの留意点」から構成されており、「二、防犯まちづくりの進め方」では、「防災、交通安全、高齢者対策、コミュニティづくりなどの〝安全・安心まちづくり〟に防犯の視点を加え、まちづくり基本計画や自治体の生活安全条例の制定に盛り込む」とした[17]。

さらに、九月には、同委員会とメンバーが重なる「安全・安心まちづくり研究会」が、建設省都市局及び警察庁生活安全局の推薦も受けて、『安全・安心まちづくりハンドブック～防犯まちづくり編～』という一般向けの書籍を出版する[18]。本書は、「第1部　防犯まちづくりのすすめ」「第2部　防犯まちづくり論」「第3部　防犯まちづくりのための資料」から構成されているが、「第1部」の構成が「第1章　防犯まちづくりとは何か」「第2章　あるまちの防犯まちづくり物語」「第3章　防犯まちづくりの進め方」「第4章　防犯診断の方法」「第5章　防犯まちづくりの留意点」となっており、先の「報告書」を基にしていることがよくわかる。そして、本書では、「地域安全活動」や「生活安全条例」にも言及しつつ、大部分を「犯罪防止に配慮した環境設計活動」の手法を駆使した「まちづくり」論にあてている。

以上のことから、本年は「犯罪防止に配慮した環境設計活動」の研究成果発表の年と位置付けることができる。

七　一九九九年～警察による働きかけの強化

1　「生活安全条例」制定の要請

前年から『日刊警察』で連載が始まった「生活安全警察の基礎知識」の中では、「地域安全活動～地区防犯協会と生活安全条例～」という項目掲載時に、「生活安全条例」の制定状況（一九九九年一月現在で五九八自治体）に触れた上で、「これは当初、地域安全活動への広範な住民の参加、自治体の取り組み強化

（窓口、担当課の設置）、地区防犯協会等への財政的支援等が期待されたが、必ずしも効果的に実施されていない場合も見受けられることから、引き続き関係機関等への積極的な理解、支援に努めるとともに、そこに設置されている協議会の活発な運営に配意すべき[19]」とし、条例制定に発破をかけるような表現が登場する。

2　各種防犯基準の見直しと新規策定

またこの年は、警察庁が「金融機関の防犯基準」（一九七九年策定）及び「現金自動支払機（ATM）等の防犯基準」（一九九一年策定）を見直し、金融機関にデジタル式録画装置等の導入による防犯設備の改善・強化を求めることになった。さらに、新たに「コンビニエンスストア等深夜スーパーマーケットの防犯基準」を策定し、深夜時間帯における複数勤務などによる防犯体制の強化、駐車場等に向けた防犯カメラの設置などによる店舗の構造、防犯カメラ・防犯ベル・通報装置等設置などによる防犯設備を求めることになった[20]。

このような基準の見直しと新規策定は、民間事業者の複数定員配置や防犯設備の設置は営業の自由の問題であるはずなのに、警察が細かい基準を設けて「犯罪防止に配慮した環境設計活動」の具体化に関与する姿勢を示しているといえる。

八　二〇〇〇年～「犯罪防止に配慮した環境設計活動」の具体化

1　「生活安全警察の回顧と展望」

この年の『日刊警察』の知念良博警察庁生活安全企画課長による「生活安全警察の回顧と展望 国民生活の安全と平穏を守るために＝②＝」では、「四、優良な防犯機器の普及促進」として「金融機関、深夜スーパーマーケット等に対しては、防犯カメラ等の防犯機器の設置と設置後の自主管理体制の強化の働きかけを行う」とし、「五、優れた防犯機能を有する道路、公園、駐車・駐輪場等の普及による安全・安心まちづくりの推進」も掲げる。(21) これまでの研究会「報告書」や各種防犯基準策定を受けて、今後の「犯罪防止に配慮した環境設計活動」の推進を明確にしたといえる。

2 「安全・安心まちづくり推進要綱」の制定

二月には、警察庁は「犯罪防止に配慮した環境設計活動」の考えを具体的な基準とする「安全・安心まちづくり推進要綱」を制定した。これは、「安全・安心まちづくり」を「道路、公園等の公共施設や住居の構造、設備、配置等について、犯罪防止に配慮した環境設計を行うことにより、犯罪被害に遭いにくいまちづくりを推進し、もって、国民が安全に、安心して暮らせる地域社会とするための取組みのことをいう」とし、「これらは、各種社会インフラの整備を伴うこと、地域住民が日常利用する空間における安全対策であること等から、警察のみでその推進を行えるものではなく、自治体関係部局はもとより、防犯協会、ボランティア、地域住民等と問題意識を共有し、その理解を得て、推進することが必要である」とするものである。そして、「別紙」の「道路、公園、駐車・駐輪場及び公衆便所に係る防犯基準」「共同住宅に係る防犯上の留意事項」の中で、見通しの確保や「防犯カメラ」の設置など事細かな防犯のための基準を策定し、都道府県警察のみならず、建設省都市局・道路局・住宅局、都市基盤整備公団、(社)日本高層住宅協会、（社）全日本駐車協会等の関係団体に「防犯基準」「防犯上の留意事項」を満たした施設普及の協力を要請した。[22]

ここに、「犯罪防止に配慮した環境設計活動」を地域で具体化するための「基準」が警察庁により制定され、その後の各地における監視カメラ設置等による「安全・安心まちづくり」や「生活安全条例」の制定に影響を及ぼすことになる。

3　『警察学論集』の特集など

さらにこの年の『警察学論集』六月号（五三巻六号）は、九本の論文から成る『特集・国民を犯罪被害から守るためのシステム作り』を組む。この中には、先に触れた「推進要綱」や「防犯基準」などを扱った「犯罪防止に配慮した環境設計活動」関係の論文として、後藤啓二（前警察庁生活安全企画課理事官）「国民を犯罪被害から守るためのシステム作りについて」、山本哲也（警察庁生活安全企画課）「安全・安心まちづくり推進要綱の制定について」、戸谷弘一（警察庁生活安全企画課）「コンビニエンスストア等深夜スーパーマーケット対象強盗事件及び金融機関対象強盗事件の防犯対策」という論文がある。[23]

その他の動向として、警察庁は各都道府県警察に「コンビニエンスストアの地域安全活動への参画推進方策（いわゆるセーフティステーション化）」という通達を出し、コンビニに「防犯カメラ」設置などの防犯指導をしたり、深夜徘徊・非行少年等のたまり場対策として声かけや「防犯カメラ」の設置を行うなど「少年の健全育成」に努めることを求める方針を出す。[24]

以上のことから、この年は、「犯罪防止に配慮した環境設計活動」の研究・紹介から導入に入る年といえる。

九　二〇〇一年～「安全・安心まちづくり」の更なる具体化

1　『日刊警察』での「安全・安心まちづくり」の強調

まず、新年早々『日刊警察』では、山下史雄警察庁生活安全企画課理事官による「新年特集　新世紀に向けて　国民の求める安全で安心できる空間の確保」を掲載し、この中の「三、安全・安心まちづくりの推進」で、「パトロールの強化や防犯対策の呼びかけ等のソフトな手法による対策だけでは不十分であり、公共施設や住居等について犯罪防止のために必要な構造、設備等が確保・整備され、犯罪被害に遭いにくいまちづくりが推進されるというハード面での対策が極めて重要となってきている」とし、「安全・安心まちづくり」を「ソフト面」と「ハード面」で表現した論稿が登場する。[25]

続いて、『日刊警察』に掲載された警察庁生活安全局による「生活安全警察の回顧と展望　国民生活の安全と平穏を守るために」では、「＝②＝」で、犯罪防止に配慮した構造、設備等を有する施設の普及などの「安全・安心まちづくりの推進」を、[26]「＝③＝」で、「防犯意識の高揚と自主防犯気運の醸成」「警備業等セキュリティビジネスの育成」に言及した。[27]

また、「平成十三年における生活安全警察の運営重点～国民生活の安全と平穏を守るために～」では、「安全・安心まちづくりの推進」や「警備業等セキュリティビジネスの育成」を掲げた。[28]

2　「犯罪防止に配慮した環境設計活動」の実践的取組など

この年の具体的な取組として、警察庁は「安全・安心まちづくり推進のための防犯施設の整備」として、年度中に全国一〇地区（「歩いて暮らせる街づくりモデルプロジェクト」二〇地区から選定）に国費で「スーパー防犯灯」を、警視庁は歌舞伎町に「街頭防犯カメラシステム」五〇台と三地区に「スーパー防犯灯」を、大阪府警は二地区に「スーパー防犯灯」を設置することを国家公安委員会に報告し[29]、その後、実際に設置される。警察中心の「犯罪防止に配慮した環境設計活動」に基づく「まちづくり」が始まるのである。

五月には、「安全・安心まちづくり研究会」による一九九八年出版本の続編である『安全・安心まちづくりハンドブック～防犯まちづくり実践手法編～』が出版された。本書は、「第1章　防犯まちづくりの進め方」「第2章　防犯まちづくりの実践手法」「第3章　道路や公園に関する実践手法」「第4章　建物と敷地に関する実践手法」「第5章　防犯まちづくりの実践事例」から構成されており、実際の取組をふんだんに紹介したより実践的な内容となっている[30]。

また、この年の『警察学論集』四月号（五四巻四号）には、アメリカの「コミュニティ・ポリシング」と関連して主張される「割れ窓理論」を紹介する大塚尚（前警察大学校警察政策研究センター教授、内閣府政策統括官付参事官補佐）「破れ窓理論（Broken Windows Theory）」が掲載される[31]。

以上のことから、この年は、「安全・安心まちづくり」について、「ハード面」でも「ソフト面」でも警察が更なる具体化を進めた年といえる。

一〇　二〇〇二年～「安全・安心まちづくり」の二本柱の明確化

1　「生活安全警察の回顧と展望」

この年の『日刊警察』掲載の警察庁生活安全局による「生活安全警察の回顧と展望　国民生活の安全と平穏を守るために〈1〉」で、「安全・安心まちづくりの推進」として「犯罪防止に配慮した環境設計活動（ハード面の施策）の推進」と「地域安全活動（ソフト面の施策）の再構築」をうたい、「安全・安心まちづくり」が「ハード面」と「ソフト面」の二つの柱から構成されることを明確にした（なお、後者については、その後「再構築」ではなく「推進」という表現を用いるようになった）(32)。

2　『警察学論集』の特集

『警察学論集』の一月号（五五巻一号）では、「犯罪防止に配慮した環境設計活動」に関する五本の論文から成る『特集・環境設計からの安全・安心まちづくり』を組む。本特集は、黒澤正和（警察庁生活安全局長）「環境設計による安全・安心まちづくりの推進について」、瀬渡章子（奈良女子大学生活環境学部助教授）「コミュニティによる犯罪防止――安全・安心の住まいはテリトリーの画定から――」、井上俊之（国土交通省住宅局住宅生産課建築生産技術企画官）「共同住宅の防犯設計について――防犯に配慮した共同住宅に係る設計指針を中心に――」、原田豊（科学警察研究所犯罪予防研究室長）「『地理情報システム』を活用した安全なまちづくり」、岩間益郎（警察庁生活安全企画課課長補佐）「警察の環境設計による安全・安心まちづくりへの取組み」から構成され、「犯罪防止に配慮した環境設計活動」の多角的な取組を紹介している(33)。

3　警察庁内部部局内の新設

ほかにこの年の具体的な動きとしては、警察法施行規則一部改正により、四月から警察庁生活安全局生活安全企画課に「都市防犯対策官」を新設した。これは、「安全・安心まちづくり」の推進のため、「犯罪防止に配慮した環境設計活動」と「地域安全活動の再構築（ＮＰＯの発掘等）」を展開していくために設置されたものである。(34)

二　二〇〇二年〜政府を含めた全国的取組の開始

1　「街頭犯罪等抑止総合対策」の開始

警察庁による「街頭犯罪及び侵入犯罪の発生を抑止するための総合対策の推進について」（二〇〇二年一月通達）に基づき、各都道府県警察においても二〇〇二年一月から「街頭犯罪・侵入犯罪抑止総合対策の推進」が始まる。

2　「緊急治安対策プログラム」の策定

さらに、昨今の「治安の悪化」を受けて、警察庁は八月に「緊急治安対策プログラム」を策定した。警察が治安対策に関する包括的な「プログラム」を策定するのは初めてであり、この年を「治安回復元年」とすべく、概ね三年を目処に「プログラム」記載の施策実現に向けてまとめたものである。

「プログラム」は、「一　犯罪抑止のための総合対策」「二　組織犯罪対策と来日外国人犯罪対策」「三　テロ対策とカウンターインテリジェンス（課報事案対策）」「四　サイバー犯罪及びサイバーテロ対策」「五　新たな政府目標の達成に向けた総合的な交通事故防止対策」「六　治安基盤の確立」から構成されている。この中で、「安全・安心まちづくり」に関係するのは、特に「一」の「(一) 街頭犯罪・侵入犯罪抑止総合対策の推進」で、「犯罪抑止のための犯罪情勢の分析、情報提供の推進」「交番機能の強化」「地域警察官による街頭活動の一層の強化」「『安全・安心まちづくり』のためのスーパー防犯灯の整備等」「地方公共団体、ボランティア等との連携」「警備業の育成と活用」から構成されている。(35)

この「プログラム」は、「治安の悪化」に対する「治安の強化」に向けて、警察が本格的な総合的政策として策定したものといえる。

3　政府・政治の動き

警察の大々的な取組に呼応して、政府は九月に「犯罪対策閣僚会議」を設置した。また、同月から開会となった第一五七回臨時国会では、小泉純一郎首相が所信表明演説で正面から治安対策について言及する。(36)さらに、「マニフェスト選挙」と呼ばれた一一月の総選挙では、自由民主党も民主党もマニフェストで治安対策を掲げる。警察にとどまらず、政府・政治レベルでも本格的に治安対策が主張されるようになるのである。

このような状況を受け、一二月の警察庁全国警察本部長会議で佐藤英彦警察庁長官は、犯罪対策閣僚会議の設置や総選挙でのマニフェストに言及し、さらに「地方自治体においても、治安担当副知事の任命、安全・安心まちづくりのための条例制定等注目すべき動きが出てきているところであり、治安対策への国民の関心と期待が極めて大きくなっております」と訓示した。(37)この発言の背景には、中央の取り組みと首都東京での警察官僚の副知事就任・「生活安全条例」制定がある。

4　「犯罪対策閣僚会議」の「行動計画」の策定

そして一二月には、政府の「犯罪対策閣僚会議」が、「犯罪に強い社会の実現のための行動計画――『世界一安全な国、日本』の復活を目指して――」を策定する。ここでは治安回復のための「三つの視点」として、「国民が自らの安全を確保するための活動の支援」「犯罪の生じにくい社会環境の整備」「水際対策を始めとした各種犯罪対策」を掲げ、「安全・安心まちづくり」の「ハード面」と「ソフト面」の考えが反映されている。

さらに、今後五年間を目処にした「行動計画」の「五つの重点課題」として、「第一　平穏な暮らしを脅かす身近な犯罪の抑止」「第二　社会全体で取り組む少年犯罪の抑止」「第三　国境を越える脅威への対応」「第四　組織犯罪等からの経済、社会の防護」「第五　治安回復のための基盤整備」を掲げた。この中で、「安全・安心まちづくり」に関係するのは、特に「第一」の「一　地域連帯の再生と安全で安心なまちづくりの実現」で、「自主防犯活動に取り組む地域住民、ボランティア団体の支援」「犯罪対策に関する条例制定の支援」「民間事業者との連携による防犯対策の推進」「生活安全産業としての警備業の育成と活用」「犯罪の発生しにくい道路、公園、駐車場等の整備・管理」「防犯灯の整備促進と機能の高度化」「金融機関、コンビニその他の犯罪に遭いやすい店舗、事業所の防護」「防犯に配慮した戸建住宅、マンション等の普及」など一九項目から構成されている[38]。

以上、元々警察サイドは一九九〇年代から着々と「安全・安心まちづくり」を展開してきたが、これが中央政府レベルにも拡大し、全国的に取り組まれるようになったといえる。そして、先にも触れたように一九九六年から七年連続で「戦後最多」の刑法犯認知件数を更新し続けていたが、この二〇〇三年から減少に転じる。

一二　二〇〇四年～『警察白書』での再喚起

1　「『犯罪に強い地域社会』再生プラン」の策定など

警察庁は、「地域住民の自主防犯活動の活性化方策」として、六月に「『犯罪に強い地域社会』再生プラン」をまとめた。この主な内容は、公民館や消防団拠点等を「安全安心パトロールの出動拠点」「安全安心情報の集約・発信拠点」「安全安心のための自主的活動の参加拡大の拠点」という「地域安全安心ステーション」として整備することや、「安全安心パトロール」を行う地域住民等への支援や消防との連携など「効果的な自主防犯活動の実施に向けた支援」から構成されている。(39) これは、地域住民の「自主防犯活動」を支えるために、警察が自治体や消防と連携することを示したものである。

一〇月には、警察庁は地域で新たな「自主防犯活動」を始めたり、既に行われている活動を「実りのあるもの」とするために、各地の具体的取組を紹介する「地域住民・ボランティア団体自主防犯活動事例集」をまとめる。(40)

さらに、一二月からは、道路運送車両の保安基準（五五条）の緩和により、「自主防犯パトロール」に使用する自動車の青色回転灯の装備をしやすくする。(41)

同じく一二月には、警察庁は「平成一七年における街頭犯罪・侵入犯罪抑止総合対策の基本方針」を定め、各都道府県警察に通達した。この中の「具体的施策」では、検挙活動の一層の強化のみならず、金融機関・コンビニエンスストア等への防犯基準に基づく防犯指導の強化や「自主防犯活動」の促進・協力の確保などもあげている。すなわち、これは警察が事業者の営業の自由を踏み越えて防犯対策に介入したり、「官」主導で警察の協力者を増やしていくという方針になっているのである。(42)

2 『警察白書』の特集

一〇月に発行された『平成一六年版 警察白書』は、副題を「地域社会との連帯」とし、第一章で特集を組んだ。この「特集にあたって」では、「治安回復には、警察のパトロールや犯罪の取締りだけではなく、警察と関係機関、地域住民が連携した社会全体での取組みが必要である」「犯罪の生じにくい社会環境の整備と、国民が自らの安全を確保するための活動の支援を進めるべき」という表現が見られ、「本特集を通じ、『自らの安全は自ら守る』という意識が国民の間で更に高まり、地域社会における様々な取組みと融合し、豊かで住みよい社会が実現することを願うものである」とまとめている。(43)

そして、特集の第一章は「第一節 地域社会と交番・駐在所」「第二節 治安回復に向けた地域社会との協働」の二部構成とし、後者で「安全・安心まちづくり」の「ハード面」と「ソフト面」の紹介などを行っている。(44)

一九九四年の『白書』から一〇年目となるこの年の『白書』で、再び地域社会における「安全・安心まちづくり」の推進をうたったといえる。

3 研究者との連携

研究者と警察実務家が一九九八年に設立した警察政策学会が、六月に開催した「平成一六年度」のシンポジウムでは、同学会会長の磯部力東京都立大学名誉教授が『『安全の中の自由』の法理と警察法理論」と題する基調講演を行い、「古典的な警察法理」の克服とそれに替わる「安全の中の自由の法理」の重要性について論じた。

また、次いで行われた「社会安全政策の再構築」と題するパネルディスカッションの中で、元警察庁長官の山田英雄公共政策調査会理事長が「治安回復に向けての実効性ある警察政策の展開」と題するプレゼンテーションを行い、青少年健全育成法の制定（有害図書自販機の規制など）、治安対策基本法の制定（国、自治体、住民のそれぞれの役割の決定）、警察官職務執行法の改正（停止権の設定、制止権の要件緩和、危険人物の一時拘束、拳銃使用の要件緩和）、通信傍受の対象と要件の再検討、破壊活動防止法の組織規制の再検討、スパイ罪の制定、有事立法における警察緊急権の検討、治安機関の統合（海上保安庁、麻薬取締官事務所、公安調査庁などの警察庁への統合）など、警察権限を大幅に拡大するかなり大胆な提言を行っている。(45)

4　「テロ対策」の進展

八月には、警察庁は「緊急治安対策プログラム」を受けて、「テロ対策推進要綱」を策定し、(46)一二月には、政府の「国際組織犯罪等・国際テロ対策推進本部」が「テロの未然防止に関する行動計画」をまとめた。(47)本書では、「テロ対策」の検討を行う余裕はないが、地域での「不審者」「犯罪者」に対する監視は、たやすく「不審な外国人」「テロリスト」への監視にも結びつきやすく、どちらも監視社会化を進めるという点で注意が必要である。(48)

5　その他の取組

その他の取組として、一二月には「金融機関の防犯基準」を改正し、「防犯カメラ」の撮影性能の確保や記録媒体の適正な保存、ＩＣキャッシュカード・生体認証の導入を新たに求めることになった(49)。

一三　二〇〇五年〜活発化する研究者との共同研究

1　政府の「安全・安心まちづくり」政策

六月に政府は、「犯罪対策閣僚会議」と「都市再生本部」の初の合同会議を開き、「安全・安心なまちづくり全国展開プラン」と「都市再生プロジェクト　防犯対策等とまちづくりの連携協働による都市の安全・安心の再構築」を決定し、警察庁は各都道府県警察にこれらの取組の積極的参画を指示した。前者の「プラン」は、「住民参加型の安全・安心なまちづくり全国展開」「住まいと子どもの安全確保」「健全で魅力あふれる繁華街・歓楽街再生」の三つの重点課題に合計六一の推進施策を盛り込んだものである。後者の「プロジェクト」は、「大都市等の魅力ある繁華街の再生」「全国の多様な主体の連携によるトータルな安全・安心まちづくり」の二つの項目から構成されている。今回新たに繁華街対策が入ったが、今後は政府が先頭に立って「安全・安心まちづくり」の「ハード面」「ソフト面」の施策を実現していくための総合的な方針を示したものといえる(50)。これを受けて警察庁は、各都道府県警察に「繁華街・歓楽街を再生するための総合対策の推進について」という通達を出した(51)。

また、同時期の警察の取組として、警察庁と各都道府県警察は、「『犯罪に強い地域社会』再生プラン」

に基づき、「平成一七年度」中に活動拠点を中心とした「自主防犯活動」を支援する「地域安全安心ステーション」モデル事業実施地区を公募し、全国から一〇〇地区を選定した。そして、「平成一七年度予算」で二億二五〇〇万円を計上し、自主防犯パトロール用品・防護衣、ボランティア保険などの支援を行うとした[52]。

一二月には、「犯罪対策閣僚会議」が毎年一〇月一一日を「安全・安心なまちづくりの日」にすることを決定した。

2　研究者との共同研究の展開

六月には、警察政策学会（会長・渥美東洋中央大学名誉教授）が「平成一七年度」の総会とシンポジウムを開催し、シンポジウムでは「21世紀の安全と自由」と題して、高橋滋一橋大学大学院教授による「安全をめぐる状況変化と警察行政」、櫻井敬子学習院大学法学部教授による「警察行政の今日的課題」、戸波江二早稲田大学大学院教授による「安全と自由」、斉藤実危機管理企画官による「国際テロをめぐる情勢と対策」と題するプレゼンテーションなどを行う[53]。

九月には、警察大学校警察政策研究センターが慶應義塾大学大学院「自由と安全に関する比較憲法研究会」及び(財)公共政策調査会との共催で、「市民生活の自由と安全～各国テロリズム対策法制の現状と課題～」と題するフォーラムを開催した。ここでは、アメリカ及びドイツの研究者による基調講演と、板橋功(財)公共政策調査会第一研究室長、大沢秀介慶應大学法学部・大学院法務研究科教授、小山剛慶應大学法学部・大学院法務研究科教授、五十嵐邦彦警察庁警備局警備企画課長によるパネルディスカッションを行った(54)。

一一月には、警察政策学会・警察政策研究センター・(財)地方自治研究機構共催、警察庁・総務省・国土交通省後援で、「生活安全条例と市民生活の安全創造フォーラム～生活安全に対する地方の取り組みと安全・安心まちづくり」というフォーラムを開催し、櫻井敬子学習院大学法学部教授による「生活安全に対する地方の取り組みと安全・安心まちづくり」や石附弘警察政策学会市民生活と地域の安全創造研究部会長による「先進的生活安全条例と市民生活の安全創造」と題する講演などを行う(55)。

以上のように、従来、警察関係者と共同研究を行う研究者は限られていたが、憲法や行政法専攻の研究者中心に共同研究の研究者の対象が広がったといえる。

3　『警察学論集』の特集

この年の『警察学論集』では、警察庁に生活安全局が設置されて一〇年が経ったことを受けて、一月号(五八巻一号)は伊藤哲朗(警察庁生活安全局長)「生活安全局の10年と今後の課題」、田代裕昭(警察庁生活安全企画課犯罪抑止対策室長)・西方昭典(警察庁生活安全企画課課長補佐)「犯罪抑止対策について」、黒川浩一(警察庁地域課課長補佐)「地域警察に関する一考察」など計六本の論文から構成された『特集・生活安全警察』を組んでいる(56)。

また、一二月号(五八巻一二号)は神山憲一(警察庁生活安全企画課長)・玉川達也(前警察庁生活安全企画課)「安全・安心なまちづくりの推進について」など計三本の論文から構成された『特集・安全・安心なまちづくりの今後の展開』を組んでいる(57)。

一四　二〇〇六年～新たな治安対策プログラムの策定

1　共同住宅に関する基準策定

この年はまず、「平成一八年度」の「地域安全安心ステーション」モデル実施事業地区として、警察庁は前年度からの継続分を含めて全国から三三一地区を選定した[58]。

また、防犯性に優れた共同住宅の普及を促進するために、警察庁は二〇〇〇年に「共同住宅に係る防犯上の留意事項」を、国土交通省は二〇〇一年に「防犯に配慮した共同住宅に係る設計指針」を策定していたが、この年に入って両者を改正した。この中で特徴的な改正点は、エレベーターかご内の「防犯カメラ」設置を推奨事項から必須事項にしたことである。さらに、これらを受けて、「防犯性に優れた共同住宅の普及を促進するため」に、警察庁・国土交通省の協力の下、全国防犯協会連合会、(社)日本防犯設備協会、(財)ベターリビングが「防犯優良マンション標準認定基準」を策定した[59]。本来、国土交通省管轄の建築・住宅問題にまで介入する警察の姿勢は、戦前の内務省的な行政警察が現代に復活したといえる。

2　「生活安全条例」制定推進のための書籍発行

二〇〇五年一一月に開催された警察政策学会等共催の「フォーラム」報告者らが、警察政策学会等から助成を受けて数年間にわたり「生活安全条例」について調査・研究した成果を、『これで実践！　地域安全力の創造　生活安全条例と先進事例の実際』という書籍にまとめて六月に発行した。本書は、石附弘(財)国際交通安全学会専務理事、櫻井敬子学習院大学法学部教授らによる「生活安全条例」の必要性・内容に関する論文や自治体における「先進事例」の紹介から成る「第1編　地域安全力の創造」「第2編　生活安全条例と先進事例」と、条例等の資料から成る「資料編　条例・規則・運用のポイント」から構成されている。(60)

3　「治安再生に向けた七つの重点」の策定

九月に警察庁は、二〇〇三年の「緊急治安対策プログラム」が策定後三年経過し情勢が変化したことから、同プログラムの施策を「更に深化させ実施する施策」として、「治安再生に向けた七つの重点」を策定した。これは、「安全・安心なまちづくり」「重要犯罪等に対する捜査の強化」「組織犯罪対策・来日外国人犯罪対策」「テロ対策と諜報事案対策」「サイバー空間の安全確保」「政府目標達成に向けた重点的な交通安全対策」「治安基盤の強化」から構成されている。「安全・安心なまちづくり」については、「緊急治安対策プログラム」の内容を継続して実施することを確認しつつ、新たに「子どもを犯罪被害から守り、少年の非行を防止するための対策」「防犯ボランティア活動の活性化方策」「繁華街・歓楽街における安全・安心の確保」「我が国に滞在する外国人との共生」を加えた。(61)

4　「安全・安心なまちづくりの日」

この年から一〇月一一日を「安全・安心なまちづくりの日」に決定したが、さらに同日、「安全・安心なまちづくり関係功労者内閣総理大臣表彰」の授賞式が行われ、ガーディアン・エンジェルスほか地域の防犯団体・自治会など一〇団体が表彰された。(62)

一五　二〇〇七年～「ゼロ・トレランス」の積極的展開か

二〇〇七年の生活安全警察の方針として特徴的なものは、職務質問の強化を強調していることである。例えば、警察庁の「平成19年における街頭犯罪・侵入犯罪抑止総合対策の基本方針」の「基本的考え方」の中で、「専ら警察が自らの責任において行うべき犯罪検挙や職務質問などの犯罪抑止活動については当然強化していく」「安全なまちづくり等のように、警察だけでなく、社会全体で役割を分担して継続的に行う犯罪抑止活動においても警察が牽引的役割を担っていく」としている。(63) また、警察庁の「平成19年度」の「生活安全警察運営重点」で、「街頭における検挙その他取締り活動の強化」を掲げた。(64)

これらは、一・二月に『日刊警察』に連載された警察庁生活安全局の「生活安全警察の回顧と展望」の中の「第5、治安を回復するための街頭活動等の推進」「1、パトロールの強化及び立番・駐留警戒等街頭活動の一層の強化」「(3) 職務質問の徹底と毅然とした職務執行の確保」の中で、「パトロールに際しては、鋭い観察力と深い洞察力により不審者、不審車両等の発見に努め、その際には、積極的に職務質問を実施し、所持品の検査を励行するとともに、不審者等に係る各種照会を徹底した。また、職務質問等により違法行為を認知した場合には、秩序違反行為等小さな違反行為であっても看過することなく、毅然とした態度で臨み、積極的に検挙するものとし［た］」と述べていることから、(65) 今後もより徹底した職務質問等を行うことを示したものといえる。これには従来慎重であった「ゼロ・トレランス」を積極的に展開していく姿勢も垣間見える。

おわりに

以上の考察からいえることは、中央政府レベルで大々的な治安対策に乗り出したのが二〇〇三年以降であるのに対して、警察サイドはさらにその一〇年ほど前から着々と対策を研究し、具体化してきたということである。当初は、「安全・安心まちづくり」の「ソフト面」である「地域安全活動」が中心であったが、これはそれ以前から存在する交番制度や「CR（コミュニティ・リレーションズ）」の蓄積もあったからであろう。

それが、これからの日本における新自由主義改革に伴う「治安の悪化」に対して、同様の経験をした米英の治安政策を参考にし、「地域安全活動」の内容をより強化するとともに、あらたに「ハード面」である「犯罪防止に配慮した環境設計活動」の研究・具体化を行ってきたといえる。

一九九九年以降、全国的に各地の現場警察官を中心に不祥事問題が露呈するが、『警察学論集』などを見ればわかるように、中央の警察官僚らは着々と研究成果を発表してきたといえる。その研究レベルについても、外国の事例を丹念に調査し、一定の高さを維持している。今回本書では「安全・安心まちづくり」について検討したが、これは「テロ対策」でも当てはまることである。

今後の警察の治安政策を分析するにあたっても、警察官僚の時間をかけての研究成果を中心に、『警察学論集』や『日刊警察』の動向には注意が必要である。

(1) 日刊警察一九九三年六月一四日。
(2) 日刊警察一九九三年一一月一五日。
(3) 以上、警察庁編『平成六年版　警察白書——安全で住みよい地域社会を目指して』（大蔵省印刷局、一九九四年）一頁。
(4) 前掲註（3）三頁以下。ちなみに、一九九二年四月の警察庁組織令改正により警察庁保安部外勤課が地域課に名称変更され、従来の「外勤警察」が「地域警察」に替わる。
(5) 日刊警察一九九四年九月三〇日。
(6) 日刊警察一九九四年九月一日。
(7) 警察学論集四七巻九号（立花書房、一九九四年）一頁以下。
(8) 日刊警察一九九五年一〇月一一日。
(9) 警察学論集四九巻八号（立花書房、一九九六年）一頁以下。
(10) 前掲註（9）六四頁以下。
(11) なお、各地の「地域安全活動」の主な取組については、本書の第一部第三章参照。
(12) 以上、日刊警察一九九七年一月七日。
(13) 以上、日刊警察一九九七年二月三日。
(14) 日刊警察一九九七年四月一五日。
(15) 日刊警察一九九七年四月二五日。
(16) 日刊警察一九九七年一〇月二九日。
(17) 日刊警察一九九八年七月二八日。

(18) 安全・安心まちづくり研究会編『安全・安心まちづくりハンドブック～防犯まちづくり編～』（ぎょうせい、一九九八年）。
(19) 日刊警察一九九九年三月一二日。
(20) 日刊警察一九九九年一〇月一三日。
(21) 日刊警察二〇〇〇年二月一日。
(22) この「安全・安心まちづくり推進要綱」を紹介・解説するものとして、山本哲也「安全・安心まちづくり推進要綱の制定について」警察学論集五三巻六号（立花書房、二〇〇〇年）四頁以下、岩間益郎「警察の環境設計による安全・安心まちづくりへの取組み」警察学論集五五巻一号（立花書房、二〇〇二年）七〇頁以下。
(23) 警察学論集五三巻六号（立花書房、二〇〇〇年）一頁以下。
(24) 日刊警察二〇〇〇年八月一日。
(25) 日刊警察二〇〇一年一月四日。
(26) 日刊警察二〇〇一年二月二二日。
(27) 日刊警察二〇〇一年二月二三日。
(28) 日刊警察二〇〇一年一月二九日。
(29) 日刊警察二〇〇一年五月二二日。
(30) 安全・安心まちづくり研究会編『安全・安心まちづくりハンドブック～防犯まちづくり実践手法編～』（ぎょうせい、二〇〇一年）。
(31) 警察学論集五四巻四号（立花書房、二〇〇一年）七五頁以下。
(32) 日刊警察二〇〇二年三月四日。

(33) 警察学論集五五巻一号（立花書房、二〇〇二年）一頁以下。
(34) 日刊警察二〇〇二年六月三日。
(35) この「緊急治安対策プログラム」を紹介・解説するものとして、吉田尚正「緊急治安対策プログラムについて」警察学論集五六巻一二号（立花書房、二〇〇三年）七一頁以下。
(36) 小泉首相は以下のように述べた。「国民の安全と安心の確保は、政府の基本的な責務です。／『世界一安全な国、日本』の復活を実現します。警察官を増員し、全国で『空き交番ゼロ』を目指します。市民と地域が一体となった、地域社会の安全を守る取り組みを進めます……。」（朝日新聞二〇〇三年九月二六日夕刊）。この中では、「地域安全活動」の概念も盛り込んでいる。
(37) 日刊警察二〇〇三年一二月二日。
(38) この「犯罪対策閣僚会議」の「行動計画」を紹介・解説するものとして、鈴木基久「犯罪対策閣僚会議における『犯罪に強い社会の実現のための行動計画』の策定について――『世界一安全な国、日本』の復活を目指して――」警察学論集五七巻三号（立花書房、二〇〇三年）一頁以下。
(39) 日刊警察二〇〇四年六月二一日。
(40) 日刊警察二〇〇四年一〇月二二日。
(41) 日刊警察二〇〇四年一一月二二日。
(42) 日刊警察二〇〇四年一二月二日。
(43) 警察庁編『平成一六年版　警察白書――地域社会との連帯』（ぎょうせい、二〇〇四年）一頁。
(44) 前掲註（43）二頁以下。

(45) 日刊警察二〇〇四年六月三〇日、磯部力「『安全の中の自由』の法理と警察法理論」及び山田英雄ほか「社会安全政策の再構築」警察政策七巻（立花書房、二〇〇五年）一頁以下及び二五〇頁以下。
(46) この「テロ対策推進要綱」の紹介と全文については、日刊警察二〇〇四年九月一日など。
(47) この「行動計画」を紹介するものとして、日刊警察二〇〇五年一月一二日など。
(48) 政府及び警察の「テロ対策」を批判的に検討する拙稿として、「政府の『テロ対策』案の内容と問題点――『テロの未然防止に関する行動計画』の検討」法と民主主義三九六号（日本民主法律家協会、二〇〇五年）七〇頁以下及び「警察の『テロ対策』の内容と問題点――警察の肥大化と『軍隊化』」法と民主主義四〇七号（日本民主法律家協会、二〇〇六年）三二頁以下。
(49) 日刊警察二〇〇五年一月五日。
(50) これらの「プラン」と「プロジェクト」を紹介するものとして、日刊警察二〇〇五年七月二二日～同年八月三日。
(51) この「総合対策」を紹介するものとして、日刊警察二〇〇五年一〇月一四日及び日刊警察二〇〇六年一月四日～同年一月六日。
(52) 日刊警察二〇〇五年六月一〇日。
(53) 日刊警察二〇〇五年六月二一日。
(54) 警察学論集五八巻六号（立花書房、二〇〇五年）一頁以下。これと関連し、慶應大学出身の研究者と警察政策研究センターの実務家による共同研究の成果として、大沢秀介・小山剛編『市民生活の自由と安全――各国のテロ対策法制――』（成文堂、二〇〇六年）を出版している。
(55) 日刊警察二〇〇五年一一月二四日。当日のフォーラムに関する解説と内容については、警察政策学会・警察政策研究センター「〈生活安全条例と市民生活の安全創造フォーラム〉生活安全に対する地方の取り組みと安全・安心まちづくり」警察学論集五九巻六号（立花書房、二〇〇六年）一九頁以下。
(56) 警察学論集五八巻一号（立花書房、二〇〇五年）一頁以下。
(57) 警察学論集五八巻一二号（立花書房、二〇〇五年）一頁以下。
(58) 日刊警察二〇〇六年四月一八日。
(59) これらの「留意事項」「設計指針」「認定基準」を紹介するものとして、日刊警察二〇〇六年五月一五日～同年五月二九日。
(60) 成田頼明監修『これで実践！ 地域安全力の創造 生活安全条例と先進事例の実際』（第一法規、二〇〇六年）。
(61) この「七つの重点」を紹介するものとして、日刊警察二〇〇六年九月四日～同年九月一一日。
(62) 日刊警察二〇〇六年一〇月一九日。
(63) 日刊警察二〇〇七年一月五日。なお、この記事の見出しは「平成19年 街頭犯罪・侵入犯罪抑止 犯罪検挙や職質を強化 総合対策の基本方針決める」となっている。
(64) 日刊警察二〇〇七年一月一六日。
(65) 日刊警察二〇〇七年一月三一日。

第三章　「地域安全活動」の実例と問題点

はじめに

これまで検討してきたように、「安全・安心まちづくり」は「犯罪防止に配慮した環境設計活動（ハード面の施策）の推進」と「地域安全活動（ソフト面の施策）の推進」の二つの柱から構成されており、「地域安全活動」の概念は一九九三年に登場するものである。

この「地域安全活動」の具体的な事例にしろ、「生活安全条例」にしろ、例えば東京の千代田区条例のようによほど特徴的なものでない限り、一地域の取組が全国紙の社会面で報道されることはなく、全国紙の地域面でも当該地域に関する取組の報道は少ない。それに対して、地方紙は当該地域の取組を比較的よく報道していると思われるが、他の地域の取組はほとんど伝えない。全体状況を一般紙で知るのはなかなか困難なのである。

そこで本稿では、全国各地の「地域安全活動」の取組を伝える『日刊警察』の情報を中心に、各地域における特徴的な「地域安全活動」をまとめる。具体的には、第二章と同じく、警察庁に生活安全局が設置された前年である一九九三年以降の取組を対象にする。ただし、もちろん『日刊警察』が全ての「地域安全活動」を報道しているわけではないし、本稿でも報道された全ての記事を取り上げているわけではない。

いくつかの事例を見ていくことで、おおよその傾向・特徴と問題点などを理解していただければと思う。

一 「自主防犯活動」の組織化と警察との連携

1 戦後の町内会・防犯協会の結成と活動

ＧＨＱによる町内会禁止後の一九四七年から四八年に集中して誕生した地域の防犯協会や、警察との連携組織である「警察連絡協議会」は、戦後の地域における警察協力組織としてその数を増やしてきた。(1) そして昨今では、第二章で見たように、一九九四年の『平成六年版　警察白書』でも、地域住民による防犯ボランティア活動の重要性が指摘されたため、既存の町内会・自治会などによる防犯活動が活発になってきている。

こういう中で、団体名に趣向を凝らす防犯ボランティア団体が誕生してきている。例えば東京では、世田谷署管内三軒茶屋地区内の「防犯パトロール隊（略称：ＳＣＵ推進員）」、滝野川署管内の「滝野川地域ボランティア（愛称：ＳＡＶＥ滝野川）」、尾久署管内の「明るい尾久町推進委員（愛称：ＡＣＴ尾久）」などがある。(2)

さらに、いくつか特徴的な地域の取組を紹介する。

愛知県西尾市会生町の町内会長から西尾署への協力依頼に対するアドバイスの結果、二〇〇四年に誕生した住民の自主防犯・防災組織「ながら会」は、「時間や使命感にとらわれず、買い物や犬の散歩をしながら気楽にという趣旨」で名称が決まった。(3)

山口県平生署では、平生町防災担当課とも連携し、平生尾国地区全八九戸が参加する「地域ぐるみによる自主防犯・防災組織」が二〇〇四年七月に発足し、署は自治会に防犯活動時に着装する腕章を贈っている。[4]

福井県では、各市町村条例により一九四九年に全市町村（三四自治体）に「防犯隊」が結成されているが（このような取組は「全国で唯一」。二〇〇四年一〇月現在で三四隊、二四一支隊、約三九〇〇隊員。制服、制帽着用で町内巡回など実施）、「県安全で安心なまちづくりに関する条例」に基づく地域防犯活動の中核となる「安全安心センター」として、二〇〇四年一〇月に全防犯隊を指定し、条例や防犯指針の説明などを行う「防犯教室」を警察と協力して全小学校区で開催することになった。[5]

福岡県久留米署では、二〇〇五年に管内二七小学校区のボランティア一二五人を「シティー保安官」に委嘱し、胸の保安官バッチ、赤いテンガロンハット、マーク入りの黄色いベストを貸与し、パトロール活動や地域防犯活動等を地域住民と共に推進することになった。[6]

そして、栃木県壬生町の「栃木自警団」は、最近の青色回転灯付き車両が普及する前から、「警察に相談し、法に触れないギリギリの線までまねをした」無線機搭載の擬似パトカーを保有し、警察官風の青い制服・白いヘルメット・反射板着用の団員がパトロール活動をしており、早くからマスコミにも取り上げられている。[7]

2　女性の組織化

第一部第二章でも触れたように、警察庁は毎年年頭に「生活安全警察運営重点」を定めているが、「平成九年」の「運営重点」では「第一、個人の生命、身体、財産、権利の保護～地域安全活動の推進～」として、「地区防犯協会の体制強化」と同時に、「地域安全ボランティアの裾野拡大及びボランティアとの緊密な連携による活動の推進～女性、若年層などの組織化」を掲げた。(8)

この先駆的取組としては、例えば一九九六年に、京都府警が府下初の試みとして中立売署内に四一名の女性防犯推進委員から成り（全体の防犯推進委員三七一名中）、赤いお揃いのジャンパーを着用した自主防犯組織「中立売平安レディース」の結成に関わっている。(9)

また、先の「生活安全警察運営重点」を受けた取組としては、愛知県警が一九九八年一〇月以降、「地域安全活動員登録制度」に取り組み、その一つとして地域住民が行う自主パトロールについては「地域安全パトロール隊」の結成を促進してきた。その結果、一九九九年一月末までに県下全署で隊が結成され、六四隊・一六五一隊員（うち女性パトロール隊が一四隊・五〇九隊員）にまでなった。(10)

そのうちの一つとして、愛知県足助署では、二〇〇四年に女性防犯ボランティアグループ「足助レディース・パトロール・セキュリティ（ALPS・アルプス）隊」を結成し、オレンジ色のお揃いのジャンパーを着用した隊員が防犯活動を行っている。(11)

東京都文京区の区立千駄木幼稚園の保護者たちは、二〇〇四年七月に「子ども守り隊」を結成し（参加者約九〇人）、母親たちが幼稚園の送迎や買い物などに出かける際に、ベビーカーや自転車に地元駒込署の表示が入った札を付け、パトロール活動を開始した。(12)

3　学生の組織化

「若年層の組織化」としてまず対象になっているのは大学生である。埼玉県警察本部では、二〇〇四年五月から県内の大学生を「少年非行防止学生ボランティア（愛称・ピアーズ『Ｐｅｅｒｓ』みんなの仲間）」に委嘱し（目白大学二四人、立正大学一五人、女子栄養大学一人の計四〇人）、少年補導員・少年指導委員と共に街頭補導活動や街頭キャンペーン、非行防止教室アシスタントなどの活動を行うことになった。この活動の「ネライ」として、「少年補導員・少年指導委員の親世代と学生ボランティアの兄世代の組み合わせにより、家族的に少年に接して、より円滑に信頼関係を形成できる」ことや、揃いのジャンパーを着用し活動に従事する「学生の意識啓発」があげられている。(13)

宮城県警察本部では、二〇〇四年八月から県内の大学生を「大学生健全育成ボランティア『Ｐｏｌａｒｉｓ（ポラリス）宮城』」に登録し（東北工業大学一一人、東北学院大学九人、東北福祉大学五人の計二五人）、少年の健全育成のための街頭活動などを行うことになった。韓国ドラマ『冬のソナタ』のファンである生活安全部長が、ドラマで登場する「ポラリス」のペンダントをヒントに、「広大な天空にあって、その位置を変えない『北極星』のように、非行に走る少年を導く、良き先輩として活躍するようなボランティアになって欲しい」との言葉からこの団体名を命名した。(14)

広島県広署では、「減らそう犯罪　広島県民総ぐるみ運動」を展開する上で、「同運動の推進には大学生の若い力が必要」と大学生に呼びかけたところ、管内の広島国際大学演劇部が応え、二〇〇五年に同署員と共同で台本を作り、中学生を対象に「防犯寸劇」を行った。同署では、「中学生の非行防止を図るとともに、これを機会にさらに大学生による自主防犯活動への参加意識を高めることにしている」。(15)

4　多種多様な組織化・取組

町内会・自治会や女性・若者以外の組織化や取組も活発に行われている。例えば、奈良署と奈良西署は、一九九八年に「地域の防犯リーダー」育成のための「地域安全講座」を開催し、少年補導員、ＰＴＡ役員、防犯委員などから選出された四〇名が受講した。これは奈良市の「生活安全条例」施行を機に、「地域安全活動ボランティアの裾野拡大策として活動指導者を養成するため」に行ったもので、修了者の家を「地域安全の家」に指定した。[16]

最近の取組としては、東京都世田谷区の成城署管内で地域の愛犬家に呼びかけて、パトロール中であることを示す腕章を付けた愛犬家が、犬の散歩時に「怪しい人を見かけたら一一〇番通報する」という「わんわんパトロール」を二〇〇三年三月から始めている。[17] このパトロールの発案者とされている駐在所警察官作成の参加募集チラシには、「『パトロール』なんて名前につくと大げさですが、毎月1回位犬好きが集まり飼い主同士の情報交換やマナー向上がはかられるような集まりでありたいと考えています」[18]との、気軽に参加を呼びかける文面となっている。同様の試みは、北海道では「ワンワンぽりす隊」[19]、福岡県中央署では「１１０（ワンワンお）助けパトロール隊」[20]など、今では全国各地で見られる。

特殊な職業の取組としては、大相撲の「伊勢ノ海部屋」（東京都江戸川区）の力士たちが「地元の役に立ちたい」として自警団を作り、二〇〇三年二月から地元でパトロールを始め、[21]東京・銀座ではクラブやバーなど約一六五〇店の経営者で作る銀座社交料飲協会が警視庁築地署の協力で「ナイトパトロール隊」を結成し、着物にたすき姿の「ママ」たちも街頭パトロールに参加することになった。[22]

他に、愛知県蒲郡署では、「日頃からトレーニングをかねて自宅周辺のウオーキングをしており、地域の実情にも精通しているほか、市の行事にも裏方として積極的に参加している」蒲郡バレーボール協会（約三〇チーム、約七〇〇人）に対して、「こうした同協会の組織力に着目し、パトロール隊の結成等地域安全活動への協力を申し入れたところ」、バレーにちなんで「クライムアタック隊」が二〇〇四年三月に結成された。(23)

5　「民間交番」の設置

第二部第五章で触れるように、東京都世田谷区では、地元の「自警会」が二〇〇二年四月に全国初といわれる「民間交番」を開設した。(24)山形県新庄市では二〇〇三年八月に、防犯協会や駅前交番連絡協議会等の地域ボランティア団体が防犯パトロールなどを実施するための拠点として、「地域住民からの交番増設要求を逆手にとって、市役所の全面的な協力を得て、本年八月、商店街の空きビルの一角を借り受け、いわゆる『民間交番』を開設し［た］」。(25)「逆手にとって」という表現に、警察の本音が如実に現れている。

その他全国各地で「民間交番」の設置は相次いでいるが、愛知県愛知署管内では、長久手町に自治体が採用した警察官ＯＢ五人が交替で常駐する町営の「民間交番」を二〇〇五年に設置している。(26)

6　小括

一九九三年以降、「地域安全活動」を展開していく上で、警察の取組だけでなく地域住民を組織化して防犯パトロール活動を展開してきた。当初は、町内会・自治会などの既存の組織を活用していたが、女性や若年層にも「裾野」を拡大していった。『日刊警察』の文面に現れているように、大学生を地域で少年非行防止ボランティアにすることは、少年非行対策のみならず、活動に従事する大学生の「意識啓発」にも有用である。さらにその後は、愛犬家、バレー協会など、使えるものは何でも使うという姿勢がうかがえる。そういう中で、単なるパトロールに飽き足らない人々が「交番」まで作るにいたっている。

とはいえ、老人や主婦、着物着用の「クラブママ」などのパトロール活動では、犯罪者や「不審者」に遭遇しても犯罪解決効果はほとんどない。あるのは一定の犯罪抑止効果と防犯活動の気運醸成である。しかし、この一定の犯罪抑止効果と防犯活動の気運醸成、何よりも警察の地域における住民の組織化のために、活発な取組が行われているといえる。

二　警察と各種事業者・法人等との「ネットワーク」作り

1　警備会社との連携〜「警察の民営化」「民間の警察化」

警察は「地域」において住民の組織化・連携に取り組むと同時に、「職域」においても各種事業者等との連携体制作りに努めている。

まず、警備会社との連携として、警備会社の通常の業務中に警察と連携させる取組を展開してきている。例えば、一九九四年に全国初の警備会社による「地域安全指導隊」が茨城県で誕生する。これは警備会社のボランティア活動として、地域、家庭、職場、職域で住民生活の安全確保や財産の保守、管理等に対する指導・助言を行うものである。(27)

「平成九年」の「生活安全警察の運営重点」では、「警備業との連携強化」として「警備業との通報連絡システムの構築と同システムの活用」を掲げ[28]、「平成一三年」の「生活安全警察の運営重点」では、「警備業者セキュリティビジネスの育成[29]」、「平成一六年」の「生活安全警察の運営重点」では、「防犯システムたる警備業の育成」という方針を示す[30]。

これらを受けて千葉県警察本部は、二〇〇三年に（社）千葉県警備業協会（二五五社、一万八〇〇〇人）と「安全で安心まちづくりネットワークに関する覚書」を調印し、「P・G＝ポリス・ガードネットワーク」を構築する。これは、警備会社の巡回車に「安全パトロール実施中」のステッカーを貼り、業務の範囲内で住宅街等パトロールを実施し、事件や「地域住民の安全のために必要と認められる時など」に警察に通報するものである[31]。

北海道警察本部では、（社）北海道警備業協会（四一八社、約二万人、巡回車約一一〇〇台）と「地域の安全に関する協定」を締結し、「警備員が、警察から提供する情報を基に、日常業務を通じて街頭犯罪等多発地域で見える制服パトロールを行い、犯罪の予防警戒、不審者（車）の発見・通報」などを行うことになった。そして、「警察は、警備員の資質向上のための指導業務に関し、研修会での講習、訓練、安全パトロール等の支援を行うとともに、地域の安全に関する情報交換を行うこと」になった[32]。

さらに、国の緊急雇用創出特別基金を活用して、地域における犯罪の抑止と青少年の問題行動の抑止を目的に、二〇〇五年から民間警備会社に業務委託してパトロール活動を行わせる神奈川県警察本部の取組もある[33]。

民間警備会社は警察官僚の天下り先・警察官ＯＢの再就職先ということもあり、民間事業者として最も警察がたやすく連携できる相手である。このような連携は、警察活動の「民営化」・民間警備会社の「警察化」

ともいえるものである。

2　コンビニとの連携〜「第二の交番」へ

第一部第二章でも紹介したように、二〇〇〇年に警察庁は各都道府県警察に「コンビニエンスストアの地域安全活動への参画推進方策（いわゆるセーフティステーション化）」という通達を出し、「防犯カメラ」のみならず、「少年の健全育成」についての努力や「防犯連絡所」としての指定を要求している。[34]

その後、愛知県では県警によるコンビニの「第二交番化」方針の下、警察署直結の監視カメラを備えたコンビニが二〇〇一年一〇月に登場する。[35]

山口県小郡署では、犯罪の未然防止、被害者の救護、犯人検挙に役立てるため、二〇〇二年に管内一六のコンビニに緊急通報装置を設置することで警察との間に緊急ネットワークを構築し、コンビニを「地域のセーフティーステーション」にする。これに関して署長は、「簡単なシステムですが、極端なことを言えば、このネットワークによって当警察署管内に24時間人が所在する交番が16箇所も設置できたわけで『安全・安心まちづくり』をより具現化できたと思っています」と発言している。さらに今後はガソリンスタンド等深夜営業を行う他の業種に拡大するとしている。[36]

秋田県警察本部では、二〇〇四年四月から、県内二四時間営業のコンビニエンスストア二五七店舗の店長を「コンビニエンスストア・チーフ・サポーター（C・C・S）」に委嘱して、店舗内の見回り、駐車場などに「い集」する少年への声かけ、警察との連携強化の活動を行い、自主的な少年の非行防止と健全育成を図ることになった。「少年に愛の声かけを行い、少年の心に触れる（ハートタッチ）」活動から、店頭に

は「少年ハートタッチ協力店」のアピール板を掲示している。(37)
今やコンビニにATMが設置されることで、監視カメラなどによる監視体制が強化され、さらに警察と連携するコンビニは「第二の交番」になったといえる。また、店員は防犯のみならず「少年の健全育成」にも関与が求められるようになったため、子どもたちはコンビニで「不審者」「不良」扱いされぬよう気を抜けなくなったのである。

3　タクシー会社との連携～「第二のパトカー」へ

タクシー会社との関係では、例えば福岡県警察本部通信指令課と福岡・北九州両地区のタクシー会社所属タクシー（約一万二〇〇〇台）との間をホットラインで結ぶことになり、一九九六年の「タクシー緊急通報協議会通常総会」では、同協議会会長が「通報が事件検挙につながったケースも増えている。今後も第二のパトカーとして、警察と緊密な連携のもと一層の支援を行い社会的責任を果たしたい」と挨拶した。(38)

近年では具体的な関係強化の動きが見られ、一九九七年に岐阜県加茂署は管内のタクシー業者（六業者）との間で、「不審者」の早期発見・警戒活動や社会的弱者等の早期発見・通報・保護強化などのために「地域活動強化に関する協定」を県内で初めて締結した。(39)また、二〇〇三年に佐賀県佐賀署では、佐賀市タクシー協会加盟二二社四九〇台、個人タクシー協同組合加入の六七台に委嘱して「110番サポーター制度」を導入し、タクシーから事件・事故、「不審者」情報を通報する体制が構築された。(40)

愛知県警察本部街頭犯罪対策室では、二〇〇四年から名古屋タクシー協会と連携して、所属タクシー八五〇〇台に「ひったくり等街頭犯罪監視タクシー」などと記載されたステッカーを貼り付け、犯罪や「不審者」を発見した際に警察に積極的に通報し、警察からも犯罪情報を提供する「警察のアンテナ」として「監視の目」を強化すると同時に、「ステッカーを見た県民やタクシー乗務員自身が犯罪の被害に遭わないよう防犯意識を高めていく」ことになった。出発式では、タクシー協会会長が「タクシーは公道を使わせてもらっているのだから、街頭における犯罪防止に是非貢献したい」と述べた(41)。

さらに、コンビニとタクシーを組み合わせた取組としては、例えば、二〇〇五年に山口県初の取組として、山口県岩国署でコンビニの防犯対策として駐車場にタクシーを待機させる「岩国地区コンビニ・タクシー駐機協定」の調印を行った（岩国地区タクシー協会加盟三〇八台、同地区深夜スーパー等防犯協議会加盟二七店）(42)。同様の取組としては、愛知県中川署が、二〇〇五年二月から金融機関の窓口営業中、店舗の入口脇にタクシー一台を常駐させ、「運転手が車内から不審者などに目を光らせる」取組を始めている(43)。

普段、パトカーを見ると犯罪や交通違反をしていなくても「ドキッ」とする経験は多くの人にあると思うが、これからはタクシーという「第二のパトカー」に「不審」の目で見られないような行動が私たちには求められてくるのである。

4　新聞販売店との連携～「第二の二輪警ら隊」へ

警察官の警ら活動はパトカーだけでなく、自転車やバイクによっても行われる。そこで実際に「第二のパトカー」（タクシー）だけでなく、自転車やバイクで日常的に街中を走り回る新聞販売店を警察が活用し始めている。

例えば、静岡県警察本部は一九九九年九月に、新聞販売業者による自主防犯組織を設立し、地域に密着した自主的な地域安全活動を促進し、会員の防犯意識の向上を図るために、新聞販売業者による職域防犯組織としては全国初の「（静岡）県新聞販売業生活安全協議会」（二二二店・約八三〇〇人）を設立した。活動の重点としては、「犯罪、事故、災害の防止に必要な情報の交換」「自主防犯意識の高揚」「地域安全活動等への参加、協力」「暴力団追放活動」「犯罪捜査活動に対する協力」などが掲げられている。(44)

その後同協議会は、新聞販売業者が配達に使用する自転車（約一〇〇〇台）とバイク（約四〇〇〇台）を「新聞かけこみ一一〇番」と名付け、ステッカーを表示して活動を開始した。静岡県警は、一般家庭や商店、コンビニ、ガソリンスタンドなどを「固定型」として一九九九年一二月一日までに八万二一五八か所の「子どもを守る家」としたが、新聞販売業者については「移動型」として位置付けている。(45)

その他、北海道札幌方面白石署では、二〇〇三年七月に札幌市白石区内の北海道新聞販売所（七所、配達員約七〇〇人）と「地域安全ネットワーク」を構築し、配達員が業務中に知った新聞の長期放置家庭、視認性の悪い交通標識、老人の徘徊、「不審者」の目撃などの各種情報を警察に提供することとなった。(46)また、福岡県瀬高署は、管内の大手紙販売店四店主（配達員約三〇人）を「街頭パトロール隊」として委嘱し、「『おかしいと思ったら、即通報』を合言葉」に、通報と「警察署からの治安情報の通報に基づいて活動する」ことになった。(47)

新聞配達員の場合は、毎日一軒一軒配達活動をしているため、「第二の二輪警ら隊」として木目の細かい「パトロール」ができるのみならず、集金業務を通じて購読者の様子を知ることもできるため、警察が目をつけたといえる。今後私たちは新聞配達員に「不審」に思われないように、新聞をポストにためず、集金時には「不審者」扱いされない対応が求められてくるのである。

また、例えば、配達業務を通じて知った不在情報を悪用して侵入・窃盗を行った新聞配達員がいるが[48]、警察と新聞販売店との連携は、防犯活動に従事させることで新聞配達員に規範意識を植え付け、配達員による犯罪防止のためにもあるといえる。

5　郵便局との連携〜公安警察による活用可能性

配達業務に関しては、新聞販売店のみならず郵便局と警察との協力関係も作られてきている。例えば、愛知県西署は二〇〇二年に、名古屋市中央郵便局員を交通安全・地域安全の支援をしてもらうための「セーフティ・スタッフ西」に委嘱し、毎日三〇〇人以上の局員が集配・貯金・簡易保険業務でバイク・自転車で活動中、警察へ「不審者（車）」の通報などを行う体制を構築した[49]。また、三重県警察本部では二〇〇三年に、郵政公社と「地域の安全・安心まちづくりに関する協定」を締結し、県内三七二局のうち集配を行っている九七局で集配を担当する約一五〇〇人に警察に通報する「県民の安全・安心　P&P（POST&POLICE）ネットワーク（略称P.P.N.）」を構築した[50]。

このような郵便局との連携も全国各地で行われており、集配車を「第二のパトカー」に、配達用バイクを「第二の二輪警ら隊」にする取組であると同時に、不在情報を入手できる郵便職員による犯罪防止も目的といえる。

さらに、この郵便職員と警察との連携強化で危惧されるのは、この取組のエスカレートである。郵便職員は配達業務を通じて職務上受取人がどのような個人・団体等から郵便物を送付されているか知る立場にある。それは、公安警察が監視対象にしている宗教団体だったり、新左翼セクトだったりするかもしれない。今は配達途上の防犯活動として郵便職員が連携する相手は生活安全警察であるが、警察との連携に慣れて、これが公安警察にシフトしていったらどうなるであろうか。もちろん、現行法上職員の守秘義務により警察に職務上知り得た情報を提供することは許されないが、この先、「ゲリラ対策」「テロ対策」「治安」「安全」などを名目に法改正されるかもしれないし、非合法的に公安警察が職員に情報提供を求めるかもしれないという危険性がある。

6　NPOとの連携〜ガーディアン・エンジェルスの場合

ここではこれまでの事業者とは異なるが、NPOとの連携についても取り上げる。近年、警察が防犯活動での取組に期待しているのが、防犯ボランティア団体・NPOであり、その中でも特に日本ガーディアン・エンジェルスが期待されており、同支部の設立や活動に警察や防犯協会などが関与してきている。(51)

広島県では、後に日本ガーディアン・エンジェルス広島支部となる「広島ガーディアンズ」が一九九九年一〇月に結成されるが、この結成にまつわる一文が『日刊警察』に掲載されている。これによれば、当初、広島県防犯連合会の傘下団体とする構想を一九九九年五月の総会で承認し、二四五万円の結成費用を付け、同年六月からメンバーを募集し、一六人で結成。メンバーには旅費を支給し、日本ガーディアン・エンジェルス東京本部へ派遣したり、本部の指導官を広島に招致し、指導官を生活安全企画課員の自宅に泊め、食事提供を行ったという。(52)

一方、日本ガーディアン・エンジェルスの小田啓二理事長が、関東管区警察学校の警部補任用科生活安全課程の学生を対象に「割れた窓理論」や「勇気ある社会の回復」など「地域安全活動」に関する講義を行い、来期から警部補任用科全学生対象に拡大するという記事も『日刊警察』に出ている。[53]

防犯活動として効果があるのみならず、参加者の「規律訓練」にもなるガーディアン・エンジェルスの支部設立に警察が関与し、一方で警察が逆に教えを請うことで協働関係を確立してきている。

7　その他事業者との連携〜広がる対象

その他、警察と事業者との連携として、例えば、愛知県港署は二〇〇一年に、港区金融機関防犯連絡協議会（四九事業所、バイク中心に車両約三〇〇台）の協力を得て、「犯罪・事故撲滅監視モニター制度」を発足させた。これは、「外務員の目」の協力を求め、これら車両に「犯罪・事故撲滅監視モニター」のステッカーを貼り付け「監視」活動を行うもので、「金融機関の外務員が集金業務などを通じて地域に密着している点に着目し、犯罪や事故にかかわる情報を積極的に通報してもらうことにより、犯罪や事故の抑止と犯人の検挙を図る」とされた。[54]

茨城県つくば中央署・北署は、二〇〇三年に郵便配達員（一三〇人）のみならず消防団員（一五五〇人）も犯罪、事件・事故をすぐ通報する「犯罪通報110番人」にした。「110番人」は、警察署の電話番号などを記載した名刺を携帯し、車やバイクなどに「地域・安全パトロール中」のステッカーを掲示し、単に事件・事故情報の通報だけでなく、「見慣れぬ人に声をかける」こともするという[55]、私たちが地方に気軽にドライブやツーリングなどできないような取組も展開されている。

埼玉県の川越署など県西部方面六署（他に東入間、所沢、狭山、西入間、東松山の各署）は、二〇〇三年に管内の都市ガス・ガス機器の販売、関連付帯事業者八社と「地域安全に関する協定」を締結した。これにより六署管内を活動区域とし、顧客約二〇万世帯を有する武州ガス及び関連会社（従業員約四〇〇人、車両約二四〇台）が、通常勤務を通じて犯罪や交通事故防止のための広報活動の推進、犯罪や交通事故の発生又は犯罪等に関する情報認知時の警察への通報などを行うことになった。(56)

三重県警察本部では、二〇〇三年七月に宅配業者のヤマト運輸三重主幹支店と「安全・安心まちづくりに関する協定」を締結し、三七店・約六〇〇台の車両に「防犯協力中」のステッカーを掲示し、約八〇〇人が各種情報を通報することとなった。(57)

東京都墨田区のバイク便会社「マッハ50」は、「地域への恩返しに」との理由で、自社の一三〇台のバイク荷台に「ひったくり警戒中」のステッカーを貼り、ライダーにはデジタルカメラを持たせ、業務中にひったくりにも警戒する活動を二〇〇三年から開始した。(58)

愛知県警察本部が二〇〇四年四月から始めた取組の一環として、愛知県中川署では、（社）日本警察犬協会愛知支部が訓練する犬のうち、ボランティアとしてパトロール活動を実施する警備犬＝「防犯パトロール犬（ワン）」と、警察官（マン）による「ワンマンパトロール」を同年一二月から開始した。警察犬協会の訓練犬を継続的な警戒活動に活用するのは全国初という。(59) この取組は二〇〇五年に入って、愛知県警察本部と日本警察犬協会愛知支部がパトロール犬の運用を円滑かつ効果的に行うための「覚書」を結ぶまでにいたる。(60)

二〇〇六年四月からは、全国の鉄道会社の二八一九駅（全鉄道の約九八パーセントにあたる一七一社が参加し、駅員のいる駅を指定）を「こども１１０番の駅」にし（駅には「きかんしゃトーマス」の絵が入ったステッカーを掲示）、助けを求める子どもを保護し、警察に通報するなど必要な対応を駅員がおこなうことになった。(61)

その他の事業者との連携については具体的な紹介を省略するが、不動産協会（不動産加盟店）、農協（店舗、業務用バイク・車）、レンタカー協会（店舗）、路線バス会社（路線バス）、トラック協会（トラック）、（社）日本自動車連盟（ＪＡＦの車両）、電力会社（業務用バイク・車）、石油協会（灯油配達タンクローリー）、電気保安協会（業務用バイク・車）、牛乳販売店（業務用バイク・トラック）、食品衛生協会（出前用バイク）、米穀連絡協議会（米配達用車）、ヤクルトレディ（業務用自転車・バイク）などなど、都道府県警察本部単位にしろ警察署単位にしろ、多種多様な事業者等と警察が「防犯」「地域安全」「安全・安心」に関する「協定」「覚書」を締結し、「ネットワーク」を構築することで、事件・事故のみならず「不審者」情報を警察に通報させ、「監視の目」を増やす体制作りを展開している。

8　小括

このような「ネットワーク」作りに関連する興味深い発言として、元警察庁官房長が『日刊警察』の「警察の灯火」という連載で、「巨大都市であった江戸、大坂の治安が、南北、東西の2つの奉行所の僅かな与力、同心で支えられた背景には、すぐれた情報網の存在がありました。それは、当時の人々の生活や行動の様式に密着した極めて現実的、効率的な仕組みで、断片的な情報も漏らさず掬い上げて不審者を捕捉し、対処するというシステムで、その緻密かつ迅速なことは、まさに民活地獄耳ともいえるものでした。」「地獄耳は様々な形で張りめぐらされていましたが、その中核となっていたのは、『髪結床』と『銭湯』そして『遊廓』でした」として、具体的にその機能を紹介した上で、「3～400年も前に生きた我々の先人たちの方がよほど豊かな常識と秀れた判断力を備えていたのではないかと思えるのです」とまとめている。(62)

以上のことから、地域においては戦前の「隣組」「自警団」、職域においては「民活地獄耳」に相当するような広大な「防犯ネットワーク」を警察主導で構築し、地域でも職場でも警察の協力者を増やし、同時にこれらの活動に従事する者の「規律訓練」を行っているといえる。

三　警察と教育機関との連携

1　幼稚園との連携

警察の「ネットワーク」作りは教育機関にも及んでいる。まず、幼稚園であるが、栃木県佐野署は管内の幼稚園の協力を得て、園児による「ちびっ子警察隊」を編成し、警察官の制服に模した幼児用制服を着用した園児が、「こどもの家一一〇番」設置場所や避難方法と利用方法を確認するパトロールを行っている[63]。また、愛知県西署及び千種署では、擬似警察官制服着用の園児から成る「チビッコ警察官」が犯罪防止キャンペーンや交通安全運動を行っており[64]、全国各地で同様の取組が見られる。

このような中で秋田県秋田臨港署では、秋田市の幼稚園児を擬似警察官制服着用の「ミニ警察官」にし、街頭で「夜遊びはすべての非行のもと」という、「夜遊び」が本当に「すべての非行のもと」なのか、証明しきれないような非科学的スローガン入りのチラシ配布まで行うにいたっている[65]。

幼稚園児自体には犯罪解決能力はないが、このような取組は市民に対するアピール効果はあるだろうし、将来、警察官を目指す子どもも出てくるかもしれない。

2　小中高校との連携

次に、小中高校レベルでは、山形県米沢署管内で米沢市防犯協会の指導により、二〇〇〇年に市内中学生からなるボランティアグループ「防犯・交通米沢少年隊」を結成し、毎年新隊員を公募しながら公共施設の美化や非行防止・犯罪被害防止、交通安全等の活動を続けている(66)。

石川県警察本部少年課では、少年犯罪総合抑止対策「ストップ・ザ・犯罪　石川っ子」の一環として、一方的な講座形式とは別に、児童・生徒を警察本部少年サポートセンターに訪問させ、少年非行の実態を説明した後でお互いに話し合う「体験&実践講座」を二〇〇四年から開始した。これは、「健全な活動の実践に努め非行防止の輪を広げることをネライに企画した」ものだという(67)。また、この「ストップ・ザ・犯罪　石川っ子」の一環として、二〇〇五年六月の一か月間、「自転車盗難防止運動月間」の街頭キャンペーンに金沢市内の高校生四〇人も参加させた。これには「県民に同運動のPRと、高校生が参加することで少年の規範意識の向上を図ることをネライに」実施したという(68)。このような取組を行う石川県では、二〇〇四年から県公安委員会と県教育委員会が意見交換を実施してきたが、四回目の会合では「警察官による防犯教室は、規範意識を高めるために有効であり、拡大すべきである」「些細な非行行為であっても、警察に相談できる関係の構築が重要である」「教師からの注意よりも、警察官に巡視してもらう方が効果がある」等の意見も出たという(69)。

このような取組は、一の3で取り上げた「学生の組織化」と比べると、警察は連携相手（小中高校生）を「少年非行予備軍」とみなした上で、規範意識を植え込むために実施している側面が強いといえる。

3　警察から教育機関への情報発信

警察から教育機関への情報発信としては、例えば宮城県警察本部は二〇〇四年に、「警察が保有する非行実態や非行に関する情報、警察措置の根拠法制、警察が取り組んでいる各種施策等について、可能な限り学校に情報を発信して、これをもとに、教師が日常の教育、指導の過程で、恒常的な健全育成指導を実践するといった状況を生み出すネライ」から、「健全育成指導用Q＆A」を制作し、県内の小中高校全八一三校に配布した(70)。

そして、二〇〇六年には、警察庁と文部科学省との共同で、学校現場での非行防止教室を実施する際の教師用指導資料として「児童生徒の規範意識を育むための教師用指導資料」を作成し、文部科学省から全ての学校と教育委員会に、警察庁から全国の警察署などに配布されることになった。これは、家庭においては、規則的な睡眠や食事等の基本的生活習慣の定着、基本的な挨拶や感謝の気持ちを表現する習慣の定着、時と場所と場面に応じた服装やマナーの育成、家事手伝いを通じた子どもの規範意識の育成など、学校においては、校則・挨拶・服装・規律ある集団活動等を通じた規範意識の育成、非行防止教室の実施など、事細かな実施事項をまとめた内容となっている(71)。

ここでも警察は、子どもたちを一端「少年非行予備軍」とみなした上で、犯罪防止のための規範意識を注入しようとする姿勢がうかがわれる。そして、本来、教育は家庭なり学校で保護者や教師が取り組むべき問題であるのに、警察が教育の指針作りに関与しているのである。

4　警察から教育機関への人の派遣

さらに警察は情報発信だけでなく、人（警察官・職員）の派遣まで行っている。例えば、秋田県警察本部少年課では、二〇〇三年から同県男鹿地方の伝統行事「なまはげ」を「ツール」として、小学校高学年生を対象に非行防止教室を展開する「なまはげNEWS隊」を結成して学校へ派遣している。(72)沖縄県警でも二〇〇三年から、全国に先駆けて警察官で構成する「安全学習支援隊」＝「TEAM KUDAKA」（隊長以下四名）を中高校に派遣し、月一回一限程度、ロングホームルームや総合学習の時間などに少年犯罪、薬物、有害サイト、暴力団、暴走族などについての講義を行っている。(73)警視庁では、警察官OBを学校に派遣する「警視庁スクールサポーター」制度と「セーフティー教室」を二〇〇四年四月から開始し、(74)このような「スクールサポーター制度」は、二〇〇六年四月現在で二〇都道府県で運用されるまでにいたった。(75)

このように、教育の指針作りだけでなく、警察が教育現場で少年非行対策に直接関与するようにまでなっているのである。

5　学校と警察との相互連絡制度

都道府県教育委員会と都道府県警との間で協定を締結し、非行少年等問題を有する児童生徒に関する情報を学校と警察が相互に通知する「学校・警察連絡制度」は、二〇〇五年度末現在で三八都道県で運用されている(76)（これとは別に、片務的な連絡制度や市町村レベルの連絡制度もある）。

ここで懸念されるのは、教育機関が安易に警察権力を頼りにすることになるのではないかということである。原則として自己の行為に全面的に責任を負う成人と比べて、まだ未熟な存在である未成年には、たとえ逸脱行動を起こしても、親や教師により教育の力で更生させる必要がある。非行少年問題の解決（というよりは処罰）を安易に警察に委ねることは、子どもの大人不信につながる可能性もあり、問題である。

6　大学との連携

従来、「極端な表現をすれば、警察は大学を、現実を理解しようとしない『象牙の塔』として敬遠し、大学は警察を人権を抑圧する『権力機構』として批判的に評価してきた」こともあり、「大学（大学院を含む）教育の場において、数年前までは警察実務に関する教育・研究はほとんどなされてこなかった(77)」といえる。それが最近では状況が変わってきた。

例えば、高岡法科大学では、県内外で活躍する行政・経済各界のトップリーダーを講師に招いて毎年開催する特別講義の一環として、二〇〇四年に富山県警察本部長が警察官志望の学生など法学部生約七〇人に「警察活動とかかわる最新判例」という講義を行っている。また、山梨学院大学法学部政治行政学科では、二〇〇三年から「政治学特講」の中で県警本部長などがゲスト講師として警察行政に関する講義を行うようになったが、二〇〇四年からは後期正規科目として「警察の研究」全一四コマのうち警察本部が六コマを受け持ち、本部長などが講義するようになった(78)。

金沢星陵大学では、二〇〇五年に一年生を対象に石川県警察本部長の「国際化の時代と警察〜被害者とならないために〜」と題する講演を行い、「真の国際人とは、自分の国を良く知り、国、国旗、国歌に敬意を払うことができる者であり、自分をそのようにコントロールできる者は現状の認識に明るく、ひいては犯罪被害の防止にもつながることになる(79)」と、「愛国心は犯罪被害防止につながる」と言っているような発言まで飛び出している。同県警察本部長は、金沢工業大学でも「国際社会における日本と日本人」という同様の講演を行い、学生には「警察官採用試験に積極的に挑戦してもらいたい」と学生を激励した(80)。

愛媛大学教育学部では、愛媛県警察本部と連携して二〇〇五年度から警察職員による正規講義を実施し、二〇〇六年度も五月に県警察本部長が新入生向けの「新入生セミナー」（全一五回）の一講義を担当して、各種防犯意識の啓発や卒業後に安全なまちづくりを推進する上での必要な知識啓発などを目的とする講義を行った(81)。

広島大学では、二〇〇五年度に全国で初めて犯罪防止を目的として警察（広島県警察本部）と連携して研究を行い、一年間の研究成果を二〇〇六年開催のシンポジウムで発表した。この共同研究テーマは、①規範意識向上のための教育プログラム、②ソーシャル・キャピタル（社会関係資本）の形成、③市民参加型犯罪予防活動、④情報戦略の四つである(82)。

香川大学大学院法学研究科では、県副知事など県幹部職員が講師を務める地方自治体の現状と課題等をテーマとした「地域行政論」特別講義（全一三回）を開講しているが、二〇〇六年に香川県警察本部長が「警察行政の現状と課題」をテーマに講義した。受講後、院生からは「良好な治安を形成するには警察だけでなく地域住民の力が必要であることを実感した」などの反応があったという(83)。

なお、『警察学論集』の二〇〇五年七月号（五八巻七号）では、『特集・大学教育と警察』を組んでおり、「大学における警察教育の意義」（警察実務についての理解の促進、刑事司法及び警察等の人的基盤への貢献、社会における治安基盤の促進、「社会安全政策論」の体系化）に関する論文(84)や「警察職員による大学教育の現状」に関する論文が掲載されている。後者の論文では、この間、警察庁（主に警察政策研究センター）が講師派遣している大学・

大学院として、東京都立大学、中央大学、慶應義塾大学、甲南大学、立正大学、法政大学など、各都道府県警察が講師派遣している大学・大学院として（先に触れた大学・大学院を除いて列挙すると）、広島修道大学（広島県警察）、大阪外国語大学・甲南大学（大阪府警察）、明治大学・東京都立大学（警視庁）、岐阜大学（岐阜県警察）、同志社大学・立命館大学（京都府警察）、甲南大学（兵庫県警察）、山口大学（山口県警察）などの実例を紹介している。[85]

7　小括

先にも触れたように、本来、保護者と教師が担う教育分野に警察の介入が近年急速に進んでいる。小中高校における警察の介入は、子どもたちを「少年非行予備軍」とみなした上で、規範意識注入のために行っているといえる。

一方で、大学教育への介入は、大学生への規範意識の注入、防犯パトロール等警察協力者作り、警察官募集対策という側面がある。[86]さらに、大学との共同研究は、国家権力との緊張関係から「大学の自治」を確立してきたかつてのヨーロッパ以来の歴史的伝統を覆し、大学を警察の協力研究機関にしかねない危険性があるといえる。

（財）公共政策調査会と警察大学校警察政策研究センター主催の「『社会の安全と日本人の倫理』をいかに考えるか」をテーマとした懸賞論文募集に対して、「規範意識が希薄になった原因は、社会全体に自由や人権の誤った解釈が蔓延して正しい教育が行われなくなったからであると指摘し、各種の教育を行うことにより、性善説を捨て……正義が実現されるようにしなければならない」という論文が優秀賞の一つに選ばれることが象徴的なように、今後も警察による各種教育分野への介入は続くであろう。[87]

四　警察と家庭との連携

1　「防犯マン推奨運動」

監視は「外部」の人間に対して行うだけではない。家庭「内部」の監視にもなる体制作りが始まった。宮城県警察本部は、二〇〇四年の「街頭犯罪等抑止総合対策」の重点課題の一つとして、「安全・安心まちづくり」対策の推進や防犯思想普及・広報啓発活動の推進に取り組むとしている。この中で、「県民一人ひとりに『自らの安全は自らが守る』という自主防犯意識や規範意識の高揚を呼びかけることが重要と考え、家庭や職場で防犯活動の中心的人物を定めるよう呼びかける『防犯マン推奨運動』を展開する」とした。そして、「防犯マン」の活動は、「家庭や事業所における戸締まり点検」「自転車など乗り物の施錠等の確認」「防犯に関する話題提供」「隣近所との連携」「防犯関連行事への積極的参加」の五項目とし、県警は「防犯マン」に身近な治安情報や防犯対策を積極的に提供することにした。しかも、「特に、防犯意識や規範意識は、小・中学生といった少年期に身に付けさせることが重要であり、その貴重な思想が後世に受け継がれるようにとの考えから、家庭では、小・中学生を選ぶように呼び掛けている」とのことである。[88]

そして、同年四月からは、「防犯マン推奨運動」という「個の守り」から、地域連帯感の回復も「ネライ」として町内会・学校区・事業所等単位で自発的な「見せる見える具体的な防犯活動」を行う「地域単位の守り」に拡大した「安全安心まちづくり・みやぎユニット運動」を実施している(89)。

さらに、二〇〇五年に宮城県警察本部は「防犯マン推奨運動」を発展させて、飼っている愛犬までも「防犯マン」の犬版である「防犯犬」に選任し、家庭における防犯の枠を拡大する活動を始めた。これは、裏面に「防犯犬は、飼い主と一緒に、犯罪のない安全な街づくりを願います」「防犯犬は、散歩中、事件・事故を見つけたら、飼い主を通じて、速やかに警察に通報します」「防犯犬は、飼い主と一緒に、戸締り点検をします」などの「防犯犬の心構え」が記載された県警と県防犯協会発行の「防犯犬」選任証を飼い犬のいる家庭に配布し、飼い主が愛犬を「防犯犬」に選任し、愛犬を通じて飼い主に防犯活動を呼びかける内容になっている(90)。

家庭などで子どもたちに防犯活動を行わせる他の活動としては、熊本県警察本部による二〇〇四年四月からの「カギかけ日本一運動」の一環として、菊池署が管内の中学・高校等八校の生徒（各五人）に「カギかけ推進員」に委嘱している。これには、「同推進員によるカギかけ励行の呼びかけを、各学校で浸透させるとともに、活動の輪を生徒の家庭や地域社会へ広げ、普及し防犯意識の高揚を図ろうとする」意図があるという(91)。

2　「10万人の目警戒」活動

警視庁練馬署が二〇〇四年暮れから開始したのは、管内の全四七町会の役員や防犯活動推進員を「街かど安全サポーター」に指定し、防犯活動を行う「街かど安全10万人の目警戒」活動である。これは、『街かど安全サポーター』が中核となって、ご近所の人たちに午前・午後の［犯罪］多発時間帯の2回、適宜の時間に10分ほど自宅前や付近で、体操・樹木の手入れ・掃除・散歩等を兼ねた路地の警戒や『おはようございます』などのあいさつ、『どこかお探しですか』等の声かけ、不審者発見時の110番通報を働きかけ、常に街角に住民が出ていることで、侵入盗などの犯罪の抑止を図ろうというネライ」から導入されたものである(92)。

3　小括

ここで紹介した「防犯マン推奨運動」は、子どもに大人を監視させ、子どもの「規律訓練」まで行う取組といえる。このような取組が行われる社会では、子どものいない家庭や一人暮らしでないかぎり、市民は家庭においても心休まることはないのである。

また、個人がいつ自宅前を掃除しようと散歩しようと全く自由なはずなのに、「10万人の目警戒」活動では、警察の指示（時間帯、回数、時間など）に従って掃除や散歩をすることになる。このような取組が社会全体に浸透すれば、自立した個人から成る自律社会ではなく、自立を否定されたあるいは自ら自立を放棄した個人が存在する警察主導の他律社会になりかねなくなる。

五　警察と個人との連携

携帯電話の普及により、一家庭に一台の電話から一人に一台の電話に移行した状況は、防犯対策にも影響を及ぼしている。大阪府警察本部では、二〇〇五年からＩＣカード型乗車券「ＰｉＴａＰａ（ピタパ）」（阪急、京阪、能勢電鉄）利用者のうち登録した人に、改札を通ると携帯電話にメールでひったくりなどの街頭犯罪情報の配信（当面は月二回配信内容の更新）を開始した(93)。

愛知県警察本部では、同じく二〇〇五年から登録者の携帯電話のメールに、約一〇分おきに携帯電話対応の県警ホームページ「モバイル愛知県警」内を自動検索し、登録地域の事件・事故等の更新情報を自動配信する「パトネットあいち」の試験的運用を開始した。自動検索配信システムによるメールマガジンとしては、全国初の試みという(94)。

さらに大阪府警察本部では、二〇〇六年一月からあらかじめ府警ホームページから登録した府民に犯罪発生情報や防犯対策情報などをメールで配信する「携帯メール配信システム（通称・安まちメール）」の運用を開始した(95)。同年八月には登録者の拡大を図るため、若年層や主婦層の利用の多い日本マクドナルドと連携し、新規登録者と既登録者に商品割引の携帯クーポンを期間限定で発行し、府内三一九店舗で示すとポテトが半額になるようにした(96)。

これらの取組は、警察から個人への一方的な情報提供にすぎないが、個人が警察と直接つながることによる一定の安心感効果はあるであろうし、この関係が継続していくことにより、いずれ個人が警察に情報提供する関係も構築されていくであろう。

六　警察とマスメディアとの連携

1　新聞社との連携

新聞社が警察の取組に理解を示す姿勢を示したり、警察と新聞社が協力関係を結ぶ場合もある。まず、前者の事例だが、例えば、神奈川新聞では、この間、「安全・安心まちづくり」関係の記事を掲載する際に、「安全な街へ」というタイトルを付けて報道し、他の記事と比べると目立つ分、特別扱いをしてきたといえる。

さらにこの一環として、二〇〇三年二月には県警察本部長、清永賢二日本女子大学教授、横浜市瀬谷区女性地域安全委員会会長、日本ガーディアン・エンジェルス横浜支部長による「増え続ける街頭犯罪手携え暮らし守ろう」という座談会（司会：神奈川新聞社編集局長）を二面も使って掲載している。ここでは、警察と市民が連携した防犯活動を訴える構成になっており、その取組に対する批判的視点は一切ない（座談会掲載紙面の下部には、県内の警察官友の会、防犯協会連合会、警備業協会、防犯工業会などの広告を掲載）(97)。

その後も二〇〇五年四月に、松沢成文県知事、県警察本部長、葉山わんわんパトロール隊事務局、日本ガーディアン・エンジェルス横浜支部長による「犯罪のない安全で安心なまち　かながわの実現をめざして神奈川県犯罪のない安全・安心まちづくり推進条例　きょう施行」という座談会（司会：神奈川新聞社編集局長）を二面も使って掲載している。ここでは、県条例の意義や今後の取組を中心に意見交換をしており、最後にプライヴァシー保護への配慮には言及しつつ、「監視社会」論を批判する構成で終わっており、また、座談会メンバーが「生活安全条例」推進派だけという偏向した内容になっている（今回も二〇〇三年時座談会と同様の広告が掲載されている）(98)。

また、島根県内で最大の発行部数のある山陰中央新報社は、二〇〇六年七月から施行された「島根県犯罪のない安全で安心なまちづくり条例」の趣旨にのっとり、島根県警察本部と協定を調印し、今後は「安全安心まちづくりに関する情報を定例記事等の新聞記事として積極的に発信」することになった[99]。

実際にこの協定を受け、「安心して暮らせる地域社会を目指した課題や展望を、行政と県民の視点で話し合い、その内容を新聞特集記事として広く県民に広報し、安全安心まちづくりに向けた県民の参画意識を呼びかけるため」に、澄田信義県知事、県警察本部長、防犯ボランティア団体代表者二名による座談会（司会：山陰中央新報社社長）を開催し、その内容を二〇〇六年一〇月に二面を使って掲載した。この座談会では、最後に司会の社長が、「この座談会で、官民一体となった防犯活動に取り組む重要性が確認できた。それぞれの活動が更に発展することを期待する」と締めくくったそうである[100]。また、二〇〇七年は「守りたい『安全』『安心』」をテーマとした年間キャンペーンを展開することになり、ボランティア団体の紹介などの連載企画、広告協賛企画、警察と新聞販売所の防犯イベントなどを予定しているという[101]。

2　テレビ局との連携

次に、テレビ局との関係では、二〇〇四年六月にテレビ愛知が愛知県警察本部制作の五四分間の番組を放映している。県警では二〇〇二年から飲酒運転やひったくり防止等をテーマとしたテレビコマーシャルを制作・放映してきたが、二〇〇四年度は計四回制作番組を放映の予定で、「県民の自己防衛意識の醸成と自主防犯対策の促進を図るとともに、警察活動に対する県民の理解と協力を確保するため」に制作したという。第一回目の番組は、タレントの柳沢慎吾、出川哲朗、山川恵里佳などを起用し、防犯対策や警察活動などを紹介する『そこが狙われる‼――愛知県警とテレビ愛知でこんな番組⁉――』を午後八時からのゴールデンタイムに放映した[102]。

そして二〇〇五年八月には、今度は東海テレビが愛知県警察本部制作の「追跡！　峰竜太の事件ファイル～あなたの家と車が狙われている～」という一時間番組を日曜の午後四時半から放映した。これは、「自動車盗及び住宅対象侵入盗に対する危機意識の醸成と自主防犯対策の促進をテーマ」としたもので、二〇〇五年度は計三回の予定で制作したという(103)。

二〇〇五年一月からは、石川県警察本部の「緊急治安対策プログラム」を受けて、地元テレビ局が毎週一回、午後六時台のローカルニュース番組中に五分から一〇分の長さで、交番・駐在所員と地域住民との連携を始めとした地域に根ざした活動を題材に作成した「交番物語」を約五〇回の予定で放映を開始した(104)。

3　小括

以上の警察とマスメディアとの連携で検討の必要があるのは、メディア側の批判精神の有無である。座談会で「安全・安心まちづくり」の推進側しか選ばない公平中立性の否定や、新聞社側の人物が批判的視点を十分に提示しない偏向姿勢、警察制作番組をそのまま流す放送自主権放棄のような姿勢はやはり問題であろう。

マスメディアの現場記者は、「サツ回り」など地元警察との関係構築に努める実状があるとはいえ、そもそも警察の恣意的判断で情報を統制しようとする傾向に批判的であるべきである。マスメディアは、単なる情報の垂れ流しやさらには権力に協力した報道ではなく、やはり「社会の木鐸」として権力と一定の距離を保つべきであろう。

七　警察と自治体との連携

1　条例制定の働きかけ

岐阜県大垣署は、大垣市と安八郡内四町に働きかけて、一九九六年八月にこれらの首長と大垣署署長から構成される「大安地区生活安全協議会」を発足させ、「安全の街」づくりや自主的地域安全活動の促進を図り、さらに「今後は生活安全条例制定に向けた調整準備も」行うとした(105)。

奈良県では、一九九七年九月の一か月間で三四の自治体で「生活安全条例」が制定されたが、これは『日刊警察』によれば、奈良県警察本部の「バックアップ」によるもので、県警本部や各署で条例制定の経緯、条例本文の解説、広報パンフレットを作成し、「一般市民への条例の浸透を図り、未制定の自治体への呼びかけを行っている」とのことであった(106)。この記事の後、同年一二月までに県内四七市町村全てで条例制定が完了した。

宮城県登米署では、「全国的に例がない取組」として、警察署協議会、防犯協会、町等九機関で「安全・安心まちづくり推進準備会」を結成し、陳情書を議会に提出することで「安全・安心まちづくり宣言」を採択し、さらに条例制定の働きかけを行ってきたという(107)。

以上、警察が「生活安全条例」制定の働きかけをし、特に奈良県のような、各自治体それぞれに憲法で条例制定権が保障されていながら、ほとんど同時期に同じような条例が制定されるという事態まで生じている。

2 警察官の自治体への派遣・自治体との協力体制

愛知県警察本部は、名古屋市に生活安全対策全般を担当する生活安全部の警視一人を派遣し、身分は警察官と名古屋市市民経済局地域振興部の主幹（課長級）を併せ持ち、「安全・快適なまちづくり条例（仮称）」の制定・施行に関わる事務、市・区及び警察等防犯関係機関との連絡調整事務などをさせることにしたという（なお、県内の自治体への警察官の派遣は一二人目という(108)）。

このような警察官の自治体への派遣は全国各地で見られるが、東京都では二〇〇三年に警察官僚を副知事に任命するまでにいたる(109)。

神奈川県警察本部は、「生活安全条例」制定に向けての自治体への支援・協力に関連し、「生活安全アドバイザー」制度を全国に先駆けて発足させ、自治体が警察との事前協議を努力・義務化した「まちづくり条例」等を制定した場合、協議を受ける署に建築主等に対してアドバイスすることにした(110)。

これに関連し、『日刊警察』に掲載された福井隆神奈川県警察本部生活安全総務課生活安全対策室副室長による「警察官初の総合防犯設備士　生活安全アドバイザーと設備士の有機的連携へ」で、この制度は環境設計からの防犯指導と新しく建てられる家屋の防犯診断を行うイギリス警察における建築担当官（警察官の身分）制度を参考にしたもので、日本防犯設備協会主催のコースを受講し、「防犯設備士養成講習・資格認定試験」を受講・受験した五三人のアドバイザーを誕生させ、自治体には条例の中へ協議条項の盛り込みをお願いしたと記している(111)。

以上、特に問題なのは、前者の警察から自治体へ警察官を出向させるということである。「生活安全条例」の制定から施行まで関与する警察官を自治体に派遣した東京都千代田区の例(112)など、全国各地の自治体で警察からの出向者を受け入れている実態がある。

3　自治体職員の警察への派遣

また、神奈川県では、全国初の取組として二〇〇四年四月から、県職員五〇人を「暮らし安全指導員」とし（知事部局県民部配属で、このうちリーダー格の一六人は県警察職員との併任）、そのうち三五人が県警察生活安全部が担当してきた防犯教室の計画・指導や少年非行防止の啓発活動などを、一五人が交通部の交通安全教室の計画・指導などを肩代わりし、現場の警察官を増やすことになった(113)。

同様の取組としては、同じく二〇〇四年四月から、都庁職員一〇〇人を警視庁に派遣する制度が始まっている(114)。

以上のような取組も全国で拡大していると思われる。しかし、そもそも「住民の福祉の増進を図ること」（地方自治法一条の二）を基本とする地方自治体と、治安機関である警察とでは、住民に対する「目線」も異なるはずである。にもかかわらず、安易に自治体職員を警察に派遣し、その経験を有する自治体職員が増加しているのである。

4　その他の取組

その他、広島県三原署管内の三原市では、二〇〇六年三月から市の常勤の全職員（六九人）を子どもの「安全推進員」に指定し、警察と連携して小学校通学路におけるパトロール活動を続けている(115)。

5　小括

以上の警察と自治体との関係からいえることは、戦後、憲法で地方自治が保障されたにも関わらず、警察（特に、中央集権化を進める一九五四年以降の警察法の下での）により地方自治体の「自治」が「侵蝕」されつつあるといえる。自治体によっては、警察が望む「生活安全条例」を出向警察官が起草に関わり、条例施行後の施策に携わるような、警察による自治体の「乗っ取り」ともいえる状況まで見られる。

おわりに

本章で見た特に最近の取組の活発化によって、全国の自主防犯活動を行う地域住民・ボランティア団体の数は、二〇〇三年末で三〇五六団体だったのが、二〇〇四年末で八〇七九団体、二〇〇五年末で一万九五一五団体、そして二〇〇六年六月末には二万六〇五一団体（構成員数は一六四万八一八八人）にまで増加した（青色回転灯装備のパトロール車は七三二一台）(116)。この背景には、警察の「地域安全活動」に対する積極的な働きかけ、防犯ボランティア団体などのネーミングに見られる現場警察官などのある種のセンスの良さ、地域住民の「不安感」の高まり、各種事業者等の「社会貢献願望」などもあろう。

とはいえ、これほどまでに警察が地域住民や各種事業者を組織化し、「警察の目」となる民間人を増やし、市民と警察権力との間に緊張関係がなくなる状態は望ましいのであろうか。一方で、警察が各種防犯活動従事者を「犯罪者予備軍」とみなした上で、防犯活動を通じて規範意識の注入や「規律訓練」を行っているともいえる。このあたりの問題は、あらためて第三部第八章で論じたいと思う。

（1）町内会・防犯協会が警察の防犯協力組織として機能していく問題を検討するものとして、大日方純夫「民衆の警察化――過去と現在」法と民主主義三七七号（日本民主法律家協会、二〇〇三年）八頁以下、高村学人「安全・安心まちづくりと地域中間集団」前掲書一二頁以下。
（2）日刊警察一九九三年一一月二九日。
（3）日刊警察二〇〇四年三月一九日。
（4）日刊警察二〇〇四年八月五日。
（5）日刊警察二〇〇四年一〇月二八日。
（6）日刊警察二〇〇五年八月一六日。
（7）アエラ二〇〇三年九月二二日号（朝日新聞社）一四頁以下。
（8）日刊警察一九九七年一月七日。
（9）日刊警察一九九六年一〇月二八日。
（10）日刊警察一九九九年三月二日。
（11）日刊警察二〇〇四年五月二一日。
（12）東京新聞二〇〇四年八月一七日朝刊。

(13) 日刊警察二〇〇四年五月二四日。
(14) 宮城県警察本部少年課「大学生健全育成ボランティアの発足について」日刊警察二〇〇四年八月三〇日。
(15) 日刊警察二〇〇五年四月五日。
(16) 日刊警察一九九八年六月二日。
(17) 前掲註（7）一四頁など。
(18) 程原剛（成城署・北烏山駐在所）「わんわんパトロール参加者募集のお知らせ」北駐在速報平成一五年二月号。その後は、駐在速報とは別に同警察官による（顔写真の代わりに犬の写真を掲載）「わんパトＮＥＷＳ」を同年三月から発行している。
(19) 日刊警察二〇〇四年一月五日。
(20) 日刊警察二〇〇四年六月九日。
(21) 日本経済新聞二〇〇三年四月二〇日朝刊。
(22) 朝日新聞二〇〇四年九月一八日夕刊。
(23) 日刊警察二〇〇四年三月二六日。
(24) 本書第二部第五章一三四頁以下。
(25) 佐藤誠（山形県新庄署長）「署長の目」日刊警察二〇〇三年一一月二八日。
(26) 日刊警察二〇〇五年三月一八日。
(27) 日刊警察一九九四年九月一四日。
(28) 日刊警察一九九七年一月七日。
(29) 日刊警察二〇〇一年一月二九日。

(30) 日刊警察二〇〇四年一月六日。
(31) 日刊警察二〇〇三年四月一五日。
(32) 日刊警察二〇〇三年八月一九日。
(33) 日刊警察二〇〇五年一月一三日。
(34) 本書第一部第二章四九頁。
(35) 前田利夫「コンビニカメラを訴える——生活の場に光る警察の目」法学セミナー五八〇号（日本評論社、二〇〇三年）五九頁以下。
(36) 日刊警察二〇〇二年二月二八日。
(37) 日刊警察二〇〇四年五月一二日。
(38) 日刊警察一九九六年三月二一日。
(39) 日刊警察一九九七年一一月六日。
(40) 日刊警察二〇〇三年四月一五日。
(41) 日刊警察二〇〇四年五月一日。
(42) 日刊警察二〇〇五年二月二四日。
(43) 日刊警察二〇〇五年三月八日。
(44) 日刊警察一九九九年九月一四日。
(45) 日刊警察二〇〇〇年一月一四日。
(46) 日刊警察二〇〇三年八月一九日。

(47) 日刊警察二〇〇三年一〇月二七日。
(48) 朝日新聞二〇〇六年一〇月五日夕刊。この新聞配達員は、侵入先の男性が旅行のため新聞を配達しないよう連絡したことから、不在を知ったという。
(49) 日刊警察二〇〇二年一二月二四日。
(50) 日刊警察二〇〇三年七月八日。
(51) 高村学人、前掲註（1）一四頁以下参照。
(52) 広島県警生活安全企画課「『広島ガーディアンズ』の結成について」日刊警察二〇〇〇年一二月二五日。
(53) 日刊警察二〇〇一年五月二二日。
(54) 日刊警察二〇〇一年一〇月二九日。
(55) 日刊警察二〇〇三年六月九日。
(56) 日刊警察二〇〇三年七月八日。
(57) 日刊警察二〇〇三年八月二一日。
(58) 朝日新聞二〇〇三年九月九日夕刊。
(59) 日刊警察二〇〇四年一二月二〇日。
(60) 日刊警察二〇〇五年二月二三日。
(61) 朝日新聞二〇〇六年三月一一日朝刊。
(62) 萱沼清高「市民の眼から見た警察　第2部　江戸２００年の治安に学べ（その5）～治安を支えた民活提報『地獄耳』～」日刊警察二〇〇五年五月一〇日。ちなみに、最後に引用した結論部分の前には、「プライバシーや人権を叫んでみんなを黙らせ、百にひとつの不利益を声高にいいたてて九十九のメリットを持つ制度を叩きつぶす事ばかりしてきた戦後民主主義が結局は犯罪者、異常者をはびこらせ、普通の市民が小さくなってしまう社会を作り出したことを考えますと」と「民主主義」の意味を正確に理解していない「暴論」ともいえる記述が見られる。

(63)日刊警察一九九八年六月二日。
(64)日刊警察一九九八年九月二日・九月二九日。
(65)日刊警察二〇〇四年一二月二七日。
(66)日刊警察二〇〇五年八月一五日。
(67)日刊警察二〇〇四年三月八日。
(68)日刊警察二〇〇五年六月二八日。
(69)日刊警察二〇〇七年二月二二日
(70)日刊警察二〇〇四年三月一一日。
(71)日刊警察二〇〇六年五月二九日。
(72)日刊警察二〇〇四年四月二三日。
(73)日刊警察二〇〇三年一〇月一四日。
(74)本書第二部第七章一七二頁以下参照。
(75)日刊警察二〇〇七年二月五日。
(76)前掲註(75)。
(77)太田裕之「大学における警察に関する教育・研究の意義～学問と実務との連携」警察学論集五八巻七号(立花書房、

二〇〇五年）一頁以下。
(78) 日刊警察二〇〇四年一一月一七日。
(79) 日刊警察二〇〇五年六月一三日。
(80) 日刊警察二〇〇五年一〇月六日。
(81) 日刊警察二〇〇六年六月二日。
(82) 日刊警察二〇〇六年五月二九日。さらに、この共同研究などを紹介するものとして、内山田邦夫「広島大学における共同研究と特別講座について」警察学論集五八巻七号（立花書房、二〇〇五年）四〇頁以下。
(83) 日刊警察二〇〇六年八月三日。
(84) 前掲註（77）。
(85) 森内彰「警察職員による大学教育の現状について」警察学論集五八巻七号（立花書房、二〇〇五年）二三頁以下。
(86) ちなみに、京都府警察本部は、「大学時代にクラブ、サークル、ゼミなどで活発に活動した実績があり、まだ後輩学生に影響力を持つ若手警察官をリクルーターに指定し、母校の後輩学生に警察官受験を奨励する『府警リクルーター制度』を設け」、過去の警察官採用試験で申込者数の多い関西の一七大学に派遣する四〇人を指定した（日刊警察二〇〇七年二月二三日）。
(87) 日刊警察二〇〇七年一月二三日。
(88) 日刊警察二〇〇四年一月二八日。
(89) 日刊警察二〇〇四年五月一一日。
(90) 日刊警察二〇〇五年一二月七日。

(91) 日刊警察二〇〇四年八月五日。
(92) 日刊警察二〇〇五年二月八日。
(93) 日刊警察二〇〇五年二月三日。
(94) 日刊警察二〇〇五年二月二一日。
(95) 日刊警察二〇〇六年一月一八日及び伊藤智「安全・安心なまちづくりの具体的な取組みの紹介（２）～大阪府における最近の例～」警察学論集五九巻八号（立花書房、二〇〇六年）一二七頁以下。
(96) 日刊警察二〇〇六年八月二五日。
(97) 神奈川新聞二〇〇三年二月二一日。
(98) 神奈川新聞二〇〇五年四月一日。
(99) 日刊警察二〇〇六年八月七日。
(100) 日刊警察二〇〇六年一一月七日。
(101) 日刊警察二〇〇七年一月二五日。
(102) 日刊警察二〇〇四年六月二八日。
(103) 日刊警察二〇〇五年八月二三日。
(104) 日刊警察二〇〇五年二月二八日。
(105) 日刊警察一九九六年八月二三日。
(106) 日刊警察一九九七年一一月二〇日。
(107) 日刊警察二〇〇二年八月二一日。

(108) 日刊警察二〇〇三年一一月七日。
(109) 本書第二部第七章一七五頁。
(110) 日刊警察二〇〇二年六月二七日。
(111) 日刊警察二〇〇三年一月三〇日。
(112) 本書第二部第四章一二一頁以下。
(113) 神奈川新聞二〇〇四年三月二九日。
(114) 本書第二部第七章一七六頁。
(115) 日刊警察二〇〇六年四月二五日。
(116) 日刊警察二〇〇六年一〇月二七日。

第二部　自治体における「生活安全条例」と治安政策の実例

第四章　東京・千代田区条例の内容と問題点

はじめに

「生活安全条例」の制定は一九九四年から着々と進んでいたが、各地の地方紙や全国紙地域面などで当該地域の条例について簡単に報道されることはあっても、一地域の「生活安全条例」が他地域で知られることは皆無といえる状況だった。そういう中で、一地域の「生活安全条例」が初めて全国的に有名になったともいえる事例が、二〇〇二年一〇月一日から施行された「千代田区生活環境条例」（「安全で快適な千代田区の生活環境の整備に関する条例」）である。

条例の施行前から、条例としては異様ともいえるタレントを使用した宣伝が大々的に行われ（レッドカードを持ったタレントの菊川怜を使用し、彼女の右横に「マナーから、ルールへ。」の文字が記されたポスターを大量に作成）、条例で路上喫煙を罰する内容からマスコミも大々的に報道した。例えば、条例の施行日の各紙夕刊では、「『すいません、吸えません』『路上禁煙』条例始まる」（朝日新聞）、「ポイ捨てや歩きたばこ禁止　千代田区で条例が施行」（毎日新聞）、「歩きたばこ〝罰金〟2万円　千代田区で条例施行」（読売新聞）、「路上喫煙NO！　見張り番出動」（東京新聞）という見出しと共に報道された。(1)このような報道で、この条例は路上喫煙やポイ捨てを禁止するものと受け止めた人が多く、新聞・テレビなどではこの条例を歓迎する声も伝えた。
しかし、この条例はれっきとした「生活安全条例」であり、路上喫煙・ポイ捨てを禁止するだけでなく、それ以外の様々な禁止事項があり、憲法上無視できない問題を数多くかかえている条例である。そこで本稿では、この条例の問題点を以下検討することにしたい。

一　条例の内容

1　目的と義務規定

この条例は、「生活環境の悪化は、そこに住み、働き、集う人々の日常生活を荒廃させ、ひいては犯罪の多発、地域社会の衰退といった深刻な事態にまでつながりかねない」(前文)という認識に基づき、「区民等がより一層安全で快適に暮らせるまちづくりに関し必要な事項を定め区民等の主体的かつ具体的な行動を支援するとともに、生活環境を整備することにより、安全で快適な都市千代田区の実現を図る」(一条)ために制定されたものである。

この目的達成のために、区には「具体的な諸施策を総合的に推進しなければならない」という責務があり(三条一項)、区民等(二条一号により、区民、区内勤務者・在学者・滞在者、区内通過者)・事業者等(二条二号により、区内事業活動法人その他団体・個人)・公共的団体(二条三号により、町会、商店会、防犯協会、交通安全協会その他団体[2])・関係行政機関(二条四号により、区内警察署、消防署、国道・都道管理事務所その他関係行政機関)には「必要な措置を講じるよう努めなければならない」、「区および関係行政機関が実施する施策に協力しなければならない」（四条～六条）、ということになった。

2　禁止事項と罰則規定

以上の条例の目的の実現のために、条例では広範な禁止事項を定めている。区域（区内全域、環境美化・浄化推進モデル地区、路上禁煙地区、違法駐車等防止重点地区）によって禁止事項が異なるが、禁止事項は、①路上喫煙、②吸い殻のポイ捨て、だけでなく、③チューインガムのかみかす・紙くずその他これらに類する物・飲料・食料等の缶・びんその他の容器のポイ捨て、④落書き、⑤置き看板等（置き看板、のぼり旗、貼り札等、商品その他の物品）の放置、⑥犬猫その他愛玩動物のふんの放置等迷惑行為、⑦チラシ等の散乱、⑧善良な風俗を害する活動とその活動に関する広告物の掲出・チラシ等の配布等、⑨違法駐車、となっている（八条、九条、一三条及び一四条）。

そしてこの禁止事項に対しては、罰則規定もある。①⑨を除く（路上禁煙地区における①は即過料処分となり、⑨は警察が取り締まる）先に列挙した事項の違反者に対しては、区長が改善命令を出し、従わない場合には氏名・住所等を公表することができる（一五条並びに施行規則三条及び四条）。そして、①②③④⑤（すぐに削除されたが、条例施行直後の千代田区のホームページ(3)にあったQ＆Aでは⑦も同じ扱いをしていた）の違反者には、二万円以下の過料（二四条。当面は二千円）、②③④⑤の改善命令違反者には五万円以下の罰金（二五条）に処するとした(4)。

二　条例の問題点

1　憲法上の問題点

では、この条例にはどのような憲法上の問題があるのであろうか。

まず、あいまいな規定の仕方が問題といえる。禁止事項の「吸い殻、空き缶等」（一二条六号）、「置き看板等」（九条一項）、「ふんを放置する等他人の迷惑となる行為」（九条三項）、「チラシ等」（一三条二項）などいくらでも拡大解釈できる余地がある。特に「迷惑となる行為」については、行為する者と行為を受けた者とで何が迷惑行為かの捉え方に大きな差が生じる可能性がある。また、「置き看板等」の「放置」規定（九条一項）では、「設置する権限のない場所に設置する場合は放置とみなす」としており、設置と放置を混同している。このように、罰則規定がある条例にもかかわらず、規定の仕方が非常にあいまいである。これは、刑罰規定は明確でなければならないとする憲法・刑事法の「明確性の原則」に抵触することになる[5]。

また、条文では「チラシ」という表現を用いているため一般的には商業チラシを連想しそうだが、政治的ビラも一三条でいう「チラシその他の宣伝物」に入るであろう。したがって、ビラを受け取った人が落としてそのままになった場合、ビラ配布者に一五条が適用され、改善命令違反者は氏名・住所等が公表される可能性がある[6]。また、政治的宣伝活動の際に用いたのぼり旗をそのままにしてしまったら（九条一項違反）、二五条の適用により、改善命令違反者には五万円以下の罰金を科せられることもある。しかも、二四条により、先の②③④⑤の行為者が所属する法人を罰することもできる。すなわちこの条例は、憲法二一条で保障された結社を含む表現の自由を侵害する内容を有しているのである。特に、商業チラシは野放しにして政治的ビラを弾圧した立川テント村事件[7]などのような事例を考えると、この条例を活用した政治的表現弾圧も発生する可能性がある。

さらに、七条二項には「共同住宅、大規模店舗その他不特定多数の者が利用する施設の所有者又はこれを建築しようとする者は、防犯カメラ、警報装置等の設備内容又は防犯体制の整備に努めなければならない。この場合において、区は関係行政機関と協議するよう指導するものとする」という規定もある。[8] これは要するに、「監視カメラ設置努力・指導」規定といえる。ということは、本条例は、憲法一三条で保障されたプライヴァシー権侵害を助長する条例にもなりうる。

2　行政罰規定の問題点

ところで、この千代田区条例が制定される前のゴミなどのポイ捨て禁止条例自体は都内二三区中一六区で制定されており、このうち五区の条例に罰則（罰金）規定があった。このような罰則規定自体、検討しなければならない問題があるが、千代田区の場合は他の条例と比べて、初めて罰則規定として行政罰である過料を設定した点が特徴的である。これについて区議会で説明が求められる中で、区側（土木総務課長）は「特に悪質な者に対して罰金を科すということで、本来的に罰金を科すことは目的でな［い］」から、まず改善命令や過料という行政行為・行政罰（秩序罰）で対処すると説明している。[9]

このような答弁を聞くと、一見、他の区の条例より慎重な印象を与える。しかし、刑事罰を科すには取り締まる側も慎重に対応するし、裁判をしなければならない。それに対して、千代田区の場合は行政罰も追加したことで、行政機関の判断だけで違反者を罰することができるのである。罰則規定の適用が始まった二〇〇二年一一月一日から二〇〇六年一二月三一日までの間で三万一二七四件の過料処分を行い、そのうちその場で過料を徴収したのが二万三九〇八件、納入通知書による後日納付が七三六六件となっている。[10]

また、例えば、みだりにごみ・汚物・廃物を棄てた者、他人の家屋・工作物にはり札をした者、他人の工作物・標示物を汚した者を拘留（三〇日未満）又は科料（一万円未満）に処する軽犯罪法には、「この法律の適用にあたつては、国民の権利を不当に侵害しないように留意し、その本来の目的を逸脱して他の目的のためにこれを濫用するようなことがあつてはならない」（四条）という規定があるが、千代田区条例にはそのような規定がない。議会でこの点を追及されても、区側（環境土木部長）は「運用に当たりましては十分人権に配慮してまいります[11]」と答えるだけである。軽犯罪法自体問題がある法律だが、それ以上にこの条例には自制規定がない点で問題がある。

そもそも、仮に法律としてこのような規制をするならば全国共通の対応が取られるが（もちろん、このような立法自体問題だが）、たまたま千代田区に来たこの条例を知らない区民以外の人（地方からの観光客や外国人旅行者など）が、たった一度、路上禁煙地区でたばこを吸っただけで過料となる。[12]条例には罰則規定も置けるが、類似の法律より厳しい規制（上乗せ規制・横出し規制）を人権制限条例で行うには問題がある。

3　警察関与の問題点

千代田区条例制定の発端は、区長と住民とのタウンミーティングなどで住民から出たポイ捨て対策の要望と、二〇〇一年七月に区内四地域の防犯協会会長（代行）から区長へ行われた陳情である。[13]その後、区が区内警察署と協議したり、二〇〇二年四月からは警視庁からの出向者を環境土木部土木総務課生活環境改善推進主査に迎え入れて立案された。[14]マスコミは「路上禁煙条例」という表現をするが、内容から判断すれば明らかなように、この条例は警察と防犯協会が制定を働きかけてきた「生活安全条例」の一つにすぎない。[15]千代田区条例制定の背後には警察の存在があるのである。

さらに、条例の中身を見ると、いろいろな警察関与規定がある。区は、施策の計画・実施、違法広告物・放置自転車等路上障害物の除去、違法駐車等の防止に関する広報活動等や違法駐車等防止重点地区の指定・変更・解除、環境美化・浄化推進モデル地区の指定・変更・解除、路上禁煙地区の指定・変更・解除に際しては、警察署（関係行政機関）と協力・協議・連携し（三条、八条、一九〜二一条）、共同住宅等所有者による「防犯カメラ」等の設備内容・防犯体制の整備について関係行政機関（警察署が入る）と協議するよう指導する（七条）となっている。

一方、区民や事業者等は、条例の目的達成のための関係行政機関（警察署が入る）の施策の実施に際して協力することが責務とされている（四条及び五条）。また、区長、連合町会長代表・区商店街連合会代表、関係行政機関（警察署が入る）職員などと、千代田区生活環境改善連絡協議会を設置することになっている（二一条三項及び施行規則一一条）。ほかに、直接警察とは関係ないが、環境美化・浄化活動へのボランティア参加・協力が求められ（一六条）、「一斉清掃の日」（六月六日と一一月六日）を中心とする清掃活動・環境美化啓発活動を行うとされ（一八条及び施行規則五条）、環境美化・浄化推進団体の組織作りに努めなければならないとされている（二二条一項）。

すなわち、この条例は警察も関与する中で制定され、市民が公権力、とりわけ警察との協力を求められる内容になっている。「路上喫煙禁止」というような聞こえのよいスローガンを掲げつつ、「安全」「快適」の名の下に「市民の連帯・協力」を得ながら、治安強化・警察権限の拡大が進む危険性の高い条例なのである。

三　条例に対する反応

1　政党その他団体

ところで、この条例が可決・成立したときの千代田区議会で反対したのは千代田区共産党会派だけであり、他の会派はこの条例に賛成した（何が問題かわからずに賛成した会派もあろう）。ただ、共産党は修正案を提出したのだが、この内容は単にこの条例から罰則規定を削除するというものにすぎなかった。しかし、その後二〇〇二年九月に、共産党も連携しながら千代田区内の労組・法律家団体・市民団体など一一団体が、当条例の不明確な規定や表現の自由侵害規定を批判する申入書[16]を区長に提出している。

2　マスメディア

はじめにこの条例の施行を伝える新聞各紙の見出しを紹介したように、表現の自由ほか憲法上多大なる問題点を抱えているのに、マスメディアはこの条例を「路上禁煙条例」と捉えて報道した[17]。ここにはこの条例が「生活安全条例」であるという認識や、この条例により人権侵害や警察権限の拡大・監視社会化をもたらす可能性があるという認識がない。国会、中央官庁、最高裁といった日本の主要機関が存在するのみならず、新聞社や出版社の本社なども多数存在する日本の中枢の一つである千代田区で、問題の多い条例が制定・施行されたことの意味や波及効果についても鈍感であるといえる[18]。

おわりに

そもそも、路上喫煙やポイ捨てなどはマナーの問題として解決すべき事柄である。しかし、区が「マナーから、ルールへ。」というスローガンを掲げているように、この条例で法規範による解決を選択することになった。ということは、本来、市民社会内部で市民が自律的に道徳規範として解決すべき問題を、罰則規定を伴う法規範によって解決する問題に転換してしまったといえる。

ところで、社会がますます複雑になり、さまざまな問題が生じている中で、「法の死滅」は難しいといえる。しかし、無原則に法を拡大するのも避けるべきである。千代田区条例が典型的なのは、これにより「公権力（特に警察）による市民社会支配」をもたらし、「市民社会の敗北」ともいえる状況を生み出しかねない。具体的にいえば、マナー違反に対して市民がお互いに注意すればよかったものを、お上に連絡して取り締まってもらうという社会になりかねない。私たち市民がマナーを守れず、本当は不愉快なのに他人を注意できなかった、すなわち自律的な「強い市民」たりえなかったことにより、新たな法を根拠に権力の介入に道を開いてしまったといえる。

（1）二〇〇二年一〇月一日の各紙（全国紙の場合は東京本社発行版）夕刊。読売新聞の見出しでは「罰金」となっているが、実際には刑事罰の罰金ではなくて行政罰の過料（ただし、読売新聞の本文では「過料」となっている）。

（2）千代田区の「安全で快適な千代田区の生活環境の整備に関する条例　逐条解説」（二〇〇二年）八頁には、「区内に存する『公共的団体』の例」として、連合町会など地域自治団体、社会福祉協議会など社会事業団体、ＰＴＡなど教育等関係団体、消防団など保安関係団体、商工会議所など商工観光関係団体、青色申告会など納税関係団体、医師会など医療関係団体、集合住宅管理組合、公社、公団など三一団体があげられている。

（3）http://www.poisute.com/。当初は「ポイ捨て．ＣＯＭ」という名称であったが、現在は「千代田区生活環境条例公式ＨＰ」という名称になっている。

（4）以上の条例全文、施行規則、経緯、指定地区、過料適用状況などは前掲註（3）の千代田区のホームページで見ることができる。なお、条例全文については、本書の資料三〇一頁以下に収録してある。

（5）以上の議論については、島田修一「千代田区安全快適条例の問題点」自由法曹団東京支部ニュース二〇〇二年九月号一頁以下、島田修一「千代田区条例　自主・協力・連帯による住民監視社会へ」法と民主主義三七七号（日本民主法律家協会、二〇〇三年）三六頁以下参照。

（6）ちなみに、前掲註（2）の「逐条解説」（一一頁）によれば、九条で「チラシのみだりな配布」も規制対象として検討したが、範囲があいまいであり、道路上のビラ配りは道路交通法上の道路使用許可対象となるものがあることなどから、規制対象にしなかったとしている。また、一三条の規制対象は単に「広告宣伝活動」という表現を用いている（前掲註（2）二六頁）。

（7）立川テント村事件については、立川・反戦ビラ弾圧救援会編『立川反戦ビラ入れ事件――「安心」社会がもたらす言論の不自由』明石書店（二〇〇五年）、内田雅敏『これが犯罪？「ビラ配りで逮捕」を考える』岩波ブックレット（二〇〇五年）参照。

(8)「不特定多数の者が利用する施設」として区があげている例は、共同住宅、大規模店舗、劇場ホール、駅、公共施設である（前掲註（2）九頁）。
(9) 二〇〇二年六月一四日の「平成一四年度第二回定例会区民生活環境委員会議事録」一〇頁。
(10) http://www.poisute.com/model.html 参照。なお、条例施行当初は指定地区が八地区、皇居面積を除く千代田区面積の約三割だったものが、指定地区が増えて（現在一〇地区で、地区内でも新規の指定がある）千代田区面積約五六パーセントにまで拡大している。
(11) 二〇〇二年六月一二日の「平成一四年度第二回定例会本会議議事録」。
(12) 千代田区環境土木部土木総務課に直接問い合わせたところ、区側はそれを認めた。ちなみに、冒頭で触れたポスターで菊川怜が持っているのは、イエローカードではなくレッドカードであることが象徴的である。
(13) 麹町防犯協会会長ほか「千代田区明るく安心して暮らせる街づくり条例の陳情」（二〇〇一年）。この中では、後で紹介する「割れ窓理論」にも言及しながら、「生活の安全に関する条例」の制定を求めている。ちなみに、二〇〇一年一月に、町会・PTA関係者ら区内住民六名が区議会議長宛に「千代田区生活安全条例の制定に関する陳情について」と題する陳情書（「東京都千代田区生活安全条例（案）」まで記載されている）を提出したが、この陳情では議会は制定に向けて動かなかった。
(14) 千代田区生活環境課『路上喫煙にNO！　――ルールはマナーを呼ぶか――』（ぎょうせい、二〇〇三年）で、条例制定前から施行後までの出向警察官の活動の一部がわかる。
(15) 以前、全国防犯協会連合会のホームページ（http://www.bohan.or.jp/）で、二〇〇二年一〇月二一日段階での北海道から沖縄までの「生活安全条例」制定自治体名等の一覧表（「全国の『生活安全条例』」）が掲載されていたが、この一覧表の中には、当然、千代田区条例も入っていた（今、ホームページ上にこの一覧表はない）。
（16）千代田区労働組合協議会議長ほか「『安全で快適な千代田区の生活環境の整備に関する条例』に対する申入書」（二〇〇二年）。
（17）千代田区側は、「生活環境についての総合的な条例」が「歩きタバコ禁止条例」という形でマスメディアに報道されたことについて戸惑いを感じていた（前掲註（14）四二頁以下）。
（18）この千代田区条例報道に関するマスメディア批判については、神奈川新聞の新聞週間特集「識者に聞く」の拙稿（インタビュー）「『監視社会』に警戒を」神奈川新聞二〇〇三年一〇月一五日参照。

第五章　東京・世田谷区条例の内容と問題点

はじめに

一九九五年の地下鉄サリン事件など無差別大量殺人を行ったオウム真理教（現アーレフ）の信徒排除の一環として、一九九九年から全国各地の自治体で信者の住民票受理拒否が行われてきた。東京都世田谷区でも信者の住民票の消除処分を行ったが、二〇〇一年六月十四日の最高裁による区の住民票消除処分敗訴決定(1)が出て、自治体側敗訴が続いている。憲法二二条の居住・移転の自由規定などからすると、当然の判断といえる(2)。

オウム真理教の拠点がある世田谷区では、この最高裁決定以外にも、東京地裁での住民票消除処分取消訴訟判決（二〇〇一年一二月一四日、一七日）、転入届不受理処分取消訴訟判決（二〇〇二年三月七日、四月二三日）で区が敗け、東京高裁での住民票消除処分取消訴訟敗訴判決（同年五月二三日）に対し、区は上告を断念する（同年六月五日）(3)。そして大場啓二区長（当時）は、「もはや司法判断に期待することはできない」（同年六月一二日本会議）(4)から、「あらゆる手段を講じ」る一つの手段として議会に提出し、六月二〇日に可決・成立したのが「世田谷区安全安心まちづくり条例(5)」である。以下、当条例について検討することにしたい。

一　条例の内容

1　目的と区の責務規定

この条例はオウム真理教対策を名目に制定されたが、条例自体にはオウム真理教を名指しする文言は全くない。「今、私たちの身の周りでは、毎日のように事件や事故が起こり、多くの人たちが被害にあっている。特に、子ども、高齢者など社会的に弱い立場に置かれている人たちの安全が脅かされている。今こそ私たちは、誰もが安心して暮らせることのできるまちを取り戻さなければならない」（前文）という認識に基づき、「すべての区民が安全で安心して生活することのできる地域社会の実現を目指す」（一条）ために制定された。

そしてこの目的達成のために、区は三条一項で「生活の安全に係る区民の意識の高揚を図るための啓発」「生活の安全に係る区民等の自主的な活動に対する支援」「生活の安全に寄与する環境の整備」「前三号に掲げるもののほか、この条例の目的を達成するために必要な事項」について、「必要な施策を実施する」としている。また、同条二項で、「前項の施策を実施するに当たっては、区の区域を管轄する関係行政機関と連携を図る」としている。この世田谷区条例には千代田区の「生活安全条例」と異なり、定義規定はないが、この関係行政機関には区内の警察署も入る。

したがって、条例の目的や区が警察と連携して行う施策内容から判断すると、条文数の少ない各地で見られる「生活安全条例」の世田谷版にすぎないといえる。(6)

2　区の具体的な行為規定

条例の五条は、「区は、無差別大量殺人行為を行った団体の規制に関する法律（平成一一年法律第一四七号[7]）の規定による処分を受けている団体等の集団的活動その他これに類する行為により、区民が安全で安心して生活することが妨げられるおそれがあるときは、そのことから生ずる住民の生活への影響等を速やかに調査するとともに、区民が安全で安心して生活することのできる社会の確保に資する事業を行っていくものとする」とし、これが区が説明するオウム真理教対策規定となっている。

また、六条は、「区は、前条に規定するおそれがあるときは、そのことから生ずる地域住民の生活への被害等を防止し、区民が安全で安心して生活することのできる社会の確保に資する活動を行う区民等の団体に対し、当該活動に要する費用について、補助することができる」とし、区が住民団体に助成するとしている。実際にこの規定に従い、条例制定後は早速、烏山地域オウム真理教住民対策協議会に、ニュースの発行拡大・ホームページの情報提供の活動の経費の一部として、協議会の申請通り二〇〇万円を助成している。

3　その他の規定

区の行為規定に対して、関係行政機関は三条三項により、「区が実施する生活の安全に関する施策に積極的に協力するとともに、区、区民及び事業者に対し、生活の安全に関する情報の提供等に努める」としている。これにより警察も区や住民などに情報提供を行い、「等」とあることから、さらにそれ以上の活動を可能にする規定となっている。

また、四条で「区民の生活の安全に関する情報を共有し、施策の実施に関し必要な事項を協議するため、世田谷区安全安心まちづくり協議会を設置する」としている。二〇〇二年一〇月一日に「世田谷区安全安心まちづくり協議会規則」が施行され、当協議会が区（助役、各総合支所長、危機管理室長、教育次長など）、警察（各警察署生活安全課長）、消防署（各警防課長）、町会・自治会会長、防犯協会会長、ＰＴＡ会長、青少年地区委員会会長などから構成されることになった。そして、同月第一回目の会議における主要な議題は、オウム真理教問題ではなく、青少年問題(8)ほか防犯一般についてであった(9)。

二　条例の問題点

1　憲法上の問題点

では、この条例にはどのような憲法上の問題があるのか。まず、五条の規定だが、そもそも団体規制法自体に問題がある。規制対象となる「団体」「団体の活動」「無差別大量殺人行為」などの定義があいまいであり、憲法・刑事法の明確性の原則に抵触する（明確性の原則との関係では、条文中の「区民が安全で安心して生活すること」やこれが「妨げられるおそれ」という部分もあいまいであるといえる）。また、司法機関によらない観察処分及び再発防止処分そのものが、そして非公開も可能で、団体からの意見聴取が不十分な審査・決定手続が憲法三一条（適正手続の保障）違反といえる。

また、観察処分実施時の公安調査庁長官の判断による「立入検査」は、適正手続の保障及び憲法三五条（令状主義）に反しているといえる。そして以上の強制処分は、憲法一九条（思想・良心の自由）、二〇条（信教の自由）、点がある。

二一条（結社の自由）を侵害することになりかねない[10]。そういう意味で、当条例も団体規制法と同様の問題

2　拡大解釈可能な規定

さらにこの五条をめぐっては、区議会の審議でもこの中の「団体等」や「おそれ」の意味が議論になった。区（生活文化部参事）の答弁によれば、これは団体規制法による観察処分が終わった後の規制も念頭に入れ、また今後どのような住民への被害が発生するかわからないから、このような表現にしたという[11]。また、本条例での適用団体の判断については、議会との調整を図りながら、「実質、この判断を区として図ってく」（二〇〇二年六月一七日、世田谷区議会区民生活常任委員会での生活文化部参事の答弁）としている[12]。ということは、団体規制法を越えて区の判断によりオウム真理教その他の団体にも規制対象が拡大される危険性がある。

また、オウム真理教対策を名目に制定された条例だが（もちろん、特定の団体を狙い打ちにした条例は問題であるが）、実際には条例の規定の仕方から広く運用される構造となっている。オウム真理教対策を越えて「安全・安心まちづくり」のために、市のパトロール隊の設置や、地域パトロールの民間警備会社への委託を検討したいという答弁が、条例制定後早速行われている（二〇〇二年一一月二七日、本会議での助役の答弁）。その後、区は本格的な「安全・安心」の取組を始め、その内容は区の公式ホームページ上の「安全安心まちづくりのページ[13]」で紹介されてきている。

3　住民の相互監視への道

六条の規定による地域住民団体への区の助成については先に触れた通りである。さらにに、例えば、二〇〇二年一二月には世田谷総合支所で区と町会の共催で「まちの安全安心を考える世田谷地域懇談会」を開催し、これには町会以外にＰＴＡ、警察、日本ガーディアン・エンジェルスも参加している。オウム真理教対策は条例制定の一つのきっかけにすぎず、条例の内容は「生活安全条例」であるので、実際には区民がオウム真理教関係者以外の「不審者」なども監視する形で展開しているといえる。

三　条例に対する反応

1　区議会各会派

この条例が可決・成立したときの区議会での各会派の対応はどうだったのであろうか。区提案の条例案に反対したのは、共産党と二名の無所属議員[14]だけであった。これに対して、民主党や社民党、生活者ネットは賛成している。

ただし、共産党の対応には検討が必要である。区の案に反対し、その代わりに対案を提出しているのだが、「過去にサリン等を発散させる行為によって無差別大量殺人行為を行った団体の行為による区民生活への被害及び影響の防止等に関する条例」（案）という、事実上オウム真理教を狙い打ちにした形になっている。そして区の案の五条及び六条と同様の規定[15]を置いているため、この対案も問題といえる（この共産党案は賛成少数で否決された。二名の無所属議員はこれにも反対した）。

2　地域住民・団体

区内の三つの市民団体が五条・六条・七条の削除を求める陳情（「『世田谷区安全安心まちづくり条例（案）』の修正を求める陳情」）を二〇〇二年六月六日に議会に提出し、同三団体と区内在住の弁護士・学者などが同年六月九日に反対声明（「『世田谷区安全安心まちづくり条例』制定に反対する」）[16]を公表した。しかし、区議会はこの前者の陳情を賛成多数でみなし不採択にしてしまっている。ただし、これら陳情も反対声明も、問題のある団体規制法以上に問題があるという視点からの反対論であって、「生活安全条例」批判の視点はない。

四　その他の世田谷区の問題

1　「スーパー防犯灯」の設置

最後に、直接条例の問題ではないが、世田谷区の特異な例を二つ紹介したい。

一つは、「スーパー防犯灯」（街頭緊急通報システム）の設置である。二〇〇二年三月、「世田谷一家殺人事件」現場周辺（京王線千歳烏山駅近くの世田谷区上祖師谷）に警視庁が一九基設置した。このような事件をきっかけに、世田谷区では全国に先駆けて、警察により「犯罪防止に配慮した環境設計活動」の取組が行われている。

2　「民間交番」の設置

もう一つは、全国初の「民間交番（明大前PEACE MAKERS BOX）」（京王線明大前駅前）の設置である。地元商店会（明大前商店街振興組合）が地元警察署に交番設置を要求したが、最寄りの交番から七〇〇メートルの距離では近すぎて設置基準に満たないとされたので、二〇〇二年四月に商店会店主ら約四〇名の自警会「明大前ピースメーカーズ」が設置したものである。黄緑色のジャンパーを着た会員が常駐するとともに、小学生らへの挨拶・交通整理、道案内・拾得物の一時預かり、ひったくりや痴漢防止のための一日三回のパトロールを行っているという。「交番」の土地は京王電鉄と区が無償で貸与し、「交番」のプレハブの建設費一五〇〇万円は区が全額補助、活動に対する指導は地元警察署が行っている。[17]

これは条例制定前の設置だが、区は「安全安心のまちづくり」の一例として「民間交番」への支援を挙げており、このような地域住民の自主的な活動への支援を表明している（二〇〇二年九月一九日、本会議における北沢総合支所長の答弁）。したがって、世田谷区の「安全安心まちづくり」の取組が、地域における住民の防犯ボランティア活動を助長する役割を果たしているといえる（なお、その後すぐ近くに駅前交番が設置されたが、いまだに「民間交番」は活動を続けている）。

おわりに

確かに、オウム真理教の殺人行為は許されないことであるが、裁判所でさえ「教団と周辺住民との対話等による相互理解の促進をこそ図るべきであり、いたずらに教団を敵視し続けることは、……問題の解決をさらに困難にするものというべきである」（東京地裁二〇〇二年四月二三日判決）としている。これに対して、区長の司法判断無視の態度は異様である。「一度『悪いやつ』というレッテルがはられ、その人や集団を地域社会から排除しようとする流れができた時、その力は法さえも越えてしまう[18]」。この条例により「異端者」を排除・監視することで、問題が解決するとは思われない。やはり対話と相互理解が必要なのではないだろうか。

また、当条例制定のきっかけはオウム真理教対策だったが、実際には「生活安全条例」の一つとして、地域住民を巻き込んで治安強化に向かいつつある。住民団体やＮＰＯ、「民間交番」の人たちが善意で活動していることはわかるが、彼・彼女らの無償行為は警察の負担を軽減し、また「異端者」監視の目を増やすことにもなる。最近はやりの市民の「参加」「協働」が、本当に住みよいまちづくりになるのか否か、今一度検討する必要がある。

（1）最二小決平一三（二〇〇一）六・一四。
（2）このあたりの議論については、本書第四部第一一章参照。
（3）世田谷区のオウム真理教に対する取組は、世田谷区公式ホームページ（http://www.city.setagaya.tokyo.jp/kiki/taisakuhonnbu/new_page.html）に詳しく記載されている。
（4）以下、区議会における審議は、世田谷区公式ホームページの世田谷区区議会会議録検索システム（http://www.city.setagaya.tokyo.jp/kugikai/kensaku/kensaku.htm）で見ることができる。
（5）当条例の条文については、世田谷区公式ホームページの例規類集（http://www.city.setagaya.tokyo.jp/topics/houki/

d1w_reiki/reiki.html）で見ることができる。また、本書の資料三一五頁以下にも収録してある。

（6）全国防犯協会連合会ホームページ（http://www.bohan.or.jp/）の「全国の『生活安全条例』」の中に、世田谷区条例も記載されていた。

（7）いわゆる「団体規制法」のことである。

（8）「生活安全条例」の制定にあたって、条例担当部局に警視庁から出向者を受け入れた東京都豊島区や千代田区と異なり、世田谷区の場合は、青少年担当の課に警視庁生活安全部の警察官が出向している（一九九八年から二〇〇〇年までが生活文化部地域振興青少年課青少年育成係、二〇〇〇年から二〇〇二年までが生活文化部子ども・男女共同参画課子ども施策推進係）。したがって、会議でも警察は青少年問題を重視している模様である。

（9）「第一回　世田谷区安全安心まちづくり協議会（平成一四年一〇月三一日）議事録」（二〇〇二年）。

（10）以上、川崎英明・三島聡「団体規制法の違憲性――いわゆる『オウム対策法』の問題性」法律時報七二巻三号（日本評論社、二〇〇〇年）五二頁以下参照。

（11）「処分は終わったけれども、その直後についてもすぐに不安が解消されないとするならば、区側の判断として同じような形の事業は進めていく。そのような形で、この『等』の中には処分を受け終わった直後の団体、このような概念も入れているわけでございます」「……不安の中でも、実際の被害等々についてまだわからないこともございます。それを一応『おそれ』というような形で表現させていただいております……」（世田谷区議会区民生活常任委員会会議録第七号（二〇〇二年六月一七日）五頁）。

（12）前掲註（11）六頁。

（13）http://www.city.setagaya.tokyo.jp/topics/shimin/anzen/anzentop.htm。二〇〇六年度のものでは、「安全安心まちづ

くりカレッジ」「世田谷区24時間安全安心パトロール」「地域安全安心まちづくり区民活動支援」などの情報が掲載されている。

(14) なお、区の条例のほか、共産党の対案、審議録の一部、その他関連資料については、当条例に反対した無所属の木下泰之議員のホームページ (http://www.ne.jp/asahi/setagaya-kugikai/mutouha-shimin/anzen_jourei.htm) で見ることができる。

(15) 二条「区は、過去にサリン等を発散させる行為によって無差別大量殺人行為を行った団体による集団的活動その他これに類する行為により、区民生活への影響があるときは、そのことから生ずる区民生活への影響等を速やかに調査するとともに、区民生活への被害の防止及び軽減に必要な事業を行っていくものとする。」

三条「区は、前条に規定する区民生活への影響に対し、地域住民の生活への被害及び影響等の防止及び軽減に資する活動を行う区民等の団体に対し、当該活動に要する費用について、補助することができる。」

(16) http://www.jca.apc.org/peacenet/back/news171c.html。

(17) 世論時報社「世田谷文化」二〇〇二年七月五日号、アエラ二〇〇三年九月二二日号（朝日新聞社）一二頁以下など。

(18) 河野義行（松本サリン事件被害者）「オウムと社会　排除の思想を越えよう」朝日新聞二〇〇三年一月一一日朝刊。

第六章　東京都条例及び神奈川県条例の内容と問題点

はじめに

「生活安全条例」の制定は市区町村レベルで着々と進んでいた一方で、都道府県レベルでの制定は遅れていた。都道府県レベルでは二〇〇二年三月制定の大阪府条例が最初の条例であり[1]、同年には他に広島県条例が制定された（一二月制定）。翌二〇〇三年三月には滋賀県と茨城県で制定されるが、まだまだ都道府県レベルでの制定の展開はゆっくりしたものであった。そのような状況の中、二〇〇三年六月議会に提出され、共産党・生活者ネット・市民の党などが反対したものの、自民党・民主党・公明党などの賛成多数により同年七月に制定されたのが「東京都安全・安心まちづくり条例」である。特に首都・東京で「生活安全条例」が制定されたことの意味は大きく、二〇〇四年以降は一気に他の道府県に制定が波及した。そこで本稿では、その後の県レベル条例の一つのモデルとなる都条例の問題点について検討する（この都条例提出前に発表された条例の制定に反対する法律家声明も最後に資料として付けた[2]）。

また、神奈川県では二〇〇四年一二月議会で「神奈川県犯罪のない安全・安心まちづくり推進条例」が提出され、共産党・神奈川ネット（生活者ネット）・市民の党が反対したものの、自民党・民主党・公明党・社民党などの賛成多数により成立した。神奈川県条例は都条例とさほど大きな違いはないということと、この県条例についても条例制定前に条例制定に反対する法学者声明が発表されたので、神奈川県条例については法学者声明を資料として付けることで、問題点の考察に代えたいと思う。(3)

一　都条例の内容

1　経緯と基本規定

「首都東京の治安の回復」を掲げる石原慎太郎都知事の下で、警視庁は二〇〇二年一二月に「東京都安全・安心まちづくり有識者懇談会」を設置した。この主要なメンバーは、これまで「生活安全条例」や「安全・安心まちづくり」を推進してきた大学教員である。そして、わずか三回の会合で、「東京都安全・安心まちづくりについての報告書(4)」を二〇〇三年三月にまとめる。この「報告書」の中では、「治安の悪化」の根本的な要因を検証せず、市民に責任転嫁し、条例制定を要求している。しかし、実際に議会に提出された「安全・安心まちづくり条例」案には、報告書にあった「鉄パイプ等の携帯規制」は盛り込まれず、以下のような内容となった。

まず、本条例の基本理念であるが、「安全・安心まちづくり（地域社会における都民、事業者及びボランティアによる犯罪の防止のための自主的な活動の推進並びに犯罪の防止に配慮した環境の整備をいう。）は、都並びに特別区及び市町村並びに都民等の連携及び協力の下に推進されなければならない」（二条）とした。

これを受けて、都には「区市町村及び都民等と連携し、及び協力して、安全・安心まちづくりに関する総合的な施策を実施する責務」（三条）を課し、都民と事業者には「安全・安心まちづくりについて理解を深め、自ら安全の確保に努めるとともに、安全・安心まちづくりを推進するよう努めるものとする」「都の」施策に協力するよう努めるものとする」（四条、五条）とした。また、都と警察署長には「区市町村及び都民等と協働して、安全・安心まちづくりを推進するための体制を整備するものとする」（六条）とした。

2　具体的な対策規定

具体的な対策としては「防犯性の向上」として、都・都民・事業者がそれぞれ住宅、道路・公園・駐車場、金融機関・深夜営業小売店舗について、「犯罪の防止に配慮した構造、設備等を有する」ものの「普及」「整備」に「努める」よう規定する（九条、一二条、一四条、一六条、一七条）。店舗以外については、その「防犯上の指針」を知事及び公安委員会が共同で定め（一〇条、一五条）、都が共同住宅の建築主に建築確認の申請時に「犯罪の防止に配慮した設備等に関して、その所在地を管轄する警察署長に意見をもとめるよう助言するものとする」（一一条）という規定もある。

また、大学を除く学校と児童福祉施設等の設置・管理者は、施設内における「児童等の安全を確保するよう努めるものとする」（一九条）とし、この指針は知事、教育委員会及び公安委員会が定めるとした（二〇条）。都立学校等の管理者は、警察署等の参加を求めて「学校等における安全対策を推進するための体制を整備し、児童等の安全を確保するために必要な措置を講ずるよう努める」とした（二一条）。さらに、警察署長は通学路等の「管理者、地域住民、児童等の保護者並びに学校等の管理者と連携して、当該通学路等における児童等の安全を確保するために必要な措置を講ずるよう努める」とした（二二条）。

二　都条例の問題点

1　都条例の類型

この都条例も、「治安の悪化」（刑法犯認知件数の増加と検挙率の低下）に対して、治安の強化（警察権限の拡大と市民相互監視）により乗り切るための、全国で制定が進む「生活安全条例」の一つとして提案されたものである。内容的には、どの「生活安全条例」にも必ず挿入されている「コミュニティ・ポリシング」の実現を基本としている。それに対して、ポイ捨てなど迷惑行為の禁止・罰則規定をおく「ゼロ・トレランス」（その典型的な例は東京・千代田区条例）は入らず、「有識者懇談会」の「報告書」で言及され、大阪府条例では規定された鉄パイプ等の携帯規制は入らなかった。一方で、市区町村レベルの条例と比べ、広範な分野での「犯罪防止に配慮した環境設計活動」規定が、他の府県条例を引き継いで導入されている。

2　具体的な問題点

では、この都条例にはどのような問題があるのであろうか。憲法・刑事法上の詳細な問題点の指摘は資料の声明に譲るが、罰則規定がないから問題がないとはいえない。この条例により、都内のいたるところで監視カメラの設置が進み、市民のプライヴァシー権・肖像権は加速度的に侵害されていく危険性がある。金融機関等の防犯性の向上の取組は、本来当事者の自己判断により行うべき問題であるにもかかわらず、警察主導で半ば強制的に実施されれば、金融機関等に新たな出費を余儀なくさせることで営業の自由・財産権を侵害することになりかねない。

また、これは都条例ということで、今後は市区町村に「生活安全条例」がなくても、警察署単位で（実際には警視庁・都公安委員会主導で）、自治体・住民・警察が一体となった防犯体制のための組織作りが進み、市区町村の自治が否定されかねなくなる。今後の組織作り、指針策定と監視カメラ等の設置など具体的な取組については、先行する大阪府の取組が参考になろう。(5)

さらに、学校を巻き込んだ防犯体制作りは、単に子どもたちを犯罪から守るだけではない。現在、警察などが増加する犯罪として来日外国人犯罪と少年犯罪をあげているが、学校を巻き込んだ防犯活動を通じて、子どもたちに特定の規範・価値観を植え付けることにもなる。

おわりに

おそらく、今後の市区町村の条例も理念型か罰則型か、その自治体の状況により様々なものが出てこよう。条例の内容を徹底して作成する場合は「ゼロ・トレランス」型の条例になろうが、「犯罪防止に配慮した環境設計活動」規定を入れる場合は事業者等のカメラ設置奨励規定にとどまるであろう。一方で、今後の他の県条例は、大阪府型の若干の罰則規定を入れるものも出てくるかもしれないが、大阪府を含めすべての条例のタイプである「犯罪防止に配慮した環境設計活動」の徹底導入型が基本であろう。都道府県の場合は、市区町村とは異なり、警察権限（都道府県警察・公安委員会）を有することがその背景にある。

また、条例が制定されると、今度は条例に基づいて自治体が詳細な施行規則を策定し、これにより具体的な「安全・安心まちづくり」のための施策を実行していくことになる。施行規則は議会が関与することなく行政サイドが策定するので、市民の権利・自由侵害にならないようより一層の慎重な対応が求められる。

さらに、犯罪増加を招かないための自治体による社会保障の徹底、犯罪増加の背景にある新自由主義改革そのものの転換や、検挙率の低下の背景にある刑事警察能力の低下、相次ぐ不祥事による警察への信頼低下などを改善していくことなど、「生活安全条例」を必要としない社会作りを追求していく必要もあろう。(6)

〈資料⑦〉「東京都安全・安心まちづくり条例（生活安全条例）」案の制定に反対する法律家声明

東京都は、六月開会の東京都議会第二回定例会に「安全・安心まちづくり条例」（以下、「都条例」とする）案を提出する予定と報じられています。これは、二〇〇二年一二月に警視庁生活安全部に「東京都安全・安心まちづくり有識者懇談会」が設置され、わずか三回の審議の結果をまとめた二〇〇三年三月の「東京都安全・安心まちづくりについての報告書」（以下、「報告書」とする）の提案に基づくものです。「報告書」では、昨今の「犯罪の増加」と「体感治安の低下」などを解決するために、「警察のみならず、東京都、区市町村、事業者、ボランティア、さらにはすべての都民が一体となって、自主的な防犯活動の推進や犯罪防止に配慮した環境の実現など、犯罪のないまちづくり」を行っていくために、「都条例」の制定を提案しています。しかし、「都条例」の制定については、以下の理由から問題があると考え、私たちはこれに強く反対するものであります。

1　説得力に欠ける制定理由

第一の理由は、「報告書」の内容が説得力に欠けるという点です。

まず、「報告書」は、「犯罪の増加」を「都条例」制定の理由としてあげています。「報告書」では、この一〇年間で犯罪が増加しているとしていますが、戦後の五〇年単位で見れば犯罪は大幅に減少しています。そのことは、曲がりなりにも従来の刑事政策が一定の効果をあげていることの証左ではないでしょうか。しかし、「報告書」のデータを見る限りでも、「激増」を示している犯罪類型が「ひったくり」「非侵入強盗」「侵入強盗」など、ほとんどが財産犯であるにもかかわらず、犯罪多発の原因としての「長引く不況による経済情勢の悪化」と犯罪の増加傾向との関連は、ほとんどまともに検討されておりません。

これについて「報告書」で「犯罪多発の背景にあるもの」として強調されているのは、「地域社会の一体感・連帯意識の希薄化」「遵法意識・遵法精神の低下」「ライフスタイルの変化に伴う自己中心主義の風潮」「家庭・地域・地域社会の少年に対する教育力の低下」など、きわめて主観的で俗論的な「原因」論ばかりです。仮にこのような議論に根拠があるとしても、なぜこれらの現象が生じたのかという問題にまでさかのぼって検討しなければならないと思われますが、そのような真摯な検討をした形跡はありません。

さらに、「報告書」は「体感治安」の低下という主観的な概念を持ちだしています。「犯罪被害に遭いそうな不安を感じるか」と問われれば、「不安を感じない」と答える人が少数となるのは当たり前です。しかし、都民に不安感があるとしても、それが直ちに「都条例」の制定理由になるわけではありません。本来ならしかるべき権限と責任と技能を備えた警察官の活動に期待すべきではないでしょうか。犯罪の「国際化、組織化、巧妙化が顕著」であり、「警察による捜査や未然防止活動も困難の度合いを強めている」のであれば、都民への防犯活動の肩代わりは無意味であるばかりか、都民を危険にさらしかねません。

2　憲法・刑事法に抵触する内容

第二の理由は、すでに制定されている他府県や都内区市の「生活安全条例」に見られる憲法・刑事法上問題のある条項が、「都条例」案に盛り込まれることが危惧される点です。

条例案の詳細な具体的内容は現段階では提示されていないため、すでに制定されている他府県や都内区市の「生活安全条例」の規定から内容を類推せざるをえません。そこで、道路や店舗での「防犯性の向上」が都内の区市条例で見られる監視カメラの設置規定となると考えれば、運用次第では憲法一三条が保障するプライヴァシー権の侵害になりかねません。千代田区条例の「チラシの散乱」禁止規定や武蔵野市条例の「つきまとい勧誘行為」禁止規定と同様のものが入れば、憲法二一条の表現の自由を脅かすことにもなります。

また、「報告書」が言う「鉄パイプ等の規制」（大阪府条例ですでに規定）などの新しい犯罪類型を安易に作ることは、刑罰は謙抑的であるべきという刑事政策の大原則に反することになります。「等」の多用などあいまいな規定の仕方をすれば、刑罰法規は明確でなければならないという明確性の原則にも反することになります。さらに、軽犯罪法その他現行法より厳しい罰則規定または新たな規制規定を入れるならば、刑罰規定の実体面の適正さを求めた適正手続の保障にも抵触することになります。

3　近代立憲主義に反する発想

第三の理由は、「報告書」の内容が、アメリカ独立宣言やフランス人権宣言等を出発点とする近代立憲主義への挑戦とも受け取れる発想に基づいている点です。

すなわち、「都民が一体となって」防犯活動に「参加する」ことを提案する「報告書」の発想は、そもそも公権力と市民とは建前上緊張関係にあり、公権力の恣意的な発動によって市民の基本的人権が侵害されないように市民が公権力をチェックするという近代立憲主義の発想とは相容れません。それどころか、人権保障の仕組みを壊し、都民あげて防犯活動に動員する「総動員体制」づくり、公権力の威を借りた一部の市民が公権力の目となり耳となる「密告社会」「相互監視社会」へと地域社会を変質させる重大な危険性を有しています。「報告書」が、「地域社会の犯罪抑止機能である『コミュニティの目』を作る」あるいは「地域における強力なリーダーを養成するために、リーダー養成講座等を開催することも有効」などとしているのは、このような危険性を裏づけるものです。

4　今、行うべきこと

最後に、あらためて次の点を強調しておきたいと思います。そもそも犯罪の増減という現象は、その時々の社会・経済状況に左右されやすいものですから、犯罪を減らすには昨今の社会不安の増大の根本原因をまず検討する必要があります。また、相次ぐ警察の不祥事や刑事捜査能力の低下がなぜ生じたのかという問題の徹底的検証も必要です。この二点を抜きにして、犯罪の原因を安易に都民の意識の問題にすりかえたり、本来的に刑事警察の活動により検挙率を高めることによって担うべき防犯の役割を都民に肩代わりさせようとすることは厳に慎まなければならないと考えます。

以上の理由から、私たちは、東京都の「安全・安心まちづくり条例」制定の動きに強く反対するとともに、警視庁及び東京都の関係機関が現在の犯罪状況やその原因について犯罪類型ごとに十分かつ慎重な分析を行い、それに基づき近代立憲主義の理念に立脚し、犯罪類型ごとのきめ細かな犯罪対策をあらためて検討しなおすことを強く要請します。

二〇〇三年六月二日

呼びかけ人

石埼学（亜細亜大学助教授・憲法）
小田中聰樹（専修大学教授・刑事法）
海渡雄一（弁護士）
北野弘久（日本大学名誉教授・憲法）
近藤博徳（弁護士・青年法律家協会弁護士学者合同部会東京支部支部長）
澤藤統一郎（弁護士・日本民主法律家協会事務局長）
白藤博行（専修大学教授・行政法）
高山俊吉（弁護士）
立松彰（弁護士・青年法律家協会弁護士学者合同部会議長）
土屋公献（弁護士・元日本弁護士連合会会長）
新倉修（青山学院大学教授・刑事法）
内田雅敏（弁護士）
東澤靖（弁護士・自由人権協会事務局長）
星野安三郎（東京学芸大学・立正大学名誉教授・憲法）
松井繁明（弁護士・自由法曹団東京支部長）

渡辺治（一橋大学教授・憲法）

声明事務局

清水雅彦（和光大学講師・憲法）

賛同者

愛敬浩二（信州大学助教授・憲法）、赤池一将（高岡法科大学教授）、穐山守夫（埼玉県立大学講師）、足立英郎（大阪電気通信大学工学部助教授）、足立昌勝（関東学院大学法学部教授）、石川裕一郎（白鴎大学非常勤講師）、石村修（専修大学）、一瀬敬一郎（弁護士）、一瀬晴雄（弁護士）、植松健一（島根大学助教授・憲法学）、浦田賢治（早稲田大学教授・憲法）、遠藤憲一（弁護士）、大田直史（京都府立大学）、大森顕（弁護士）、大山勇一（弁護士）、岡田啓資（弁護士）、岡田行雄（九州国際大学法学部）、岡本篤尚（神戸学院大学教授）、小木和男（弁護士）、小沢隆一（静岡大学教授）、尾林芳匡（弁護士）、椛嶋裕之（弁護士）、上脇博之（北九州市立大学法学部教授・憲法学）、川上詩朗（弁護士）、川崎英明（関西学院大学法学部教授）、木下智史（関西大学法学部教授・憲法学）、君島東彦（北海学園大学教授・憲法）、小松浩（三重短期大学教授）、齊藤園生（弁護士）、榊原秀訓（名古屋経済大学教授）、佐々木光明（三重短大教授・刑事法）、笹沼弘志（静岡大学助教授・憲法学）、笹本潤（弁護士）、佐藤むつみ（弁護士）、清水雅彦（和光大学講師・憲法）、鈴木敦士（弁護士）、鈴木達夫（弁護士）、隅野隆徳（専修大学）、瀬野俊之（弁護士）、平和元（弁護士）、高橋利安（広島修道大学法学部）、高村学人（東京都立大学）、滝沢香（弁護士）、武内更一（弁護士）、武田博孝（弁護士）、多田一路（大分大学）、田中隆（弁護士）、千葉恵子（弁護士）、塚田哲之（福井大学助教授・

憲法学）、豊崎七絵（龍谷大学助教授・刑事法）、中川素充（弁護士）、長澤彰（弁護士・自由法曹団東京支部事務局長）、成澤孝人（宇都宮大学）、成見暁子（弁護士）、西村正治（弁護士）、丹羽徹（大阪経済法科大学教授・憲法学）、根森健（新潟大学教授）、萩尾健太（弁護士・青年法律家協会弁護士学者合同部会東京支部事務局長）、長谷川直彦（弁護士）、羽鳥徹夫（弁護士）、葉山岳夫（弁護士）、晴山一穂（専修大学法学部）、福島瑞穂（弁護士）、藤田正人（弁護士）、古本晴英（弁護士）、本庄武（一橋大学講師・刑事法）、本多滝夫（龍谷大学教授・行政法）、前川雄司（弁護士）、前川佳夫（中央学院大学講師・法社会学）、増田栄作（広島修道大学法学部）、松原拓郎（弁護士）、三島聡（大阪市立大学助教授・刑事法）、水島朝穂（早稲田大学法学部教授・憲法）、三橋良士明（静岡大学教授・行政法）、三輪隆（埼玉大学教員）、本秀紀（名古屋大学助教授・憲法）、森川文人（弁護士）、森英樹（名古屋大学大学院法学研究科教授）、安川幸雄（弁護士）、矢花公平（弁護士）、山上博信（愛知学泉大学専任講師・刑事訴訟法学）、山口貴士（東京弁護士会所属弁護士／NGO連絡網AMI理事）、山崎英壽（淑徳大学講師・憲法）、山田健吾（香川大学法学部助教授・行政法）、山本志都（弁護士・東京弁護士会）、吉田栄士（弁護士・自由法曹団東京支部幹事長）、李泰一（朝鮮大学校政治経済学部法律学科・憲法）、渡辺洋（神戸学院大学助教授・憲法担当）

呼びかけ人　弁護士9名・研究者7名・計16名、賛同者　弁護士41名・研究者47名・計88名

「神奈川県犯罪のない安全・安心まちづくり推進条例」案の制定に反対する法学者声明

神奈川県は、一二月二日開会の神奈川県議会一二月定例会に「神奈川県犯罪のない安全・安心まちづくり推進条例」（以下、「県条例」とする）案を提出しました。これは、二〇〇四年六月に「神奈川県安全・安心まちづくり有識者懇談会」を設置し、わずか三回の審議の結果をまとめた二〇〇四年九月の「神奈川県安全・安心まちづくり有識者懇談会報告書」（以下、「報告書」とする）の提案に基づくものです。この中では、昨今の「犯罪の増加」に対して、「行政、県民、警察が一体となった取組み」を実行して「安全で安心なまちづくり」のために県条例の制定が必要であるとしています。しかし、この県条例案については、以下の理由から問題があると考えるため、私たちはこれに強く反対するものであります。

1　説得力に欠ける制定理由

第一の理由は、県条例の制定が必要であるとした報告書の内容が説得力に欠けるという点です。

まず、報告書では、県内の過去一〇年間の犯罪情勢データを使用して「刑法犯認知件数が増加」しているとします。しかし、誰も正確には知ることのできない犯罪実数と異なり、この「警察が犯罪として認知した件数」の「増加」の背景には、一九九九年以降の神奈川県警をはじめとする一連の警察の不祥事に対する警察不信を払拭するために、警察が従来適正に対処しなかった軽微な犯罪にも対処するようになったことや、ストーカー規制法・ＤＶ防止法などによる新たな犯罪類型の創出、これまで被害にあっても泣き寝入りしていたような人々が声をあげるなどの被害者意識の変化によるものもあります。また、戦後約六〇年の期間で犯罪動向を分析したものではなく、ここ数年の以上のような変化を説明もなく資料として出すことは、統計の恣意的利用の側面が強いものでもあります。

また、報告書は、「犯罪発生の増加、治安悪化の背景」として、「地域コミュニティ機能の低下」「社会への無関心と規範意識の低下」「犯罪を誘発しやすい生活環境」「情報化社会の進展による犯罪を誘発しやすい環境の創出」をあげます。しかし、報告書によれば、県内の刑法犯認知件数の七割弱は街頭犯罪等であり、これらは財産犯です。いつの時代でもどこの国でも財産犯はまず景気の変動にも左右されますが、昨今の構造改革や新自由主義改革による景気の悪化・構造不況、それらによる解雇・リストラ、失業率の増大等の与える影響は何ら検討されていません。そればかりか報告書の発想は、犯罪が引き起こされた原因を調査し犯罪を防ぐのではなく、人は機会さえあれば誰もが犯罪者になりうるとの「県民皆犯罪者予備軍」ともいう発想に立つものであり、だからこそ県民には「個人の意識を変える（規範意識の醸成を図る）」「地域コミュニティを変える（地域での防犯活動が活発になるようにする）」という意識改革と相互監視を呼びかけるのです。

したがって、報告書の内容は、最近のデータを恣意的に活用し県民に「不安感」与える一方で、真の「治安悪化」の要因を隠蔽するものであり、なぜ犯罪対策に県条例の制定が必要なのかを十分に立証できていないずさんなものといえます。

2　近代立憲主義に反する発想

第二の理由は、市民革命後、世界で確立された近代立憲主義を否定する発想がある点です。報告書では「行政、県民、警察が一体となった取組み」を要請し、県条例案でも第七条をはじめ県及び県民等の相互協力を求めています。また、県条例案では、第三章で住宅、道路・公園等、商業施設等、繁華街の防犯性向上のために、第四章で学校等における児童等の安全の確保等のために、県と公安委員会が指針を策定したり、当事者が警察署長の意見を求めることを要請しています。しかし、そもそも警察権力を含む公権力と市民とは建前上緊張関係にあり、公権力の恣意的な発動により市民の基本的人権が侵害されないように、市民が公権力をチェックするために近代立憲主義が確立されましたが、県条例案にはこのような発想が希薄です。さらに、第三条で県民に自主的防犯活動を責務とし、第九条で「安全・安心まちづくり推進団体」を県が支援するということは、公権力主導で「自警団」づくりを進め、県民あげて防犯活動に動員する「総動員体制」づくり、県民が公権力の目となり耳となる「密告社会」「相互監視社会」へと地域社会を変質させる重大な危険性を有しています。

また、県条例案では第二七条で「児童等の健全育成」として、県が「児童等の規範意識を向上させ、児童等が社会の一員として健全な生活を営むことができるように、その育成に努めるものとする」としています。しかし、「個人の尊重」（憲法第一三条）を基本原理とする近代立憲主義の下では、子どもについても権利意識を育むことが重要です。それに対して、県条例案は子どもを「規範意識」の名の下に締め付けてしまい、公権力が子どもの心の中にまで介入する危険性があります。確かに、「児童等の安全の確保」自体は検討しなければならない問題ですが、学校等における安全対策に入るであろう校内等での監視カメラの設置は子どもたちを監視するものでもあります。「児童等の健全育成」と併せて考えるならば、県条例案の基本的発想は子どもたちを「少年犯罪者予備軍」と見なし、日常的に子どもを監視、さらには特定の価値観を注入しようとするものです。

したがって、県条例案は近代立憲主義を否定する発想がある点で危険なものといえ、条例案提出の前にまずは県が近代立憲主義を学び直すことが必要と思われます。

3　法的に問題のある内容

第三の理由は、法的に問題のある規定が多々あるという点です。

まず、「犯罪の防止等」のような「等」の多用や、「安心」「規範意識」などの抽象的で主観的概念の多用は、行政の恣意的解釈・運用が横行する可能性があります。特に後者の「安心」も「規範意識」も共に主観的概念であり、捉え方は人により様々です。そして一概に規定しようがない概念ですが、この条例案により多種多様な価値観を公権力が一方的に規定し、それを県民に押し付けることになりかねません。また、これにより、公権力を法によって縛る「法の支配」は否定され、「人の支配」による「行政の暴走」を引き起こしかねません。

次に、第三章各規定の「防犯性の向上」でいう「犯罪の防止に配慮した設備」の具体的内容が不明確ですが、ここで想定されていることの一つには監視カメラの設置がありえます。しかし、不特定多数の人物を対象に、当事者の同意なくカメラ撮影を行うことになれば、当事者の憲法第一三条で保障されたプライヴァシー権や肖像権を侵害することにもなりかねないのに、このような人権侵害に配慮するような姿勢は一切ありません。ということは、県条例案が「プライヴァシー権・肖像権侵害促進条例」になりかねません。
また、第二〇条の「犯罪の防止に配慮した店舗等に関する指針の策定」でいう「犯罪の防止に配慮した管理方法」の具体的内容が不明確ですが、ここで想定されていることの一つには深夜商業施設での夜間複数店員配置がありえます。しかし、先の監視カメラ設置やこの複数店員配置は、それぞれの事業者の判断で行うべき問題であって、公権力がとやかく言うべき問題ではありません。そればかりか、指針の策定や警察署長の介入の仕方によっては、事業者の憲法第二二条・二九条で保障された営業の自由・財産権を侵害することにもなりかねません。

さらに、そもそも県条例案は、松沢知事や県の部局独自の発想で制定が準備されたものではなく、一九九四年以降、警察庁生活安全局主導の下、全国約一五〇〇自治体で制定が進む「生活安全条例」の一つにすぎず、県の独自性があるわけではありません。第一一条の「安全・安心まちづくり旬間」の規定も県独自のものではなく、警察庁を先頭に毎年行っている「全国地域安全運動」に合わせたものにすぎません。このような警察主導の流れの中で制定準備が行われてきたことは、県自ら憲法第八章で保障された地方自治を放棄しかねない行為です。また、第七条により、「安全・安心まちづくり」の推進体制は警察署の管轄区域等で県民及び市町村と連携して整備するとしていますが、市町村の「生活安全条例」の有無に関係なく県主導で推進体制を構築することは、県条例により市町村の自治を否定することにもなりかねません。

したがって、県条例案には様々な法的問題、憲法上問題、とりわけ県民の権利・自由に関わる問題がありながら、それらに配慮する姿勢は全くなく、「行政暴走条例」「憲法無視条例」「人権侵害促進条例」となる危険性があります。

4　今、求められていること

以上のことからすると、今回の県条例案は「治安の悪化」の原因を真摯に検証せず、「県民皆犯罪者論」に基づき、警察主導の下、監視カメラと市民相互監視により警察権限の拡大と人権の侵害を促進しかねない条例案といえます。特に神奈川県では、これまで県警が一九八六年に違法な政党幹部宅盗聴事件を引き起こしながらいまだに謝罪もせず、一九九九年以降の一連の警察不祥事を引き起こし、一時は「警察官犯罪の巣窟」のような体質を有していたところです。昨今、「犯罪の増加」と共に「検挙率の低下」がいわれていますが、この背景には一連の警察の不祥事による警察官の士気低下と県民の信頼低下もあるはずです。確かに県民の犯罪に対する「不安感」があるのも事実とはいえ、漠然とした県民感情で安易に警察の権限拡大を行うことは、特に神奈川県においては危険ともいえます。今、求められていることは、「犯罪の増加」、とりわけ財産犯の増加をもたらしている景気の回復や社会保障の拡充などの社会構造の転換や適切な社会政策の実施です。また、「検挙率の低下」をもたらしている県民の警察への不信と警察官の士気の低下の改善であり、警察活動の適正化です。

したがって、私たち法学者は、ずさんな制定理由に基づき、近代立憲主義と市民の権利・自由への挑戦ともいえる今回の県条例案の制定には反対であり、条例案の撤回を強く要請します。

二〇〇四年一二月一三日

呼びかけ人

石埼　学（亜細亜大学・憲法）
北川善英（横浜国立大学・憲法）
清水雅彦（明治大学・憲法）

賛同者

穐山守夫（明治大学・憲法）、石川裕一郎（早稲田大学・フランス法）、岩佐卓也（神戸大学・法社会学）、植村勝慶（國學院大學・憲法）、緒方章宏（日本体育大学・憲法）、岡田行雄（九州国際大学・刑事訴訟法）、岡本篤尚（神戸学院大学・憲法）、小澤隆一（静岡大学・憲法）、上脇博之（神戸学院大学・憲法）、川崎英明（関西学院大学・刑事法）、木下智史（関西大学・憲法）、小松　浩（神戸学院大学・憲法）、佐々木光明（神戸学院大学・刑事法）、笹沼弘志（静岡大学・憲法）、新屋達之（大宮法科大学院大学・刑事法）、高橋利安（広島修道大学・憲法）、高村学人（東京都立大学・法社会学）、多田一路（大分大学・憲法）、塚田哲之（福井大学・憲法）、豊崎七絵（龍谷大学・刑事法）、内藤光博（専修大学・憲法）、成澤孝人（三重短期大学・憲法）、新倉　修（青山学院大学・刑法）、根森　健（新潟大学・憲法）、東澤　靖（明治学院大学・憲法）、三島　聡（大阪市立大学・刑事法）、宮本弘典（関東学院大学・刑法）、三輪　隆（埼玉大学・憲法）、本　秀紀（名古屋大学・憲法）、山崎英壽（日本体育大学・憲法）、横田　力（都留文科大学・憲法）、李　泰一（朝鮮大学校・憲法）

呼びかけ人3名、賛同者32名、計35名

声明事務局

清水雅彦

（1）大阪府条例を批判的に検討するものとして、岩田研二郎「大阪府条例　事業者・府民に対する警察権限の拡大」法と民主主義三七七号（日本民主法律家協会、二〇〇三年）四四頁以下。

（2）なお、東京都条例条文については、東京都公式ホームページの「東京都例規集データベース」(http://www.reiki.metro.tokyo.jp/reiki_menu.html）で見ることができる。また、本書の資料三一九頁以下にも収録してある。

（3）なお、神奈川県条例条文については、神奈川県公式ホームページの「法規データ提供サービス」(http://k-base03.pref.kanagawa.jp/reiki.html）で見ることができる。

（4）東京都安全・安心まちづくり有識者懇談会『東京都安全・安心まちづくりについての報告書』（二〇〇三年）。

（5）後藤啓二「大阪府における安全安心まちづくりの推進について」警察学論集五五巻一〇号（立花書房、二〇〇二年）一頁以下。

（6）なお、都条例を検討するものとして、自由法曹団東京支部編『警察・住民・「生活安全条例」監視社会に耐えられますか――東京都「安全・安心まちづくり報告書」をめぐって』（二〇〇三年）、自由法曹団東京支部編『もたらされるのは地域・行政の警察化――東京都安全・安心まちづくり条例逐条批判』（二〇〇三年）、石埼学「東京都安全・安心まちづくり条例批判」月刊東京二〇〇三年九月号（東京自治問題研究所）など。

（7）各声明の呼びかけ人・賛同者の肩書きは、声明発表時のものである。

第七章　東京都の治安政策の内容と問題点

はじめに

「この東京こそが思い切った意見を述べ、変革を遂げることは、まさに日本の機関車たり得る」（一九九九年四月二三日の都知事就任挨拶）。「首都東京を変え、日本を変え、時代を覆う閉塞感を打ち破ろう」「国政に対して新しいメッセージを力強く発信［する］」（一九九九年の都議会臨時会・五月一〇日の知事発言）。

都知事就任早々からこのような意見表明を行った石原慎太郎氏（以下、「石原」と表記）。ことあるごとに「東京から日本を変える」「東京を変えることで国を変えていく」「具体的な先例を東京から示していく」などと発言し、実際に、都の財政改革（福祉切り捨て、都民負担増）、税制改革（外形標準課税の導入）、教育改革（都立高校の学区制廃止、道徳教育の導入、重点支援校の指定）、環境政策（ディーゼル車規制）などを実行し、必ずしも石原及び都発案の政策ばかりではないが、一方で、国や他の自治体に影響を与えたり、与えようとしているものもある。

そこで本稿では、石原都政批判の基本的視点(1)をベースに、石原都政の治安政策に焦点をあてて分析を行うものである。ここでは、石原都政の一期目と二期目の中心的な治安政策を分析した上で、それらの問題点を考察したいと思う。

一　防災と治安を押し出した一期目（一九九九年〜二〇〇三年）

1　「安全・安心まちづくり」としての防災

石原が一九九九年に都知事になった後、東京都がまとめた政策展開文書が『危機突破・戦略プラン――21世紀への第一ステップ――』である。ここで示された「危機突破のための5つの戦略」の「戦略Ⅱ　魅力ある首都東京の創造」で「安全・安心の都市づくり」を打ち出すが、この内容は震災を中心とする防災・危機管理体制の確立であった(2)。

そして、『危機突破・戦略プラン』を発展させたのが、翌二〇〇〇年に出された『東京構想2000――千客万来の世界都市東京をめざして――』である。これは、都の基本構想として、今後の行財政運営の指針として位置付けられたもので、対象としているおおむねの期間は二〇〇一年から二〇一五年までである。この中の「千客万来の世界都市・東京を実現するうえでの3つの基本目標」の一つが「都民が安心して生活できる東京」であり、そこでは「良好な治安、災害への備えを有する暮らしやすい東京」を掲げている。この中には「安全・安心まちづくり」という言葉も出てくるが、防犯体制の確立を簡単にうたう程度で、ここでも震災を中心とした災害対策が主な内容であった(3)。

したがって、この時期の都庁官僚策定による治安政策は貧困なものであったといえる。今や「安全・安心まちづくり」といえば防犯対策の重要なスローガンであるが、基本的に鈴木都政及び青島都政の政策を引き継いだ震災対策が主な内容であった。

2　自衛隊を活用しての防災訓練の実施

しかし、従来の震災対策と異なる石原の政策は、国を利用し、防災訓練への大々的な自衛隊の活用という形で現れる。まず、都議会では、「本年九月三日、陸・海・空の三軍が統合して参加する、総合防災訓練を実施いたします」（二〇〇〇年第一回都議会定例会・二月二三日の施政方針表明）と、自衛隊を「軍」と表現して計画を発表する。

続いて、差別発言としても有名となった同年四月九日の陸上自衛隊練馬駐屯地での演説である。ここで、「この九月三日に陸海空の三軍を使ってのこの東京を防衛する、災害を防止する、災害を救急する大演習をやっていただきます。今日の東京をみますと、不法入国した多くの三国人、外国人が非常に凶悪な犯罪を繰り返している。もはや東京の犯罪の形は過去と違ってきた。こういう状況で、すごく大きな災害が起きた時には大きな大きな騒擾事件すらですね想定される、そういう現状であります。こういうことに対処するためには我々警察の力をもっても限りがある。だからこそ、そういう時に皆さんに出動願って、災害の救急だけではなしに、やはり治安の維持も一つの皆さんの大きな目的として遂行していただきたいということを期待しております[4]」と発言した。

そして、同年九月三日、「ビッグレスキュー東京2000～首都を救え～（平成12年度東京都総合防災訓練）」が実施される。この中での全体に対する自衛隊の参加は、人員二万四七六七名中七一〇〇名、車両一九〇五台中一〇九〇台、航空機一一六機中八二機、船舶二二隻中五隻であった。東京都・警視庁・東京消防庁の参加が、人員六二三〇名、車両五四五台、航空機一五機、船舶八隻であることから考えてみても、自衛隊が北海道からも九州からも結集し、行動がすべて市ヶ谷の統合幕僚会議で統括されたことから考えてみても、自衛隊中心の「演習」といえるものであった。

また、石原の「災害にも外国からの侵犯に対しても自らの力で自分で守るという気概を持たなければ、だれも手を貸してくれない。新しい災害対策のフォーマットに手を着けたと思うし、これからの日本のために大きな意味があった(5)」との講評（中央区の晴海会場で訓練視察後）や、前年の「陸海空の『三軍』を使った災害時の合同大救済演習をやってもらいたい、東京を舞台に。総司令官は小渕総理だから、彼が先頭を切って。私は二〇三高地で苦戦している乃木将軍みたいなもんだね（笑）」「絶対日本のためになるし、東京のためになる。そしてそれは同時に、北朝鮮とか中国に対するある意味での威圧にもなる。やるときは日本はすごいことをやるなっていう。だからせめて実戦に近い演習をしたい。相手は災害でも、ここでやるのは市街戦ですよ(6)」との発言からすると、災害対策を利用した自衛隊の国土防衛と治安のための「演習」という意図があったといえる。

石原が随所で触れているように、自衛隊を使った大がかりな防災訓練の案自体は、一九七一年、中曽根康弘氏が防衛庁長官の時に東京都に打診して行おうとしたものである（当時の美濃部亮吉都知事の反対で実現しなかった）が、今回は石原が都知事だからこそ実現した「演習」である。また、「首都を救え」という副題にしろ、三宅島での全島避難が進む中での大がかりな自衛隊動員にしろ、「軍隊」が守るのは必ずしも国民・都民ではなく、国内治安部隊としての側面も有することを明らかにしたといえる(7)。

ただし、大々的な二〇〇〇年の「演習」以降、翌年の「ビッグレスキュー東京2001」では、全体に対する自衛隊の参加が全体の人員一万八四四七人に対し一九四八人、車両八六一台に対し三九八台、航空機五七機に対し三〇機、船艇八隻に対し五隻と縮小している(8)。そして「ビッグレスキュー」自体はこの二年で終了した。

3 「震災対策条例」の制定

二〇〇〇年のビッグレスキューの骨格は同年四月二一日に発表されるが、その五日後に発表されたのが「東京都震災予防条例」全面改正の「中間まとめ」である。これは一九七一年に、全国の自治体に先駆けて制定された「予防条例」を「震災対策条例」へ全面改正するという提案であった。「予防条例」は前文で、「東京は、都市の安全を欠いたまま都市形成が行なわれたため、その都市構造は地震災害等に対するもろさを内包している」「いうまでもなく、地震は自然現象であるが、地震による災害の多くは人災であるといえる」としていた。

これに対して「震災対策条例」前文は、「まず第一に『自らの生命は自らが守る』という自己責任原則による自助の考え方、第二に他人を助けることのできる都民の地域における助け合いによって『自分たちのまちは自分たちで守る』という共助の考え方、この二つの理念に立つ都民と公助の役割を果たす行政とが、それぞれの責務と役割を明らかにした上で、連携を図っていくことが欠かせない」「今後は、この取組を一層進めるとともに、危機管理に重点を置いた応急対策及び復旧対策をも視野に入れた総合的震災対策の体系を構築し、震災対策の充実及び強化に努めていくことが極めて重要である」「東京は、多くの都民の生活の場であるとともに、日本の首都として政治、経済、文化等の中枢機能が集中している世界でも有数の大都市である。地震による被害の影響は国内にとどまらず、全世界に及ぶものであり、地震による災害から東京を守ることは、行政に課せられた重大な責務である」「震災対策の推進に当たっては、区市町村が基礎的自治体として第一義的責任と役割を果たすものである」とした。そしてこの改正案が二〇〇〇年一二月一五日に成立する。

これにより、「人災としての災害予防」から予防・応急・復興の対策条例に替わり、都民の生命・身体・財産と首都東京の機能の維持を同等に扱うこととなった。また、都民には「自己責任（自助）」と「共助」を強調し（「自分たちのまちは自分たちで守る」という思想は、後の「安全・安心まちづくり」にも引き継がれている）、震災対策の第一義的責任は市区町村にあるとする。実は既に、一九九七年一月の都と都内市区町村による国際防災シンポジウム「大震災への挑戦'97」で採択された「東京アピール」で、「『自らの身の安全は自らが守る』ことを防災の基本」とし、二〇〇〇年三月発行の都の『防災のしおり』では、「『自らの身の安全は自らが守る』との観点にたった上で、都民、企業、行政が横に連携する」[9]としていたのだが、本条例により、「公助（都の責任）」を法的に軽減し、市区町村に一方的な責務を課したのである（市区町村の地方自治の否定）。さらに、防災訓練と連動して、震災対策に危機管理の視点を入れた点も見落としてはならない。[10]

4　一期目の失敗した治安政策

一方で、石原都政の下で提案された治安政策の中で、都民等の反対により失敗に終わったものもある。原宿の大規模留置場建設構想と「迷惑防止条例」改正案である。

石原は二〇〇一年一一月に、渋谷区原宿の日本社会事業大学跡地に、約六〇〇名を収容する留置場（ちなみに、原宿署留置場の定数は一四名）を建設する計画を発表した。これは地元住民、渋谷区、東京都の三者の協議による跡地利用計画の作成を一方的に無視したやり方であり、渋谷区議会の全会派も反対の声をあげることとなる。地元住民の意向を全く無視したトップ・ダウン式の決定方法（区の地方自治の否定。しかも、地元民の批判を「地域エゴ」と批判した。さらに、この構想は警視庁の発案でもなかったといわれている）、「留置場」という代用監獄（それも大規模な）の建設という問題があった。さらに、東京の三弁護士会・日弁連も反対を表明し、結局この構想は未だ実現していない(11)。

翌二〇〇二年第二回定例会（六月）では、「公衆に著しく迷惑をかける暴力的不良行為等の防止に関する条例」（迷惑防止条例）の改正案を提出する。この内容は、「暴走族が自己を示すために用いる図形の表示」の禁止新設（五条四項二号）、ピンクビラ配布行為等の禁止の新設（七条の二、三項）と共に、「つきまとい行為等」を罰則付きで包括的に禁止する条項（五条の二の新設及び八条の改正）を提案するものであった。しかし、「ストーカー規制法」が規制の対象（「つきまとい等」）を「特定の者に対する恋愛感情その他の好意の感情又はそれが満たされなかったことに対する怨恨の感情を充足する目的」の行為で、さらに条文で規制行為も限定列挙している（二条）のに対し、条例改正案では「職場、学校、地域社会等における関係、売買、雇用、貸借等の契約関係又は交通事故等の不法行為関係」に起因する行為で、「ねたみ、うらみその他の悪意の感情を充足する目的」で、「特定の者」や「当該特定の者と社会生活において密接な関係を有する者」に対し、「不安、又は迷惑を覚えさせるような行為」で、つきまとい等、面会要求の反復、粗野な言語等での電話・ファックスの反復、羞恥や困惑を与える告知等の反復に拡大した（五条の二）。また、「ストーカー規制法」にはある濫用禁止規定もない。したがって、「ストーカー規制法」は恋愛感情等に限定しているが、この条例改正案の場合は労働者・住民・消費者・市民の各運動などの抗議・要請行動、マスコミ等の取材活動が規制される可能性がある。このようなあまりに広範な規制条項に、都議会の警察消防委員会は全会一致で五条の二を削除修正した[12]。

以上、この二点に関しては、石原の必ずしも十分な準備がなされなかった提案だったため、地元住民や都議会各会派、広く都民の賛同も得られず、失敗に終わる。

5　二期目につながる治安政策

一方で、二期目で全面的に展開される治安政策が一期目に少しずつ進んでいる。

石原は、都議会で「今後、ニューヨークを政策上のライバルとみなし、……常に念頭に置きながら、日本の首都東京のレベルアップに努めてまいります」（二〇〇〇年第二回定例会・六月二八日の所信表明）とか、「ニューヨークでは、ジュリアーニ市長の断固とした取組により、犯罪が大幅に減少したのに対し、東京では、犯罪の増加が続いており……」（二〇〇〇年第三回定例会・九月一九日の所信表明）と発言する。また、「凶悪犯罪や来日外国人による犯罪が著しく増加しております」と言及し、ピッキング対策を打ち出す（二〇〇一年第一回定例会・二月二一日の施政方針表明）。「九・一一事件」後の都議会では、「今回の事件から多くを学び、東京の危機管理能力を向上させることが不可欠であります」と危機管理の強化を訴え、治安の悪化に対して留置場の増設検討を表明する（二〇〇一年第三回定例会・九月一九日の所信表明）。さらに、全国で初のテロ対策専門の組織を警視庁に新設することと、来日外国人や暴力団の組織犯罪対策に対して都内九六の警察署に専門の組織を設けると表明した（二〇〇二年第三回定例会・九月一八日の所信表明）。

このような知事発言の中、東京都はニューヨークの諸施策を調査し、一冊にまとめている[13]。また、警察庁は「安全・安心まちづくり推進のための防犯施設の整備について」を国家公安委員会に報告するが、この中で、二〇〇一年度中に全国一〇地区に国費で「スーパー防犯灯」（街頭緊急通報システム）の設置を行うと共に、警視庁が歌舞伎町で「街頭防犯カメラシステム」（コミュニティセキュリティカメラシステム）を、都内三地区で「スーパー防犯灯」を、大阪府警が府内二地区で「スーパー防犯灯」を設置することを明らかにする。[14] 実際に、「スーパー防犯灯」が全国で初めて運用を開始するのは大阪府（二〇〇一年一〇月）だったが、東京都の「街頭防犯カメラシステム」は二〇〇二年二月から、「スーパー防犯灯」は二〇〇二年三月から運用を開始する。[15] 警察主導の取組は、東京都でも着々と進むのである。

なお、この間、危機管理担当の青山佾東京都副知事や金重凱之東京都危機管理担当参与らによって、自治体職員のための『危機管理読本』が刊行されている。[16]

6　一期目の治安政策の特徴

以上の点からいえることは、石原都政一期目の大部分は石原の突出振りが目立ち、特に議会や地域住民などとの良好な協力関係が築けなかった治安政策は必ずしもうまくいかなかったといえる。一方で、これまでの継続性から都庁官僚や警視庁はそれぞれの論理で治安政策を検討し、実行に移してきた。したがって、都政全体としての総合的な治安政策の立案や実施が十分にはできなかったと捉えることができる。

二　治安政策を全面展開していく二期目（二〇〇三年～二〇〇七年）

1　石原の都議会発言

二期目に入ると、石原の都議会発言の中で治安政策の部分が拡大する。まず、二期目最初の所信表明では、冒頭で治安問題に触れ、不法入国・不法滞在外国人に対する取締強化、東京港での密入国防止策の強化、街頭パトロール強化による街頭犯罪等の取締強化、「スーパー防犯灯」や「防犯カメラ」の設備普及、治安対策担当副知事の提案などと、「安全・安心まちづくり条例」の制定を提案する（二〇〇三年第二回定例会・六月二四日の所信表明）。

続く同年第三回定例会では、前半部分で警察官・拘置施設の国への確保要求、不法入国・不法滞在外国人対策、少年犯罪対策、「安全・安心まちづくり条例」施行後の「安全・安心まちづくり」、「迷惑防止条例」改正の提案、ＮＢＣテロ対策に言及し（二〇〇三年の第三回定例会・九月一八日の所信表明）、第四回定例会でもほぼ同種のテーマに「青少年健全育成条例」の改正問題を加える（二〇〇三年の第四回定例会・一二月二日の所信表明）。

二〇〇四年に入り、第一回定例会では、「青少年健全育成条例」改正の提案、警察官ＯＢ約一〇〇人の「スクールサポーター」導入、外国人犯罪対策、街頭犯罪対策（四月からの都職員一〇〇人を警視庁に派遣、警察官二〇〇人の増員や警察官ＯＢの再雇用拡充による合わせて一〇〇〇人の警察力の増強、来年度「防犯カメラ」「まちかど防犯隊」などへの補助や支援策）、大規模留置場の整備、東京港の監視カメラ等による監視体制の強化に言及する（二〇〇四年の第一回定例会・二月二五日の施政方針表明）。

同年第二回定例会では、中高生の万引き防止具体策策定の必要性、公共空間での盗撮・痴漢・暴力行為など「公共空間でのモラルの回復」検討の必要性、「安全・安心まちづくりアカデミー」開講に（二〇〇四年の第二回定例会・六月一日の所信表明）、同年第三回定例会では、少年の凶悪事件などに対処するための「青少年育成総合対策推進本部」の設置に（二〇〇四年の第三回定例会・九月二一日の所信表明）、同年第四回定例会では、「迷惑防止条例」改正による性風俗関係の客引き・スカウトなどの禁止の提案、脱法ドラッグ規制の必要性に言及する（二〇〇四年の第四回定例会・一二月一日の所信表明）。

二〇〇五年の第一回定例会では、来年度に「治安対策推進担当理事」を設置することと警察官三〇〇人・交番相談員等三九〇人の増員・都職員の派遣継続を、二〇〇八年度に原宿署を移転改築して三〇〇人規模の留置場を併設することを提案し、歌舞伎町の「街頭防犯カメラシステム」の増設と新たに上野での設置、留学生・就学生の「適正管理」、「青少年健全育成条例」の改正による淫行規定の導入などに言及する（二〇〇五年の第一回定例会・二月二三日の施政方針表明）。

同年第二回定例会では、青少年健全育成対策として公立中学二年生を対象にした五日程度の職場体験の導入と「東京子ども応援協議会」設立を提案し、警視庁と鉄道事者の協議の結果五月から導入された女性専用車両について報告した（二〇〇五年の第二回定例会・六月一日の所信表明）。また、同年第三回定例会では、「武力攻撃」や「大規模テロ」などに対応するための「国民保護計画」の策定作業と八月に「青少年・治安対策本部」を設置したことを（二〇〇五年の第三回定例会・九月二〇日の所信表明）、第四回定例会では、地域での防犯ボランティア団体がコンビニエンスストアの店舗や敷地を活動拠点として利用できるよう八月に協定を締結したことを報告した（二〇〇五年の第四回定例会・一二月一日の所信表明）。

二〇〇六年の第一回定例会では、来年度に警察官一八〇人の増員や警察官ＯＢ活用による交通相談員の拡充、「街頭防犯カメラシステム」の六本木への設置、全公立小中学校への「防犯カメラ」の設置、小学校毎の「子ども安全ボランティア」の結成に言及する（二〇〇六年の第一回定例会・二月二一日の施政方針表明）。

ところが、同年第二回～第四回定例会では、治安政策への言及がなくなった（二〇〇六年の第二回定例会・六月六日の所信表明、第三回定例会・九月二〇日の所信表明、第四回定例会・一二月一日の所信表明）。

2　都の治安対策構想

石原都政二期目の治安対策を大きく方向付けるものとして、既に検討した「東京都安全・安心まちづくり条例（生活安全条例）」の制定がある。(17)

この基本的枠組みの下、今後の都の政策としては「都政の制度疲労を克服するため」「都政の構造改革を推進していく」「戦略指針」として、二〇〇二年度に「重要施策」を策定し、この中で「7つの戦略的取組」を設定した。そして、この実現のために二〇〇三年度に二二事業からなる「平成15年度重点事業」を選定したが、「平成16年度重点事業」では、「新たな課題である治安対策を加えるなど重点事業を再編整理した上で、引き続き維持することとした」。(18)

具体的には、「7つの戦略的取組」（三〇事業）の中の「6　大都市の安全を高め、安心を確保するまちづくり」に「緊急治安対策」を一事業として入れ、三つの取組から構成されることとなった。第一は、密輸・密入国情報の共有化などの実施と監視カメラの設置等による東京港の保安施設強化などの「東京湾・東京港の水際対策の強化」、留学生・就学生の実態調査、受入校への訪問指導などの「留学生・就学生受入校への指導強化」、捜査力強化、都職員の警視庁等への派遣や警察官OB活用などの「取締・警察力の強化」からなる「来日外国人犯罪への重点的取組」（二三億円）。第二は、保護者・地域住民のパトロールや学校と警察の協力により全公立小中学校・都立学校で開催する「セーフティ教室」などの「少年非行・犯罪被害の防止教育の充実（セーフティ教室の開催）」、警察官ＯＢなどを警察署に約一〇〇人配置して行う学校訪問・補導活動などの「学校・警察・地域のパイプ役となるスクールサポーターの配置」、学校や警察などからなるサポートチームの都内全域組織・活動などの「サポートチームにより少年の立ち直りを個別に支援」、児童福祉司の増強や施設入所児童に対する処遇相談拡充などの「児童相談所の抜本的改革」からなる「子どもを犯罪に巻き込まない取組」（三億円）。第三は、地域における「防犯ボランティア（まちかど防犯隊）」の結成・拡大支援、「防犯カメラ」・防犯灯など地域の防犯設備費の補助、「東京都安全・安心まちづくり協議会」を通じた地域住民の自主的な犯罪防止活動の推進などの「地域の防犯活動・少年非行防止活動の活性化」からなる「街頭・侵入犯罪を起こさせない取組」（四億円）である。以上、「緊急治安対策」の事業費は三〇億円で、「平成16年度重点事業」（三〇事業）全体の事業費二一〇億円からすると比重が大きい[19]。

これに続く「平成17年度重点事業」の「緊急治安対策」は、五つの取組から構成されることとなった。第一は、前年度と同様の「留学生・就学生受入校への指導強化」と「取締・警察力の強化」からなる「来日外国人・組織犯罪への対策強化」。第二は、「脱法ドラッグ対策」。第三は、「防犯カメラ」の増設など繁華街における取組強化、安全に利用できる公園の実現、「防犯カメラ」等防犯設備設置を希望する地域への経費補助からなる「街の安全・安心を回復する事業」。第四は、「東京都安全・安心まちづくりアカデミー」の講座を通じた住民の防犯意識向上及び防犯リーダー養成による「地域の防犯活動の活性化及び有機的な連携体制の構築」。第五は、電車内における痴漢行為や商店街等での落書きなど「公共空間におけるモラル向上」である。以上、「緊急治安対策」の事業費は五億円で、「平成17年度重点事業」（三四事業）全体の事業費一九一億円からすると、昨年度と比べて大幅に減額された[20]。

これが二〇〇六年になると、「都を取り巻く社会経済環境の変化に的確に対応していく」ために新たな「重要施策及び平成18年度重点事業」を策定し、七つの「重要施策」を定めた。このうちの一つである「5　都民生活の安全・安心を確保」の中で「日常生活に潜む危険から都民を守る安全対策」を「重点事業」とし、不適正取引などの「悪質事業者の取締り強化」、「高齢者被害対策強化」、学校への「防犯カメラ」の設置や登下校時の安全確保などによる「子どもの安全確保」から構成されている。この事業費は、「平成18年度重点事業」（二〇事業）全体の事業費五六一億円に対して一一億円となっており、さらに全体に占める治安対策費の割合が縮小された[21]。

そして、「平成19年度重点事業」でも同様の「重要施策」と「重点事業」から構成されているが、内容は「悪質事業者の取締り強化」と「子どもの安全確保」の二つになり、事業費は、「平成19年度重点事業」（二四事業）全体の事業費一〇六六億円に対して僅か三億円にまで減額された[22]。

ところで、都は都の政策等をまとめた『都政』を二年ごとに刊行しているが、「都政の課題」の部分で「東京の治安対策」という項目が入るのは『都政2004』からである（『都政2002』では『東京構想2000』の、『都政2000』では『危機突破・戦略プラン』の説明が中心のため、「安全なまちづくり」は震災対策が中心である[23]）。この中で、「東京が直面する治安悪化の現状」「東京都緊急治安対策本部の設置」「東京都安全・安心まちづくり条例の制定」「外国人組織犯罪対策」「少年問題対策」について説明している[24]。

これが『都政2006』になると、「都政の課題」という項目がなくなり、「都政の取り組み」の中で「重要施策・重点事業」の要旨を掲載する。そして、治安対策の説明は、「都政のしくみとしごと」の各部局の説明部分で触れるだけになっている[25]。

3　着々と実現する警視庁の治安政策

では次に、警視庁の具体的な治安政策を見ていく。警視庁は、二〇〇三年を「治安回復元年」と位置付けた。こういう中で、警視庁が率先して導入してきた治安政策がある。まず二〇〇三年五月には、都道府県単位での公開としては全国で初の「犯罪発生マップ」（東京都内の市区町村別の犯罪発生状況をまとめたもの）を警視庁のホームページで公開し始める[26]。

次に、同年六月二五日には、広島県警察本部長だった竹花豊を治安担当の副知事に任命する。警察官僚からの都道府県副知事就任は初のケースである。この取組は、神奈川県にも波及し、松沢成文知事は同年九月一二日に県警察総務部長の大木宏之を県の「安全・安心まちづくり」（治安対策）担当理事に起用し、一〇月一〇日には副知事にした。そして、都では竹花副知事を本部長とする「緊急治安対策本部」が同年八月一日に発足する。

このような中で、国も治安政策に取り組み始める。同年九月二日に犯罪対策閣僚会議を設置。小泉首相は第一五七回臨時国会での所信表明演説（同年九月二六日）で、「世界一安全な国、日本」復活を実現するとして、警察官増員、「市民と地域が一体となった、地域社会の安全を守る取り組み」、少年犯罪の削減、外国人犯罪対策としての出入国管理体制や密輸・密航の取締強化を打ち出す。

二〇〇四年になって、警視庁は新たに「街頭・侵入犯罪抑止総合対策推進要綱」を制定し、運用を始めた。ここでは、「都民が不安に感じている街頭犯罪や侵入犯罪等について、①非行少年対策②来日不良外国人対策③暴力団対策――の3対策と各種検挙活動、防犯対策を積極的に推進することにより、所期の目標を達成するのがネライ」[27]とされた。

そして、同年四月一日には「警視庁スクールサポーター」が発足し、警察官OB九六人に辞令が交付された[28]。同月一二日からは、「警察官定員を第一線の執行部門に振り替え、交番機能強化やパトロール強化（六〇人）、来日外国人犯罪対策強化（不正滞在対策室四〇人）を推進し、治安対策に効果を上げていく」ために、警察学校で一二日間の教養を終えた都職員一〇〇人を、警視庁本部の総務部、警務部、交通部、署の交通課に配置した[29]。

さらに、同年五月一七日には、管轄区域や担当区域などの枠組にとらわれず、機動的な警戒・検挙活動を行い、街頭警察活動を強化するための「警視庁遊撃特別警ら隊」が、二〇〇三年四月一〇日運用開始の「遊撃自動車警ら隊」を名称変更し、設置された。また、同日、合法滞在を仮装する者やこれらを組織的に仲介、幇助をするブローカー等に係る事犯の摘発、取締を推進するために、二〇〇四年二月六日から組織犯罪対策一課と東京入国管理局で構成する「調査・捜査協力プロジェクト」を発展拡充し、全国初の入国管理局との恒常的な連携体制としての「不正滞在対策室」を警視庁に設置した[30]。

このような動きの中、二〇〇四年に入り松沢神奈川県知事は、県職員を県警に派遣するという形ではなく、県職員・教職員を県警が担ってきた防犯指導・交通安全・少年非行防止の分野で、「暮らし安全指導員（仮称）」として配置し、二〇〇四年度で五〇人程度、二〇〇七年度までに二〇〇人を確保して、現場に出る警察官を増やす案を発表した[31]。

続いて二〇〇五年になって、警視庁は「犯罪を抑止するための総合対策の推進」（「街頭・侵入犯罪抑止総合対策の強化」「少年非行総合対策の強化」「安全・安心を実現するための防犯対策の推進」など五項目の推進事項から構成）など年間の重点目標として四項目を設定する。[32]

二〇〇六年に入ると、「治安回復」三か年計画の終了を受け今後も更なる「安全・安心な街・東京」の実現に向けて、一月一日付で全国初の独立所属としての「警視庁犯罪抑止対策本部」（副総監が本部長）を設置した。[33]

4　その他の治安政策

都のその他の治安政策としては、まず、「九・一一事件」や新型肺炎ＳＡＲＳ事件を受け、自然災害のみならず、ＮＢＣ災害（核・生物・化学災害）などの人為的災害も含めた様々な危機に対応する体制を整えつつある。具体的には、二〇〇二年九月一日の「平成一四年度東京都・練馬区合同総合防災訓練」でも、二〇〇三年九月一日の「平成一五年度東京都・日野市合同総合防災訓練」でも、事故による有害物質発生の想定で、東京消防庁・警視庁によるＮＢＣ災害対策訓練が行われている[34]（二〇〇三年の訓練には自衛隊も参加）。そして、都は、二〇〇三年三月三一日に「東京都ＮＢＣ災害対処マニュアル」を策定し、同年四月には災害時に知事を直接補佐し、各局調整機能の強化と関係機関への要請の迅速化を図るため、「総合防災部」を発足させ、新たに「危機管理監」を設置した。[35] また、二〇〇四年六月一四日に、警視庁・東京入国管理局・東京税関・東京消防庁・東京海上保安本部などにより、東京湾で初の「東京港国際テロ対策合同訓練」を実施する。[36] 同年七月には、地下鉄都庁駅前地下広場と新宿中央公園で、「化学テロ」に対応した警察庁・警視庁・総務省消防庁・東京消防庁という全国で初めての国と地方機関の相互連携訓練を実施した。[37] 有事法制整備で進む自然災害から「テロ・有事」までに備える考え（治安担当の警察と防衛担当の「軍隊」との融合化）は、既に東京都では具体的な実行段階に移行しているのである。

また、石原都政一期目では都議会で制定が拒まれた「迷惑防止条例」改正について、二〇〇三年第三回定例会（九月）で再度五条の二を加える改正案が提出された。今度はあらたに冒頭で「正当な理由なく」という文言を加え、濫用防止規定が入ったが、発生原因の列挙を削除し（つまり、原因のいかんを問わず適用対象が拡大された）、「面会要求の反復」が削除される一方で、「粗野又は乱暴な言動」が追加された。したがって、「ストーカー規制法」を越える各種運動や取材などが規制されかねない危険性は変わっていないにもかかわらず、今回は都議会での十分な「根回し」があったのか、改正案は同年一〇月六日に成立する。(38)さらに、性風俗関係の客引き・スカウトなどを新たに禁止する「迷惑防止条例」改正案が二〇〇四年一二月一六日に成立した。

二〇〇四年第一回定例会（二月）では、「東京都港湾設備条例」を全面改正し、「東京都港湾管理条例」制定案を提出した。この案では、第一条に「港湾の適正な利用によって都民の安全を確保すること」という文言を入れ、二二条二項に「船舶の入港により、都民の生命、身体又は財産その他都民生活の安全が害されるおそれが強く、これを防止するために他に適切な手段がないと認められる場合」などに、都知事が港湾施設を使用させないことができるとの規定を入れた。要するに、特定の国籍の船舶などを密輸・密入国や「テロ行為」に関連する「おそれ」があるとして、入港を拒否できることになるのである。(39)とすれば、石原の排外主義・差別主義から、中国・朝鮮などの船舶が入港拒否されかねないことになる。しかし、このような問題がありながらも、三月三〇日に成立する。

さらに、二〇〇四年に入ってからの出来事として、立川テント村弾圧事件（二月二七日）、目黒・社会保険庁職員弾圧事件（三月三日）が起こった。日本の軍事大国化と戦時（イラクへの自衛隊派兵）という中で、警察が政治的な治安弾圧にも力を入れ始めたといえる。

5　二期目の治安政策の特徴

石原都政二期目の治安政策は着々と展開し、特に、二〇〇三年と二〇〇四年が徹底しているといえる。都と警視庁の治安政策は総合的なものであるが、まず気がつくのは来日外国人と青少年対策に力を入れていることである。これは、来日外国人と青少年を「犯罪者予備軍」とみなした治安政策であり、外国人差別と排斥を助長し、家庭や学校が担うべき教育に警察が介入するという問題がある。また、「安全・安心まちづくり」や「テロ対策」などは、警察権限の拡大をもたらすことになりかねない。さらに、警察が市民社会や行政に入り込むことは、「警察の民衆化」「警察の行政化」「行政の警察化」をもたらすばかりでなく、市民も相互に監視しあう「民衆の警察化」ももたらすことになりかねない。

三　都の治安政策の問題点

1　刑法犯の状況

では、実際に都の治安状況であるが、戦後、人口増にほぼ比例するように刑法犯認知件数も推移してきている。一九五七年から一九九八年までは二〇万件から二五万件台の間で増減を繰り返すが、一九九九年から二六万件を越え始め、二〇〇二年には三〇万一九一三件に達する（その後、二年連続して減少し、二〇〇五年は二五万三九一二件）。外国人データが掲載され始める一九九八年と二〇〇二年を比較すると、刑法犯の認知件数が二五万一一八〇件から三〇万一九一三件へ、その内訳は、凶悪犯が一三〇五件から一六四七件へ、粗暴犯が六〇六二件から八六六六件へ、窃盗犯が二〇万八一八九件から二四万八七四件へ、知能犯が四一六三件から六五四一件へ、風俗犯が一一八二件から一三八七件へ、その他刑法犯が三万二七九件から四万二七九八件へと増加している。刑法犯の検挙人員は四万七六三〇人から四万七八二八人（二〇〇五年は五万八八三七人）となっているが、戦後のピークである一九六四年の一一万二七五五人からは長期的に減少傾向にある。刑法犯の来日外国人の検挙件数と検挙人員について、一九九八年と二〇〇五年を比較すると、一九九八年の四七五六件・一四六二人から二〇〇五年の六三二三件・二二八五人となっている。犯罪少年数は一九六三年に最高の二万九三九二人に達したが、二〇〇五年は一万三一六九人へと徐々に減っている。[40]

したがって、データからいえることは、窃盗犯の件数が圧倒的に多く（刑法犯全体の約八割）、また、来日外国人犯罪が増加し、刑法犯の検挙人員に占める犯罪少年の占める割合が目立つため、この部分に焦点を当てて治安政策を立ててきたといえる。しかし、これ自体、東京都・警視庁の独自政策ではなく、政府・警察庁はじめ全国で力点を入れている治安政策である。[41]したがって、昨今の「治安の悪化」論に対しては、まずは認知件数と実数の違い、被害者意識や警察の取締姿勢・状況などの犯罪行為以外の要因による影響も冷静に分析する必要がある。[42]

2　「東京再生」がもたらす「治安の悪化」

「東京都安全・安心まちづくりについての報告書」の中では、「近年の高度技術社会の著しい進展に呼応して、我が国の首都東京では、あらゆる都市機能が集中して、都市化や国際化が加速してきており、東京ではこれら犯罪多発の背景にあるものとして」、「1　地域社会の一体感・連帯意識の希薄化」(「交通機関の発達による社会のスピード化、高層マンション等の増加に見られるような住宅構造の変化」など)、「2　遵法意識・遵法精神の低下」(「家庭において、子どもに対するしつけが十分にできていないこと」など)、「3　ライフスタイルの変化に伴う自己中心主義の風潮」(「個性的に生きることと自分勝手に生きることを取り違えている人が増え、地域社会に対する帰属意識を低下させている［こと］」など)、「4　犯罪の実行を容易にする社会環境の出現」(インターネットや携帯電話の犯罪への悪用など)、「5　少年非行の深刻化」、「6　来日不良外国人の暗躍」、「7　長引く不況による経済情勢の悪化」(失業者の増加や生活の困窮など)をあげている。[43]

しかし、この「報告書」には、「治安の悪化」(刑法犯認知件数の増加と検挙率の低下)を招いている原因の一部を隠蔽し、原因にメスを入れる視点はない。すなわち、以前から指摘されてきている警察と暴力団・特定業界との癒着問題、全国で相次ぐ不祥事による市民の信頼低下と警察の士気の低下、警備・公安警察偏重などの視点である。そのような警察サイドの問題には目をつぶり、治安の回復の責任を国民に転嫁しているのが特徴である。また、「報告書」には、東京で進む都市化、交通機関の発達、高層マンション等の増加や、全国で進む経済情勢の悪化そのものを改善する視点もない。逆にそれらを積極的に進めるが故に、犯罪が多発するから、治安強化で対抗しようという姿勢を打ち出している(グローバリゼーションは避けようがないが、これにより来日外国人が増えるのは当然のことである)。

さらに、具体的に石原都政を見てみよう。石原は「財政の危機」に対しては、都民・企業との協働、スピードの重視、コスト意識の徹底、成果の重視をあげる。これが現実には、職員の給与カット、職員定数の削減、成果主義に基づく人事給与制度の確立、民営化・民間委託・民間活力、ボランティア・NPO・都民・市区町村への肩代わり、行政の活動領域の限定による「小さな政府」化、公共料金の値上げとして改革が進められている。(44)

「都市機能の危機」に対しては「都市再生」を掲げるが、現実の政策は首都高速中央環状線の内側の地域（都心・副都心・品川を拠点とした地域）の「センター・コア・エリア」を中心とした規制緩和、大規模プロジェクト、土地の有効利用・高層化による交通網の整備（首都高中央環状線・外環道・圏央道の整備、羽田の国際空港化など）、職住近接・都心居住のための高層マンション等の建設、臨海地域の再編整備などである。そして、首都機能の移転には反対し、東京圏の骨格的な都市構造を「環状メガロポリス構造」と称して開発を進めようとしている。(45)「報告書」でいう「都市化」の問題である。(46)

そして、ここで将来の東京を担う人間像としては、後で言及する「心の東京革命」を通じて大人になった「新東京人」とされ、「ライフビジョン」と「キャリアビジョン」を持ち、「自ら望む生き方を実現させている人」（他に、「高い使命感をもって行動し、社会に貢献できる人」「公共の福祉と個人の利益との調和を考え、個人の義務や責任を自覚して行動できる人」「日本人としての誇りとアイデンティティを持って、国際的視野に立ち行動できる人」）が想定されている。(47)要するに、これからの社会に「勝ち組」として残れるような上層市民中心の都市構想である。

「福祉の危機」に対しては、「措置」から「契約」、民間活力の導入、自助・共助の強調、自立を掲げる。この現実の政策としては、老人ホーム・児童養護施設・障害者施設の廃止・統合・規模縮小・民間移譲、シルバーパスの全面有料化、老人医療費助成・老人福祉手当の段階的廃止、障害者の医療費助成・福祉手当の所得制限の強化、私立保育園などへの補助金削減である。「報告書」でいう「生活の困窮」を押し進めかねない政策である。

「教育の危機」に対しては、「心の東京革命」を掲げる。これは、少子化、情報化、物質的豊かさと都市化の進展、個人主義・平等主義のはき違え、教育力の低下による子どもの問題行動・逸脱行動の増加に対して、家庭・学校・地域・社会全体で道徳教育を実施していこうというものである。(48)一方で、都立高校の学区制廃止・評価制度の導入など競争原理の導入も見られる。ここには少年の非行・犯罪を生み出すことになりかねない競争原理を是正しようとする視点がなく、逆に、競争原理の導入による少年の非行・犯罪に対処するために道徳など規範意識を注入しようとしている。(49)

したがって、「治安の悪化」を引き起こす一因でもある石原都政にメスを入れず、逆に諸改革を進めるからこそ、それにより生じる「治安の悪化」に治安の強化で対抗していくのである。(50)

3　石原の個性と結びつき加速される改革

石原都政は、必ずしも石原個人の性格により全面展開されているわけではなく、基本的には東京における開発や東京版新自由主義改革である「都政の構造改革」を進める都庁官僚と、その帰結による「治安の悪化」に対処する警視庁の意向に沿って展開されているものである。「『国民的競争国家』型の経済政策と権威主義的な共同体秩序による社会統合政策を提起し、また都市政策という限定つきの既成支配層批判を展開して、これらが支配層の一定の部分から支持された(51)」石原が、社会の上層市民を支持基盤に、新自由

主義的政策を実行してきているといえる。(52)

そういう中で、治安政策についてみれば、石原が「根回し」を怠った原宿大規模留置場構想などは失敗に終わるが、国などの支援も受けつつ石原らしさを出した「ビッグレスキュー」もある。しかし、着々と進む二期目の治安政策を見ると、国や他の自治体の先陣を切る治安政策もあるが、基本は警察サイドの路線に乗っているといえる。警察が東京の取組を全国のモデルとして活用できるし、石原を前面に出すことで警察肥大化批判をかわし、石原のキャラクターを治安政策で活用しているともいえる。(53)

一方で、注意しなければならないのは、石原の個性と国民の「不満」「ストレス」が同調する場合である。「強い父親」＝「父性」を家庭でも社会・国家においても復活を目指す石原の権威主義的発想(54)や「強い国家」観、数々の差別発言や軽々と「ヒトラーになりたいね、なれたら。(笑)」(55)と発言する石原の排外主義的感覚や煽動者的性格から考えると、今後、より少年への価値観の注入や抑圧、特定の定住外国人・来日外国人への差別と弾圧（関東大震災時には「自警団」が朝鮮人弾圧を行った）が起こりかねない。石原都政の治安政策の危険性については、単に石原個人の性格に帰するものとして捉えるのではなく、それを支持する「民衆の気分」(56)と共に注意していく必要があるであろう。

（1）渡辺治・斎藤貴男・進藤兵・中西新太郎「座談会　石原慎太郎とは何か」ポリティーク八号（旬報社、二〇〇四年）

八頁以下。

(2) 東京都『危機突破・戦略プラン——21世紀への第一ステップ——』(一九九九年) 五六頁以下。

(3) 東京都『東京構想2000——千客万来の世界都市をめざして——』(二〇〇〇年) 一四〇頁以下。

(4) 毎日新聞二〇〇〇年四月一一日朝刊。

(5) 日本経済新聞二〇〇〇年九月四日朝刊。

(6) 石原慎太郎インタビュー (聞き手　井尻千男)「首都機能移転は歴史への冒涜だ」Voice一九九九年八月号 (PHP研究所) 四二頁・四三頁。

(7) 「ビッグレスキュー東京2000」を検討するものとして、自由法曹団東京支部編『暴走！　石原・自衛隊——9・3「三軍」統合演習監視行動レポート——』9・3三軍統合演習の中止を求める連絡会 (二〇〇〇年)、久慈力『防災という名の石原慎太郎流軍事演習』あけび書房 (二〇〇一年) など。

(8) 「ビッグレスキュー東京2001」を検討するものとして、井上澄夫「あらためて問う『ビッグレスキュー』の意味」インパクション一二六号 (インパクト出版会、二〇〇一年) 三八頁以下、猪井克哉「ビッグレスキュー東京2001緊急ルポ」月刊東京二〇〇一年一〇月号 (東京自治問題研究所) 一三頁以下など。

(9) 東京都『防災のしおり』(二〇〇〇年) 三一頁。

(10) 「震災対策条例」を検討するものとして、自由法曹団東京支部『防災演習・震災予防条例問題についての要望意見書』(二〇〇〇年)、自由法曹団東京支部『東京都震災予防条例改正案 (震災対策条例案) についての意見書』(二〇〇〇年) など。

(11) 原宿大規模留置場構想を検討するものとして、自由法曹団東京支部『原宿大規模留置場建設構想についての意見書』(二〇〇二年)、佐藤銀重「住民の意思を踏みつぶす東京都の原宿大規模留置場建設構想」月刊東京二〇〇二年一〇月号 (東京自治問題研究所）七頁以下など。ただし、後で見るように、この構想は復活する。

(12)「迷惑防止条例」を検討するものとして、自由法曹団東京支部『迷惑防止条例「改正」案についての意見書』（二〇〇二年）、自由法曹団東京支部『迷惑防止条例「改正」第5条の2（「つきまとい行為等」の規制）にたいする意見書』（二〇〇二年）など。

(13) 東京都『ジュリアーニ市政下のニューヨーク』（二〇〇二年）。この中の、一三頁以下で、「割れ窓理論」や警察官増員などをはじめとするニューヨーク市の治安強化の取組を紹介している。

(14) 日刊警察二〇〇一年五月二二日。

(15) 小谷洋之「全国に広がる警察の防犯カメラ」週刊金曜日二〇〇二年一二月一三日号（株式会社金曜日）八頁以下参照。なお、その後、警視庁設置の「街頭防犯カメラシステム」は、二〇〇四年三月二二日に渋谷センター街に、二四日に池袋駅西口にも設置され、さらに設置個所の拡大が見られる。

(16) 自治体危機管理研究会編『自治体職員のための危機管理読本』（都政新報社、二〇〇二年）。

(17) 本書第二部第六章参照。

(18) 東京都『平成16年度重点事業』（二〇〇三年）二頁。

(19) 前掲註（18）二六頁以下。

(20) 東京都『平成17年度重点事業』（二〇〇四年）三〇頁以下。

(21) 東京都『重要施策及び平成18年度重点事業』（二〇〇五年）四〇頁以下。

(22) 東京都『平成19年度重点事業（二〇〇六年）四三頁。

(23) 東京都『都政２００２』（二〇〇二年）一六頁以下及び東京都『都政２０００』（二〇〇〇年）一六頁以下。

(24)東京都『都政２００４』(二〇〇四年)四〇頁以下。
(25)東京都『都政２００６』(二〇〇六年)三六頁以下、一三六頁以下。
(26)朝日新聞二〇〇三年五月二三日朝刊。
(27)日刊警察二〇〇四年三月二九日。
(28)日刊警察二〇〇四年四月五日。さらに、二〇〇五年度には五名の増員が行われた。
(29)日刊警察二〇〇四年四月一五日。
(30)日刊警察二〇〇四年五月一八日。その他、都の治安政策については、竹花豊「東京都における緊急治安対策について」警察学論集五七巻一号(立花書房、二〇〇四年)五三頁以下参照。
(31)神奈川新聞二〇〇四年一月七日。
(32)日刊警察二〇〇五年一月一六日。
(33)日刊警察二〇〇六年一月一一日。
(34)二〇〇三年の訓練を検討するものとして、防災問題研究会『東京都・日野市総合防災訓練監視報告』(二〇〇三年)。
(35)前掲註(24)四二頁以下参照。
(36)日刊警察二〇〇四年六月二二日。
(37)日刊警察二〇〇四年七月三〇日。
(38)「迷惑防止条例」改正問題を検討するものとして、自由法曹団東京支部『迷惑防止条例「改正」に反対する意見書』(二〇〇三年)など。
(39)「港湾管理条例」を検討するものとして、自由法曹団東京支部「東京都港湾設備条例の全部改正に伴う同改正案(東京都港湾管理条例案）22条に反対する決議」（二〇〇四年）など。

(40) 以上、警視庁『警視庁の統計』一九九八年（平成一〇年）版（一九九九年）から二〇〇五年（平成一七年）版（二〇〇六年）までのデータから引用。

(41) 例えば、二〇〇三年八月に警察庁が策定した「緊急治安対策プログラム」や、「犯罪対策閣僚会議」が同年一二月に策定した「犯罪に強い社会の実現のための行動計画――『世界一安全な国、日本』の復活を目指して――」など。

(42) 本書終章二八二頁以下参照。

(43) 東京都安全・安心まちづくり有識者懇談会『東京都安全・安心まちづくりについての報告書』（二〇〇三年）四頁以下。

(44) 東京都『都庁改革アクションプラン』（二〇〇〇年）、東京都『第二次都庁改革アクションプラン』（二〇〇三年）。

(45) 前掲註（3）四七頁以下。

(46) この石原都政の「都市化」「開発政策」を批判的に検討するものとして、武居秀樹「石原都政と多国籍企業の拠点都市づくり――『世界都市＝東京』の矛盾」前掲註（1）六四頁以下、小川明雄「（特集　石原都政8年を検証する）検証――公共事業と都市計画」世界二〇〇六年一〇月号（岩波書店）一三〇頁以下など。

(47) 前掲註（3）四〇頁。

(48) 東京都『心の東京革命行動プラン――次代のために、行動は今――』（二〇〇〇年及び二〇〇三年改訂版）。

(49) この石原都政の教育政策を批判的に検討するものとして、拙稿「東京都政に見る教育基本法改正の先取り政策――新自由主義改革と規範意識注入問題に焦点をあてて」軍縮地球市民臨時増刊（『教育基本法改正案を問う。愛国心は必要か?』）（明治大学軍縮平和研究所、二〇〇六年）一二五頁以下など。

(50) その他、石原都政を検討するものとしては、氏家祥夫「変容する巨大都市東京――石原都政がめざすものは何か――」

月刊東京二〇〇〇年七・八月号（東京自治問題研究所）一四頁以下、石原慎太郎研究会『ここがヘンだよ石原都政』（現代書館、二〇〇〇年）、『特集　石原都知事批判』世界二〇〇〇年一〇月号（岩波書店）八〇頁以下、福田行夫・森田稔『緊急企画　石原都政21世紀戦略解析』月刊東京二〇〇一年四月号（東京自治問題研究所）二頁以下、『特集　石原慎太郎批判』インパクション一二六号（インパクト出版会、二〇〇一年）一一頁以下、石原慎太郎研究会『検証・石原政権待望論』（現代書館、二〇〇二年）、自由法曹団東京支部編『なんだったの石原都政　憲法と民主主義の眼から』（二〇〇二年）、『特集　漂流する「世界都市」東京──石原都政８年を検証する』世界二〇〇六年一〇月号（岩波書店）一一三頁以下など。

(51) 進藤兵「権威主義的ポピュリズムとその基盤」ポリティーク四号（旬報社、二〇〇二年）九八頁。

(52) 中西新太郎（インタビュー）「都知事・石原慎太郎の政治手法──権威的ポピュリズムとそのパフォーマンス──」月刊東京二〇〇二年一〇月号（東京自治問題研究所）二頁以下、前掲註（1）参照。

(53) なお、石原都政二期目を中心に都の治安政策を検討するものとして、拙稿「（特集　石原都政８年を検証する）検証──治安政策」世界二〇〇六年一〇月号（岩波書店）一五〇頁以下。

(54) 石原慎太郎『「父」なくして　国立たず』（光文社、一九九七年）参照。

(55)「対談　石原慎太郎 vs 石川好」論座二〇〇一年五月号（朝日新聞社）二一頁の石原発言。

(56) 拙稿「石原知事発言　黙認する社会の危うさ」朝日新聞二〇〇六年九月二六日朝刊。

第三部　「安全・安心まちづくり」と「生活安全条例」の批判的検討

第八章　「安全・安心まちづくり」の批判的検討

はじめに

これまで第一部と第二部で「安全・安心まちづくり」論がどのように生成・具体化し、実際にどのような「地域安全活動」が地域で取り組まれ、どのような「生活安全条例」が制定されてきたのかを見てきた。そこで本章では、このような地域で実際に取り組まれている「地域安全活動」や「生活安全条例」を生みだしている「安全・安心まちづくり」という治安政策について、理論的な考察を行いたい。具体的には、この「安全・安心まちづくり」とはどのような理論から構成されている治安政策なのか、どのような効果があるのか、どのようなインパクトを与えているのかについて検討する。

一　「安全・安心まちづくり」の思想

1　二つの「完成型」「生活安全条例」

自治体における「安全・安心まちづくり」の推進にあたって、法的効果をもたらす「生活安全条例」には様々な種類があるが、一つの到達点を示している（かなりの「完成型」ともいえる）のが、第二部で扱った都道府県条例では東京都条例（二〇〇三年七月制定）であり、市区町村条例では東京都の千代田区条例（二〇〇二年六月制定）である。ここであらためて両者の条例の特徴を簡単に再確認し、検討してみたい。両者はそれぞれ以下のような視点に立って具体化された。

① 東京都条例の場合

まず、東京都条例の場合は以下の通りである。

「住民の連帯意識の希薄化、規範意識の低下、国際犯罪組織の進出などの社会をとりまく状況の変化に伴い、東京都内における犯罪の認知件数は増加の一途をたどり、都民生活に重大な影響を及ぼしかねない事態に至っている。また、犯罪の傾向も国際化、組織化、巧妙化が顕著で、警察による捜査や未然防止活動も困難の度合いを強めている」「『体感治安』を回復し、都民が安全で安心して暮らせることを実現するためには、警察のみならず、東京都、区市町村、事業者、ボランティア、さらにはすべての都民が一体となって、自主的な防犯活動の推進や犯罪防止に配慮した環境の実現など、犯罪のないまちづくりに関する取組を展開することが不可欠であるとの認識に至った」(1)。

このような視点に立つ東京都条例は、都に「安全・安心まちづくり」の総合的な施策を実施する責務を課し、都民と事業者は「安全・安心まちづくり」の推進と都の施策協力に努めるものとし、都・都民・事業者等に住宅、道路・公園・駐車場、金融機関・深夜営業小売店舗、学校で警察と「協働」して「犯罪の防止に配慮した構造、設備等」の具体化を迫る内容となった。

② 千代田区条例の場合

また、千代田区条例の場合は以下の通りである。

「千代田区は、区民とともに、安全で快適な生活環境を護るため、ごみの散乱防止を始め、諸施策を実施してきた。しかし、公共の場所を利用する人々のモラルの低下やルール無視、マナーの欠如などから、生活環境改善の効果は不十分である。生活環境の悪化は、そこに住み、働き、集う人々の日常生活を荒廃させ、ひいては犯罪の多発、地域社会の衰退といった深刻な事態にまでつながりかねない」「今こそ、千代田区に関わるすべての人々が総力を挙げて、安全で快適な都市環境づくりに取り組むときであり、区民や事業者等すべての人々の主体的かつ具体的な行動を通じて、安全で快適なモデル都市千代田区をつくっていこう[2]」。

このような視点に立つ千代田区条例は、「不特定多数の者が利用する施設」の所有者・建築予定者に「防犯カメラ」の整備等防犯対策の努力義務を課した（この際、区は当事者が警察署と協議するよう指導する）ことのほか、路上喫煙、空き缶・吸い殻等のポイ捨て、落書き、置き看板等の放置、犬猫等のふんの放置等、チラシ等の散乱、善良な風俗を害する活動など多岐にわたる事項の禁止を規定している。

③　警察庁生活安全局の設置

ところで、「生活安全条例」を推進してきた中心組織は、一九九四年の警察法改正により警察庁に設置された生活安全局である。同局は、「犯罪情勢の悪化の背景には、近年における都市化や国際化、ボーダレス化等の社会情勢の変化による住民の連帯意識の希薄化、匿名性の増大等が、地域社会の結び付きを脆弱化させ、これまで地域社会に内在していた犯罪抑止機能が働かなくなっている[3]」という認識を背景に設置され、「この局の特徴は、従来の保安局、保安部の所掌とは異なり、その事務の第一順位に『犯罪、事故その他の事案に係る市民生活の安全と平穏に関すること』（警察法二二条一号）を追加したことにある。いわば、『個人の権利と自由を保護』（警察法一条）する活動を『市民生活』という最も基盤的、原初的観点に立って実践することを第一義的に宣明したことに、局の存在意義が示されている」[4]とされた。

しかし、「生活安全条例」制定も生活安全局設置も、その背景にある社会の変化の問題点（例えば、「都市化」や「国際化」をもたらしている新自由主義改革やグローバリズム）に触れず、原因を個人の意識問題にすり替え、解決策を「市民による市民のための」取組と描いている。この警察の戦略を分析し、その問題点を検討する必要がある。

2　背景にある二つの施策と四つの理論

①　「犯罪防止に配慮した環境設計活動」（ハード面）と「地域安全活動」（ソフト面）

二〇〇三年一月から全国の警察で「街頭犯罪・侵入犯罪抑止総合対策」を掲げ、「安全・安心まちづくりの推進」を展開している。これには「犯罪防止に配慮した環境設計活動（ハード面の施策）の推進」と「地域安全活動（ソフト面の施策）の推進」の二つがある。[5]

②　「環境設計による犯罪予防」

まず、「ハード面」の「犯罪防止に配慮した環境設計活動」は、アメリカにおける「環境設計による犯罪予防（CPTED:Crime Prevention through Environmental Design）」を参考にしたものである。アメリカでは、一九六一年に建築ジャーナリストのJ・ジェイコブス、一九七一年に犯罪学者のC・R・ジェフリー、一九七二年に都市計画専門家のO・ニューマンらの著作で提唱され、連邦司法省を中心に研究が進められ、一九八〇年代以降に導入されてきたものである。同様の考え方はイギリスでも提唱され、一九七〇年代以降に内務省を中心に研究が進められ、導入されてきた「状況的犯罪予防（Situational Crime Prevention）」がある。これらは、「監視性」「領域性」「接近の制御」「被害対象の強化・回避」の四つの基本的な手法を踏まえて、道路、公園、駐車・駐輪場、公衆便所、共同住宅における見通しの確保と監視カメラ等防犯設備の整備を要求するものである。(6)

このようなアメリカ・イギリスの理論を参考に、日本では行政法・刑事法・建築学などの研究者や建築業界関係団体、自治体などの研究の成果を受け、警察庁は建設省（現国土交通省）と協議の上、二〇〇〇年に「安全・安心まちづくり推進要綱(7)」を制定する。これを受けて全国で展開しているのが、警察による「街頭緊急通報システム（スーパー防犯灯）」や「街頭防犯カメラシステム（コミュニティセキュリティカメラシステム）」などの設置と、警察の関与の下で進む店舗・住宅・駐車場等の監視カメラの設置である。特に後者に関しては、同要綱が「犯罪防止に配慮した環境設計活動」による「安全・安心まちづくり」について、「警察のみでその推進を行えるものではなく、自治体関係部局はもとより、防犯協会、ボランティア、地域住民等と問題意識を共有し、その理解を得て、推進することが必要である」（要綱の「第一『安全・安心まちづくり』の意義」）としていることから、この取組には「生活安全条例」の制定とそれに基づく「生活安全推進協議会」等の活用が求められている。(8)

③　「コミュニティ・ポリシング」

一方、「ソフト面」の「地域安全活動」は日本で一九九三年に登場する概念であるが、一九七〇年代以降、特に一九八〇年代以降にアメリカで採用されるようになった「コミュニティ・ポリシング（Community Policing）」を参考にしている。この考えは、地域の安全確保のために警察が地域社会に入り、住民・ボランティア団体、自治体などと協力しながら警察活動を行おうというもので、事件・事故の事後よりは発生前の予防先行的活動が特に求められている。(9) そして、「九つのP」として、以下のように定義されている。「コミュニティ・ポリシングとはフィロソフィ（philosophy）であり、個々の顔を持った（personalized）警察官による警察活動（policing）であり、特定の警察官によるパトロール（patrols）等の活動が同一の地域で定着性（permanent）を持って地域の特定の場所（place）を根拠として行われるものであり、事件・事故の事後よりは、むしろその発生前の段階から予防先行的（proactive）に、民間協力（partnership）の下で、様々な問題（problems）を把握し解決することを目的として行われるものである(10)」。

④　「割れ窓理論」と「ゼロ・トレランス」

また、「コミュニティ・ポリシング」と関連して主張されるのは、「社会安全政策上の理論」としての「割れ窓理論（Broken Windows Theory）」と「犯罪対策の名称ないしスローガン」としての「ゼロ・トレランス（Zero Tolerance）」である。(11)

「割れ窓理論」とは、「ビルの窓が割れたまま放置されていれば、そのビルには管理が行き届いていないことが明らかになる。他人の管理下にない財産はいたずらや犯罪の格好の餌食になり、瞬く間にビル全体、さらに地域全体がすさんでいく」という考えで、「従来の刑事政策を個人主義的視点に立っていると批判し、共同体的視点への転換を主張［し、］……社会の安全や生活の質は、私有財産・身体・生命といった個人的法益の集積に過ぎないのではなく、それを越えた共同体の劣化の有無に依存している」[12]という考え方である。アメリカでは一九八二年に政治学者のJ・Q・ウィルソンと犯罪学者のG・L・ケリングが提唱したもので[13]、一九九四年にニューヨークのジュリアーニ市長が採用したことで有名である。

これに対して「ゼロ・トレランス」は、「重大犯罪と同様に迷惑犯罪（nuisance crimes）を厳しく取り締まるというもの[14]」である。ジュリアーニ市長は「ゼロ・トレランス」も採用したとよく言われるが、提唱者自身、「『割れ窓』を『ゼロ・トレランス』と等置するのは誤りである[15]」としている。

日本の警察サイドも、「日本であれば軽犯罪法や条例違反に相当するような行為を積極的に検挙していくことになるので、その結果として、刑事司法制度の処理能力との相克、警察官の職務執行スタイルの変質、警察活動に対する苦情の増加、住民の警察イメージの変化等が生じることである。そうしたマイナス要因を上回る効果を挙げることができるかどうかは、それぞれの社会によって異なるであろう。アメリカ社会に適合的な戦略が、他の社会でも有効だとは限らない[16]」としている[17][18]。したがって、当初警察サイドは、「コミュニティ・ポリシング」と「ゼロ・トレランス」は二者択一の問題とし、どちらをとるかは「予期される効果と副作用の両面をにらみつつなされる政策判断[19]」としていた。

3　条例による四つの理論の具体化

以上、四つのアメリカ・イギリスの理論が「安全・安心まちづくり」の二つの施策にいかされているのだが、警察サイドは、「地域安全活動の推進を図る上で、この種条例を制定することは必ずしも必須の要件ではない。……要は、地域の安全という基本的価値を実現するため、警察として各方面への働き掛けを強める過程で、自治体や議会関係者等の理解が得られれば、地域安全活動の効果的推進を図るための環境づくりの一環として、『生活安全条例』の制定があり得るということである。『生活安全条例』が制定されれば、自治体及び住民の責務が明確になるとともに、協議会等の場を通じて示された住民の要望・意見等が市町村長に対し提言されることとなり、そうした仕組みが、地方自治の本旨に基づく自治立法たる条例により規定されることは、その後における恒常的かつ安定的な活動を担保する意味で極めて意義深いと考えられる」[20]とし、実際に、条例の制定が「地域安全活動」を推進しやすくしている。[21]したがって、条例が制定された場合には、必ず「コミュニティ・ポリシング」の理論は挿入されているのである。

それに対して、「ゼロ・トレランス」については、全文五〜一〇条程度のこれまでの理念型条例では全く規定していなかったが、最近の千代田区条例のようにかなり広範な禁止・罰則規定を置く条例が出てきた。[22]「環境設計による犯罪予防」についても、市区町村レベルの理念型条例では規定されていなかったが、千代田区条例のように規定するものも出はじめ、都条例のように都道府県条例では挿入されるのが一般的になりつつある。「ゼロ・トレランス」も「環境設計による犯罪予防」も条例に規定する都道府県条例は大阪府条例であるが[23]、これは少数派で、多数派の代表例が「環境設計による犯罪予防」だけを規定する東京都条例[24]である。一方、市区町村条例では千代田区条例がかなり完成されたものといえる。

なお、二〇〇三年八月発表の警察庁の「緊急治安対策プログラム[25]」で言及されている「街頭緊急通報システム（スーパー防犯灯）及び子ども緊急通報装置の更なる整備」や「公共空間や住宅設備面での防犯対策」

が「環境設計による犯罪予防」、「地方公共団体、ボランティア等との連携」「地域コミュニティとの密接な関連」が「コミュニティ・ポリシング」、「軽犯罪法や条例違反等の違反行為に対する適切な指導取締り」が「ゼロ・トレランス」に該当する部分であるといえる。

二　「安全・安心まちづくり」の効果

1　「犯罪防止に配慮した環境設計活動」の効果

①　警察側から見た場合の効果

「安全・安心まちづくり」として警察庁が諸施策を掲げることで、この間、具体的な基準作りを行ってきた。例えば、一九九九年に「金融機関の防犯基準」（一九七九年策定）及び「現金自動支払機（ＡＴＭ）等の防犯基準」（一九九一年策定）を見直し、金融機関にデジタル式録画装置等の導入による防犯設備の改善・強化を求め、また、新たに「コンビニエンスストア等深夜スーパーマーケットの防犯基準」を策定し、店舗等に深夜時間帯における複数勤務等による防犯体制の強化、駐車場等に向けた「防犯カメラ」の設置等の店舗の構造や「防犯カメラ」等の設置による防犯設備を求めることとなった[26]。

そして、二〇〇〇年には「安全・安心まちづくり推進要綱」が策定される。これにより、この内容が条例に盛り込まれる場合もあれば、条例とは関係なく各都道府県警察や警察署が民間企業の業務に介入することになる。本来、店舗や施設内は純粋な公共空間とはいえず、どのような防犯対策を行うかはそれぞれ所有者・使用者の判断に委ねられているはずであるが、「基準」作りとそれに基づく「指導」は、対象者の財産権・営業の自由を考慮することなく警察権限の拡大をもたらす効果を引き起こす。

② 警察設置カメラの効果

次に警察設置のカメラであるが、「スーパー防犯灯」や「街頭防犯カメラシステム」の場合は、警察が遠隔操作できるカメラを街頭に設置し、「スーパー防犯灯」の場合はそこに通報装置があることを明示するため、事件発生後の犯罪解決と設置場所における犯罪抑止には一定の効果が期待できる。しかし、本当に犯罪を犯そうとしている者にとっては設置場所以外で犯罪を犯せばいいだけで、全国隈無く設置しない限り、トータルで見た場合の犯罪解決効果も犯罪抑止効果も疑問である。[27] 例えば、二〇〇一年度及び二〇〇二年度に国費で全国二〇地区に二四〇基の「スーパー防犯灯」を設置しているが、これについての「事業評価書」が作成されている。これによれば、二〇〇一年度設置の一〇地区における二〇〇三年中の刑法犯認知件数は二〇〇一年と比較して五地区で減少、四地区で増加、一地区で増減なし、二〇〇二年度設置の一〇地区における二〇〇三年中の刑法犯認知件数は二〇〇二年と比較して八地区で減少、二地区で増減なしという。一方で、設置二〇地区二四〇基における二〇〇三年の活用件数が一八件に対して、いたずら・誤報の件数は八三〇件となっている。[28] 全国二四〇基の一年間の稼働で、活用件数に対するいたずら・誤報の件数の多さが目につく。

一方で「スーパー防犯灯」を設置した地区の住民に対する意識調査では、「地域の安全を守るためにすべきこと」として、「スーパー防犯灯をつける、又は増やす」という回答が三七・一％に対して、「警察にパトロールの強化を要望する」という回答が六一・九％。居住地の付近に「スーパー防犯灯」が設置されていることを知っていた者（五〇・三％）のうち、設置によって「いつでも警察に通報できるので安心になった」と回答しているのが四六・三％となっている（すなわち、設置地区住民のうち「スーパー防犯灯」により「安心になった」と考える住民は約四分の一）[29]。ここからいえる設置効果としては、目に見える形で警察の取組を地域住民に示すという心理的な効果（まさに「安心感」効果）が若干はあるということと、セキュリティ産業の市場拡大という効果をもたらすということである[30]。

③　民間設置カメラの効果

これに対して、警察以外が設置する監視カメラ（自治体・防犯協会・商店会等が街頭に設置するカメラ、銀行・コンビニ・鉄道会社等私企業が施設内に設置するカメラ、管理組合・所有者等が（共同）住宅内に設置するカメラなど）には、カメラの形体や設置方法により効果は異なってくる。誰もがカメラと認識できる形状のものだったり、設置を認識できる表示があれば、犯罪抑止効果が高まる。一方で、ドーム型カメラのように認識しづらい形状のものだったり、設置を認識できる表示がなければ、犯罪解決効果が高まる。また、前者の場合の方が、街頭の通過者・施設の利用者・住宅の居住者には「安心感」をもたらし、ここでもセキュリティ産業には販路拡大を保障する[31]。

④　犯罪抑止・解決以外の効果

以上、全体についていえることは、「常に誰かに見られているかもしれない」という意識を生み出せば、一定の犯罪抑止効果と「安心感」効果はあると考えられる。しかし、実際に監視カメラは全国隈無く設置しなければ、犯罪解決効果も犯罪抑止効果も十分に確保できない。注意が必要なのは、特に職場や学校の「防犯カメラ」は外部からの「不審者」「犯罪者」のみならず、内部の職員・教員・子どもへの「監視カメラ」にも転化しうる点である。

さらに、市民が「いたる所にカメラが設置されつつある」「しかし、どこにカメラがあるか完全にはわからない」という意識を持つようになれば、「常に誰かに見られているかもしれない」という意識を内面化し、犯罪抑止に効果をもたらすばかりでなく、「不審者」「犯罪者」と思われない行動様式を自ら行わせることにも成功する。

2　「地域安全活動」の効果

①　警察側から見た場合の効果

昨今、「生活安全条例」の制定をきっかけに、または条例が存在しなくても各地で展開されているのは、警察と地域とが一体となった「地域安全活動」の具体化である。そこには、本書第一部第三章で紹介した地域住民の「自発的」な防犯活動（自警団的パトロールや「民間交番」の設置など）や、警察と警備会社・コンビニ・タクシー会社・新聞販売店・郵便局など各種事業者・法人等との「安全・安心」に関する「協定」「覚書」締結による「ネットワーク」作りがある。これにより、警察は提携先に日常から事件・事故・「不審者」情報を提供し、提携先は業務中に「防犯パトロール」の役割も担わされ、実際に事件・事故に遭遇したり、「不審者」を目撃した場合には、警察に通報することになる。このような「ネットワーク」構築は、警察が私企業なども「警察の目」の代わりにすることを可能とし、警察の統制を強化する効果をもたらす。

②　提携先の効果

提携先の効果についてであるが、まず、地域住民の防犯活動時や防犯活動区域内においては一定の犯罪抑止効果はあると思われる。一方で、武器と専門技術と法による裏付けを有しない素人の活動であるため、いざ事件に遭遇した場合の犯罪解決能力は疑問であり（特に地域で見かける主婦やお年寄りによる活動など）、実際に防犯活動参加者が事件・事故に巻き込まれた場合の補償体制を整備していない場合は、無責任ともいえる。しかし、このような活動の効果として期待できるのは、パトロールや「交番」活動に参加する住民への影響である。活動を通じて、参加者自身の逸脱行動を防ぎ、「公的活動」に関わる満足感・使命感が生まれ、「よき地域住民」としての意識を注入することもできる。

次に、警察と各種事業者・法人等との「ネットワーク」構築についてであるが、「協定」「覚書」が締結されていなくても、事件・事故時や「不審者」発見時に、一般的に目撃者からの通報は期待できる。しかし、あえて「協定」「覚書」を締結することの効果は、そのような通報が提携先職員等の「責務」と認識させ、確実に通報が期待できることであり、さらには職員等の逸脱行動を防ぎ、職員等に「よき職業人」としての意識が芽生えることである。

③　家庭の子どもを利用することの効果

さらに、最近の注目すべき取組は、本書第一部第三章で紹介した宮城県警の「防犯マン推奨運動」である。(32) 各家庭や職場で防犯活動の中心的人物を定めるよう呼びかける「防犯マン」の活動は、「家庭や事業所における戸締まり点検」「自転車など乗り物の施錠等の確認」「防犯に関する話題提供」「隣近所との連携」

「防犯関連行事への積極的参加」の五項目である。したがって、実際の防犯抑止効果がどの程度あるのかは定かでない。しかし、警察の狙いが端的に現れているのは、家庭では小・中学生を選ぶように呼び掛けている点である。要するに、少年に規範意識を身に付けさせ、少年の逸脱行動を防ぐ効果があると同時に、家族の逸脱行動を少年の「まなざし」を通じて防ぐという効果もあるのである。

3　「超管理社会」の到来

「犯罪防止に配慮した環境設計活動」と「地域安全活動」の全国展開は、監視カメラにしろ人の目にしろ、人々に「常に誰か（カメラを含む）に見られているかもしれない」という「不可視のまなざし」に絶えずさらされている（かもしれない）という意識を持たせ、「全知全能のまなざし」を内面化することで、人々の逸脱行動を防ぎ、特定の規範に従った行動をとるようにさせる。しかも、これは「ビッグ・ブラザー」型の全体主義的中央集権管理社会をもたらすものではない。偏在していた「まなざし」は遍在し、警察官だけでなく郵便職員からも子どもからも投げかけられ、警察や行政さらには市民による権力の分散と重層的な監視ネットワークが広がる「超《ハイパー》管理社会」に移行するのである(33)。

三　「安全・安心まちづくり」のインパクト

次に、「生活安全条例」を含む「安全・安心まちづくり」がもたらす重要な二つのインパクトについて検討したいと思う。それは、公権力の私的領域への介入と権力による価値の注入である。それを媒介・助長するのが行政警察の拡大（思想）である。

1　行政警察の拡大

①　行政警察拡大の流れ

本書第一部第一章で検討したように、戦後、日本の警察は内務省の解体、警察の地方分権化、行政警察の大幅な縮小、司法警察の拡大により再出発したが、「逆コース」以降は中央集権化、警備・公安警察の偏重を進め、「公共の安全と秩序の維持」（警察法二条一項）のための活動に力を入れ始める。さらに、一九八〇年代以降は、「風営法」「暴力団対策法」「組織的犯罪対策立法」「団体規制法」などによって、警察による特定の価値の注入、個人の行為から組織の取締、犯罪予防へと警察権限を拡大し、一九九四年の生活安全局の設置により行政警察は飛躍的に拡大した。なぜなら、「生活安全局の基本的なコンセプトは、国民の視点に立って犯罪の予防等の事前対策を飛躍的に強化する[34]」からであり、「犯罪の捜査に加えて、市民生活の安全の脅威に対して、予防を中心として、対処、被害拡大防止、被害回復と連動した総合的な対策を推進するよう期待され［た］[35]」からである。

さらに、生活安全局は「被害が生じる前に犯罪、事故等を防止し、警察が地域住民の視点に立って、より地域に密着した幅広い活動を展開するとともに、ボランティアとの連携を強化することにより、市民の犯罪等に対する不安感を取り除き、安全で住みよい地域社会づくりを行うことが重要[36]」と位置づけられる。

②　「警察権の限界」論否定の動き

こういう中で、警察サイドから従来の「警察権の限界」（警察消極目的の原則、警察責任の原則、警察公共の原則、警察比例の原則）を「今日では何ら意義を持つものではない」と批判し、「国民の権利・自由の擁護者」として警察の積極的な権限行使を求める議論が出てきた。[37]さらに、従来の国家と警察権限行使の対象者との「二者対立的な関係」から、警察権限行使により「利益を受ける国民」（第三者）を加えた「三面関係」に組み替える主張もなされるようになった。[38]このような議論は、警察消極目的の原則と警察公共の原則を形骸化し、警察の私的領域への予防的積極的介入を正当化する機能を果たすものである（世論に影響力を持ちうる警察ＯＢからも、「警察＝『護民官』」論、行政警察充実論、警察三原則（警察責任の原則、警察公共の原則、警察比例の原則）「邪魔」論が出てきている[39]）。

一方、研究者サイドからも、「ストーカー規制法」に基づく被害者及び潜在的被害者に対する保護・援助を「給付行政」に属する「給付的なサービス」と捉え、それは行政警察作用とは異なる行政活動であるから、警察権の限界は適用されないとする議論が出てきている。[40]さらに、警察サイドの議論に賛同し、「警察権の限界理論の限界」「安全の中の自由」を論じる動きもある。[41]

③　行政警察拡大の批判の視点

このような動向に対しては、やはりこれまで警察権限の濫用防止と民主的統制に向けて蓄積してきた警察行政法学からの批判が必要である。[42]それと同時に、擬似的「市民主義」的な外装、形態、イデオロギーを持つ治安政策・治安法の展開、[43]さらには、グローバリズムによりますます広がる経済格差との中で、市場を攻撃する「敵」との「果てしなき闘争」となる「敵味方刑法」[44]に対して、刑事法学からの批判も必要である。

2　公権力による私的領域への介入

①　基本権保護義務論との関係

では、憲法学に投げかけられている問題は何か。生活安全警察が「従来、警察が踏み込まなかった領域まで当然踏み込むことを予定し[45]」、実際に公権力が私的領域に介入し始めたことに対する検討である。これを正当化する警察行政法理論は先に触れたが、これに合致する、あるいは利用されかねない憲法論は基本権保護義務論である。

基本権保護義務論とは、ドイツの基本権論から、国家は各人の基本権を侵害してはならない（防御権）ばかりではなく、各人の基本権（法益）を第三者による侵害から保護する義務（基本権保護義務）があると考え、国と要保護者と第三者の「三極関係」で捉える議論である[46]。そして、国家の保護義務は、「『恐怖からの自由』を包括的にカバーするものではないとはいえ、まさに『内的安全』という国家任務の憲法上の基本原理の骨格をなすもの[47]」とされ、「今後数年間の政治の重要な目標は、『安全の中の自由』であろう……安全の要素を思い切って強化することなしに、自由な秩序はもはや保持できないことは明らかである[48]」という。

一方、これに呼応して民法学から国家の基本権保護義務を「国家による自由」と考え、「かりに基本権の意味を『国家からの自由』に限定するならば、殺人や窃盗、暴行、放火など、個人の基本権が他の市民によって侵害されていても、国家はそれを傍観していてよいことになる[49]」と主張する議論も出てきている。このような議論は、先にあげた事例以外に、日本における昨今の「児童買春等処罰法」や「ストーカー規制法」「DV防止法」「人権擁護法案」などの正当化にも役立つ。

② 基本権保護義務論の問題点

「九・一一」後のアメリカで、「テロ」対策が対外的には「先制攻撃論」に、対内的には国内治安の強化をもたらし、軍事と治安の融合化現象が見られるようになった。したがって、国家の基本権保護義務から、「テロ」や組織犯罪のような「他の市民からの安全」を掲げることで国家を権利の「保護者」として描くことには、防衛の場面でも（日本においては、特に「国民保護法制」の議論などで）国家の無制限な介入を正当化し、さらには「安全」を保障するために、国家の予防的な介入をも招きかねなくなる。(50)

また、国内における災害・事件・事故・犯罪などによる「不安定社会」化による「安全強迫神経症《オブセッション》」、「生活安全至上主義」は、治安維持のみならずあらゆる生活領域への警察的介入と「生活安全至上主義」法制の制定をもたらす。(51) グローバリゼーションの中での「安全」の強調、「安全の専制」は、国境の内と外という区別を無意味なものとし、戦争の警察行動化と警察の軍事化、「軍事」と「治安」の融合＝ボーダレス化、「戦時」と「平時」の融合をもたらし、「恐怖による支配」は「永久戦争」となる。(52) そして、「個人の自由・安全」を国家の保護義務の対象とすることで、国家の予防と監視は全面化し、歯止めをかけることは不可能になる。(53)

さらに、このような展開により、国内は貧困層の「恐怖の場所」と富裕層の「要塞都市」に二極化し、(54)「セキュリティの上昇」は「排除」と「隔離」を実践することにより、「市民社会はゆるやかに死んでいく」のである。(55)

③　公権力による私的領域介入批判の視点

　このような流れに対して、例えば、法務省による「人権救済機関」設置に向けた動きの中で出された、そもそもこれまでの「人権侵害」の主体であった公権力と、社会における数々の「自由」の回復に法務省などの「官」が十分役立たなかったことへの具体的な疑問[56]や、「どの問題を考える上でも、防御権としての人権論を原則ないし基本におかないと、日本の伝統と戦後の憲法状況の下では、人権に不当な国家権力の介入を招くおそれが大きくなるのではないか、国の保護義務に言う『国』の実体を具体的に問う姿勢を欠いてはならないのではないか[57]」という一般的な疑問は、生活安全警察を論じる上でも重要である。

　すなわち、以前から警察と暴力団・特定業者との癒着は指摘されてきたが、一九八六年の神奈川県警による電話盗聴事件、特に一九九九年の神奈川県警をはじめとする全国警察で相次いだ不祥事[58]、二〇〇〇年の警察刷新会議設置後も発覚する「裏金」問題に現れた警察の実体である。一連の警察の不祥事が国民の信頼と警察官の士気の低下、それによる検挙率の低下を招き、警察こそが数々の人権侵害を引き起こしている。政治状況を無視して「改憲論」を唱えることに慎重であるべき（例えば、主張自体価値中立的な「新しい権利規定論」や「『憲法は不磨の大典ではない』論」）と同様に、現実を離れて国家の基本権保護義務論を主張することには慎重であるべきである。なぜなら、保護義務論を論じる者の意図とは別に、防御権の相対化と国家権力の拘束を弛緩化し、「安全」の確保を名目に、国家の規制措置正当化の論理に転換しかねないからである[59]。

　また、「自由」を何か「からの自由」、妨害排除の防御権を指すと考え、「国家による自由」を「社会からの」「国家による」「自由」という形で、同じく妨害排除を国家に求める防御権として捉える視点[60]も大事である。特に、

「『自由の敵』を前にして、自由よりも安全を優先しようとする選択は、『自由のための闘争』ではなく、『自由からの逃走』に他ならない[61]」昨今の状況では、なおさら慎重な姿勢が必要である。

3　権力による価値の注入

①　「規律訓練」

さらに、「安全・安心まちづくり」は、監視される者にも監視する者にも「安全・安心」イデオロギーという特定の価値を注入する。それを可能とするのが、軍隊、学校、病院などの閉鎖的空間での行動のコントロールを通じて、身体の恒常的な束縛をゆるぎないものとし、服従させられ訓練される身体、従順な身体を造り出す「規律訓練《ディシプリン》[62]」である。そして「視線（監視）」「処罰（制裁）」「試験」による「規律訓練」を通じて、「規範《ノルム》（規格）化」を旨とする権力が出現し、権力は何が規格に合致している（「正常」「普通」）か、何が規格外（「異常」）かを決定しようとする。[63]特に、権力の自動的な作用を確保する可視性への永続的な自覚状態を閉じこめられている者に植え込むパノプティコンの登場は、権力により監視されているという意識が内面化され自発的な服従を生み出す。[64]

すなわち、「安全・安心まちづくり」に取り組む社会では、監視カメラや防犯活動による「視線」、条例違反による「処罰」、防犯活動に参加するか否か、条例を遵守するか否かを試されること（「試験」）で、逸脱行動を起こさず、「自発的に」「よき地域住民」たらんとする人間を創出する。さらに、「規律訓練」は分散移転し、「たとえばキリスト教の学校は、単に従順な師弟の育成のみを責務とするわけではない。さらには、その両親を監視し、彼らの生活様式や資産や信仰心や身持ちを調べあげるのに役立たなければならない[65]」ことから、家庭の外で防犯活動に参加したり、「防犯マン」になる子どもたちの存在は、その親の「規律訓練」ももたらす。そして、「監獄が工場や学校や兵営や病院に似かよい、こうしたすべてが監獄に似かよっても何にも不思議ではない[66]」故、「安全・安心」の追求は「社会の監獄化」をもたらし、「規律訓練」を行う権力も公権力に限定されなくなる。

さらに、二〇世紀末になっての監視カメラ技術の発達によるデジタル化・情報データベース化・常態化は、「可能性」としてのパノプティコンを「現実性」のものとした（「超《スーパー》パノプティコン」[67]）。

② 「生 - 権力」

また、今や日本でも国家が少子化社会対策基本法により家庭に介入し[68]、健康増進法や食育基本法により個人の身体へ介入し始めた[69][70]。差別思想（女性の保護は生殖能力維持のため）・優生思想（健康なアーリア人の生産能力の確保）が背景にあったとはいえ、ナチスがアスベスト・食品・たばこ規制によるガン撲滅運動やアルコール規制、菜食主義を奨励したことは[71]、「死に対する権力」に対する、「生命に対して積極的に働きかける権力、生命を経営・管理し、増大させ、増殖させ、生命に対して厳密な管理統制と全体的な調整とを及ぼそうと企てる権力[72]」の典型例である。この「生 - 権力《ビオ・プーヴォワール》」は、近代になり住民の性、健康、福祉、衛生、安全のあらゆる領域に介入するようになり、「行政監督機関（行政管理）《ポリス》」が成立・肥大化する[73]。例えば、千代田区の「生活安全条例」などが単に「安全」だけでなく「快適」「健全」な環境確保をも目指していることや、「地域安全活動」で少年の健全育成にも取り組んでいることに注意が必要である。

そして、「安全・安心まちづくり」の推進は、人々が一定の「訓練」を受け入れ、「規格」に従うことで社会生活を可能にする。「安全」「快適」「健全」という価値観を疑わず、「自発的」に防犯活動に従事し、条例を遵守する人々は、「規格化」する権力に従う「服従する主体《スジェ》」「臣下となった主体《スジェ》」となる。(74)

ここで誤解してはならないのは、このような社会において、「監視される人間」、権力による「規律訓練」の対象者は、「私たち」とは別の「不審者」「犯罪者」ではなく、「犯罪者予備軍」としての「私たち」なのであり、「私たち」が「安全」のために自ら自由を放棄しているということである。したがって、安易に「参加」「協働」「連帯」などを唱えるのではなく、まずその内実を問うべきなのである。

おわりに

以上見てきたように、警察が展開する「安全・安心まちづくり」は、漠然と唱えるスローガンではなく、第一部第二章で検討したように十数年の研究の蓄積があり、本章で詳しく検討したように「ハード面」と「ソフト面」から成る治安政策である。そして、この「安全・安心まちづくり」はアメリカ・イギリス、とりわけアメリカの治安政策を参考に形成されたことがわかる。さらに、従来の警察法理論による制約を乗り越え、単に私的領域に警察が介入するのみならず、人々に特定の価値を注入する危険性もある。

では、なぜ日本の警察がアメリカとイギリスを参考にしたのかである。これについては終章で検討するが、簡単に言及しておくと、一九八〇年代のアメリカ・イギリスにおける新自由主義改革が「治安の悪化」をもたらし、それに対して展開した治安政策を日本も参考にしたからである。このような「安全・安心まちづくり」とどう向き合うべきなのかについても本書の終章で論じることにする。

（1）東京都安全・安心まちづくり有識者懇談会『東京都安全・安心まちづくりについての報告書』（二〇〇二年）の「はじめに」。
（2）「安全で快適な千代田区の生活環境の整備に関する条例」の前文。
（3）島田尚武「生活安全局の設置について」警察学論集四七巻一〇号（立花書房、一九九四年）一一頁。
（4）小野正博「地域安全活動の展開と実践」警察学論集四七巻九号（立花書房、一九九四年）四九頁。
（5）一般的な表現は本文に記したものであるが、神山憲一・玉川達也「安全・安心なまちづくりの推進について」警察学論集五八巻一二号（立花書房、二〇〇五年）一頁以下では、「ハード面」については「犯罪の生じにくい環境の整備」「犯罪抑止に配慮した環境設計」「防犯環境設計」、「ソフト面」については「（地域住民等による）自主防犯活動及びその支援」という表現を用いている。
（6）「環境設計による犯罪予防」を紹介するものとして、瀬川晃『犯罪学』（成文堂、一九九八年）一二六頁以下、小出治監修・樋村恭一編『都市の防犯――工学・心理学からのアプローチ――』（北大路書房、二〇〇三年）。「犯罪防止に配慮した環境設計活動」についての研究者による研究成果としては、児玉桂子・小出治編『新時代の都市計画5　安全・安心のまちづくり』（ぎょうせい、二〇〇〇年）、警察による研究成果としては、『特集・環境設計からの安全・安心まちづくり』警察学論集五五巻一号（立花書房、二〇〇二年）一頁以下、両者による研究成果としては、安全・安心まちづくり研究会編『安全・安心まちづくりハンドブック～防犯まちづくり編～』（ぎょうせい、一九九八年）及び『安全・安心まちづくりハンドブック～防犯まちづくり実践手法編～』（ぎょうせい、二〇〇一年）など。
（7）これについては、山本哲也「安全・安心まちづくり推進要綱の制定について」警察学論集五三巻六号（立花書房、二〇〇〇年）四頁以下参照。
（8）岩間益郎「警察の環境設計による安全・安心まちづくりへの取組み」警察学論集五五巻一号（立花書房、二〇〇二年）

八〇頁。

（9）ディヴィッド・H・ベイリー＝渥美東洋「《対談》コミューニティ・ポリースィングと警察」ほか『特集・地域安全活動の新展開』警察学論集四七巻九号（立花書房、一九九四年）一頁以下。なお、「犯罪防止ボランティア活動」の重要性を論じたものとして、小宮信夫『NPOによるセミフォーラムな犯罪統制——ボランティア・コミュニティ・コモンズ——』（立花書房、二〇〇一年）。

（10）島田尚武「『地域安全活動』とは？」警察学論集四七巻九号（立花書房、一九九四年）七五頁。

（11）大塚尚「破れ窓理論（Broken Windows Theory）」警察学論集五四巻四号（立花書房、二〇〇一年）七五頁以下参照。

（12）前掲註（11）七六頁。

（13）G・L・ケリング＝C・M・コールズ（小宮信夫監訳）『割れ窓理論による犯罪防止——コミュニティの安全をどう確保するか——』（文化書房博文社、二〇〇四年）。

（14）前掲註（11）七八頁。

（15）前掲註（13）「日本語版への序文」ix頁。本書の「監訳者あとがき」でも、両者は別物であるとし、「割れ窓理論」は警察活動の向上に直結するが、「ゼロ・トレランス」は「狂信的・独善的な活動に結び付く危険性」「警察への苦情の増加をもたらす可能性」があると指摘している（三〇四頁以下）。また、同じく「監訳者あとがき」では、ジュリアーニ市長によって任命されたニューヨーク市警察本部長が「ゼロ・トレランスという言葉は、ニューヨークの犯罪対策を的確に表現したものではないと指摘している」と記している（三〇四頁）。

（16）前掲註（11）七九頁。

（17）イギリスでも「コミュニティ・ポリシング」や「ゼロ・トレランス」的なアプローチを試みてきたし、導入してきた（警察政策フォーラム「『日英警察学フォーラム――社会安全政策の現在と未来』の概要」警察学論集五六巻六号（立花書房、二〇〇三年）一頁以下参照）。
(18) 以上の「割れ窓理論」「ゼロ・トレランス」を紹介するものとして、藤本哲也『犯罪学の窓』（中央大学出版部、二〇〇四年）八八頁以下、「環境設計による犯罪予防」「コミュニティ・ポリシング」「割れ窓理論」「ゼロ・トレランス」を紹介するものとして、上田寛『犯罪学講義』（成文堂、二〇〇四年）一八六頁以下。これら理論に基づく実践的取組を紹介するものとして、小宮信夫『犯罪は「この場所」で起こる』（光文社新書、二〇〇五年）。
(19) 前掲註（11）八四頁。
(20) 横山雅之「『生活安全条例』の制定と地域安全活動の効果的推進」警察学論集四九巻八号（立花書房、一九九四年）七九頁。
(21) その実例を紹介するものとして、後藤啓二「大阪府における安全安心まちづくりの推進について」警察学論集五五巻一〇号（二〇〇二年）一頁以下、竹花豊「東京都における緊急治安対策について」警察学論集五七巻一号（立花書房、二〇〇四年）五三頁以下など。一方、地域の安全確保のためには「生活安全条例」の制定が有用であるという観点から研究者・自治体職員中心にまとめられた文献としては、成田頼明監修『これで実践！　地域安全力の創造　生活安全条例と先進事例の実際』（第一法規、二〇〇六年）。
(22) 千代田区条例の批判については、本書第二部第四章参照。
(23) 大阪府条例を解説するものとして、後藤啓二「大阪府安全なまちづくり条例について」警察学論集五五巻八号（立花書房、二〇〇二年）二三頁以下、批判するものとして、岩田研二郎「大阪府条例　事業者・府民に対する警察権限の拡大」法と民主主義三七七号（日本民主法律家協会、二〇〇三年）四四頁以下。
(24) 東京都条例の批判については、本書第二部第六章参照。

(25)「緊急治安対策プログラム」を解説するものとして、吉田尚正「緊急治安対策プログラムについて」警察学論集五六巻一二号（立花書房、二〇〇三年）七一頁以下。
(26) 日刊警察一九九九年一〇月一三日。
(27) 監視カメラ設置の効果を批判的に検討するものとして、例えば、遠藤比呂通・白藤博行・浜井浩一・田島泰彦「[座談会]『監視社会』に向かう日本と法――その動向・背景・特質・課題を探る」法律時報七五巻一二号（日本評論社、二〇〇三年）二二頁以下など。
(28) 国家公安委員会・警察庁『事業評価書　街頭緊急通報システム（スーパー防犯灯）の整備』（二〇〇五年）五頁以下。
(29) 前掲註（28）五頁。
(30)「監視ビジネス論」については、小倉利丸「日本型監視社会に対抗するために」白石孝・小倉利丸・板垣竜太編『世界のプライバシー権運動と監視社会――住基ネット、ＩＤカード、監視カメラ、指紋押捺に対抗するために』（明石書店、二〇〇三年）三〇頁以下、久保大『治安はほんとうに悪化しているのか』（公人社、二〇〇六年）二二六頁以下など。
(31) 最近の日本における監視カメラ、さらには監視社会化の問題を論じるものは多岐にわたるが、例えば、小倉利丸編『監視社会とプライバシー』（インパクト出版会、二〇〇一年）、田島泰彦・斎藤貴男・山本博編『住基ネットと監視社会』（日本評論社、二〇〇三年）、田島泰彦「『監視社会』と市民的自由――その批判的考察」ほか『特集「監視社会」と市民的自由――法学からの批判的アプローチ』法律時報七五巻一二号（日本評論社、二〇〇三年）、小倉利丸編『路上に自由を　監視カメラ徹底批判』（インパクト出版会、二〇〇三年）、江下雅之『監視カメラ社会　もうプライバシーは存在しない』（講談社＋α新書、二〇〇四年）、五十嵐太郎『過防備都市』（中公新書ラクレ、二〇〇四年）、斎藤貴男『安心のファシズム――支配されたがる人びと――』（岩波新書、二〇〇四年）、大谷昭宏『監視カメラは何を見ているのか』

（角川ＯＮＥテーマ21、二〇〇六年）など。監視カメラの規制を具体的に検討するものとして、九州弁護士会連合会定期大会シンポジウム実行委員会編『第五七回九州弁護士連合会定期大会　シンポジウム　監視カメラとプライバシー』（九州弁護士会連合会・福岡県弁護士会、二〇〇四年）。

(32) 本書第一部第三章九六頁。

(33) 「超《ハイパー》管理社会」については、ウィリアム・ボガード（田畑暁生訳）『監視ゲーム　プライヴァシーの終焉』（アスペクト、一九九八年）参照。ちなみに、デイヴィッド・ライアンは、監視のタイプをベンサムの「パノプティコン型」、オーウェルの「ビッグ・ブラザー型」、ドゥルーズ及びガタリの「リゾーム型」の大きく三類型に分けてその展開を論じ（デイヴィッド・ライアン（河村一郎訳）『監視社会』（青土社、二〇〇二年））、ボガードと註（67）で取り上げるポスターについては批判的な検討を行っている（同書一八三頁以下）。ライアンについては、ほかにデイヴィッド・ライアン（田島泰彦監修、清水知子訳）『9・11以後の監視――〈監視社会〉と〈自由〉』（明石書店、二〇〇四年）。

(34) 船木義人「地域安全活動各種施策の推進状況」警察学論集四七巻九号（立花書房、一九九四年）一二六頁。

(35) 渡辺巧「生活の安全の考え方について」警察学論集四七巻九号（立花書房、一九九四年）八一頁。

(36) 伊藤哲朗「生活安全局の10年と今後の課題」警察学論集五八巻一号（立花書房、二〇〇五年）二頁。

(37) 田村正博「警察の活動上の『限界』（上）（中）（下）」警察学論集四一巻六～八号（立花書房、一九八八年）一頁以下・六七頁以下・七九頁以下の特に（上）と（下）など。

(38) 田村正博「警察活動の基本的な考え方――警察への国民の期待と行政関係の三面性――」警察学論集五一巻一二号（立花書房、一九九八年）一三三頁以下。以上、「田村理論」の検討については、白藤博行「『監視社会』と『警察行政法理論の展開』」法律時報七五巻一二号（日本評論社、二〇〇三年）三五頁以下参照。

(39) 佐々淳之『日本の警察　「安全神話」は終わったか』（ＰＨＰ新書、一九九九年）所収の國松孝次と佐々の対談部分（特に、二〇一頁以下）。

(40) 櫻井敬子「行政警察に関する考察──予防的で直截的、即時的な行政警察活動の必要性及び有効性について──」警察政策六巻（立花書房、二〇〇四年）一七九頁以下。なお、本稿の中では、「生活安全条例」についての言及もある。

(41) 磯部力「『安全の中の自由』の法理と警察法理論」警察政策七巻（立花書房、二〇〇五年）一頁以下。

(42) 渡名喜庸安「地域安全活動推進のための自治体の役割と課題」月刊自治研五二九号（自治研中央推進委員会事務局、二〇〇三年）六六頁以下、前掲註（38）の白藤論文など参照。

(43) 小田中聰樹『人身の自由の存在構造』（信山社、一九九九年）参照。

(44) 松宮孝明「実体刑法とその『国際化』──またはグローバリゼーション──に伴う諸問題」法律時報七五巻二号（日本評論社、二〇〇三年）二八頁参照。

(45) 前掲註（34）一二七頁。

(46) 小山剛『基本権保護の法理』（成文堂、一九九八年）、山本敬三『公序良俗論の再構成』（有斐閣、二〇〇〇年）など参照。

(47) ペーター・Ｊ・テッティンガー（小山剛訳）「安全の中の自由」警察学論集五五巻一一号（立花書房、二〇〇二年）一五〇頁。

(48) 前掲註（47）一五八頁。なお、訳者の小山自身は、自由と安全の問題について別稿で「『自由』は、『安全』を前提とする。しかし、そのことから、自由に対する安全の優位が帰結されてはならない。自由と安全は、原理的な緊張関係に立つ」という立場から論じている（小山剛「自由と安全──若干の憲法学的考察」警察学論集五八巻六号（立花書房、二〇〇五年）七九頁以下）。

(49) 山本敬三「憲法システムにおける私法の役割」法律時報七六巻二号（日本評論社、二〇〇四年）六五頁（同趣旨の主張は、前掲註（46）山本六五頁・二〇一頁など）。この山本の考え方では、「個人の生命、身体及び財産の保護に任じ、犯罪の予防、鎮圧及び捜査、被疑者の逮捕」を警察の責務とする警察法二条一項を否定することになる。

(50) 水島朝穂「『国民保護法制』とは何か――『有事法制』第二幕への視点」法律時報七四巻一二号（日本評論社、二〇〇二年）六頁。

(51) 岡本篤尚「『安全』の専制――際限なき『安全』への欲望の果ての『自由』の荒野」憲法問題12（三省堂、二〇〇一年）九三頁以下。

(52) 岡本篤尚「果てしなき『テロの脅威』と《安全の専制》――《9・11》以後の世界」全国憲法研究会編『法律時報増刊　憲法と有事法制』（日本評論社、二〇〇二年）二五八頁以下。

(53) 岡本篤尚「パラドックスとしての『安全・安心』――『ゆりかごから墓場まで』の安全という恐怖」『法律時報増刊　憲法改正問題』（日本評論社、二〇〇五年）二〇七頁以下。

(54) マイク・デイヴィス（村山敏勝・日比野啓訳）『要塞都市ＬＡ』（青土社、二〇〇一年）一八五頁以下。住宅地全体を外壁とゲートで取り囲み、警備員や監視カメラも備えたアメリカの「要塞都市」「ゲーテッド・コミュニティ」については、エドワード・J・ブレークリー＝メーリー・ゲイル・スナイダー（竹井隆人訳）『ゲーテッド・コミュニティ――米国の要塞都市――』（集文社、二〇〇四年）参照。「ゲーテッド・コミュニティ」の「日本版」はまだ数が少ない（実例については、日経アーキテクチュア編『ビル・住まい・まちの最新事例に学ぶ　防犯セキュリティガイド』（日経ＢＰ社、二〇〇四年）二〇頁以下、前掲註（31）五十嵐一五五頁以下など）が、規模の小さいものとしては都市圏の「セキュリティ・マンション」がこれに相当するといえる。なお、「安全・安心まちづくり」を推進する都市工学研究者の小出治は、

「ゲーテッド・コミュニティ」については、「『防犯まちづくり』という観点からするとやや違和感がある」「この考え方が普及することがわが国において望ましい社会のあり方かどうか疑問が残る」としている（小出治「次世代の安心・安全まちづくりの推進に向けて」警察政策六巻（立花書房、二〇〇四年）一三二頁）。

(55) 酒井隆史『自由論——現在性の系譜学』（青土社、二〇〇一年）の特に二五七頁以下。

(56) 奥平康弘「『人権』ということばを問う」法律時報七三巻二号（日本評論社、二〇〇一年）五頁以下。

(57) 芦部信喜「人権論五〇年を回想して」公法研究五九号（有斐閣、一九九七年）一三頁。

(58) 警察の不祥事を検証するものとして、日本弁護士連合会第45回人権擁護大会シンポジウム第1分科会実行委員会編『第45回人権擁護大会シンポジウム第1分科会基調報告書　だいじょうぶ？　日本の警察——市民が求める改革とは——』（二〇〇二年）。

(59) 西原博史「有事法制・新たな人権論・憲法改正策動」前掲註(52)二二六頁以下。

(60) 樋口陽一「『からの自由』をあらためて考える　一九〇一年結社法（フランス）一〇〇周年の機会に」法律時報七三巻一〇号（日本評論社、二〇〇一年）九三頁以下。

(61) 阪口正二郎「『自由からの逃走』と『自由のための闘争』——テロに対するリベラル・デモクラシーの闘い方」ジュリスト一二六〇号（有斐閣、二〇〇四年）九八頁。

(62) ミシェル・フーコー（田村俶訳）『監獄の誕生——監視と処罰』（新潮社、一九七七年）一四一頁以下。

(63) 前掲註(62)一七五頁以下。

(64) 前掲註(62)一九八頁以下。

(65) 前掲註(62)二一二頁。

(66) 前掲註(62)二二六頁。
(67) マーク・ポスター(室井尚・吉岡洋訳)『情報様式論』(岩波書店、一九九一年)。
(68) 少子化対策基本法六条(国民の責務)「国民は、家庭や子育てに夢を持ち、かつ、安心して子どもを生み、育てることができる社会の実現に資するよう努めるものとする。」
ちなみに、少子化対策と「安全・安心まちづくり」は無縁ではなく、一五条では国及び自治体に子どもを犯罪などから守るための「まちづくり」を求めている。
(69) 健康増進法二条(国民の責務)「国民は、健康な生活習慣の重要性に対する関心と理解を深め、生涯にわたって、自らの健康状態を自覚するとともに、健康の増進に努めなければならない。」
もちろん、健康増進法が公衆衛生の保険化・市場化という流れから出てきていることも見逃してはならない(篠崎次男『「構造改革」と健康増進法』(萌文社、二〇〇三年))。
(70) 食育基本法一三条(国民の責務)「国民は、家庭、学校、保育所、地域その他の社会のあらゆる分野において、基本理念にのっとり、生涯にわたり健全な食生活の実現に自ら努めるとともに、食育の推進に寄与するよう努めるものとする。」
(71) ロバート・N・プロクター(宮崎尊訳)『健康帝国ナチス』(草思社、二〇〇三年)参照。
(72) ミシェル・フーコー(渡辺守章訳)『性の歴史Ⅰ　知への意思』(新潮社、一九八六年)一七三頁。
(73) 前掲書(72)二三頁以下。
(74) 前掲書(72)六七頁以下。

第九章　「生活安全条例」の批判的検討

はじめに

これまで本書、とりわけ第三部第八章で検討した「安全・安心まちづくり」を展開するために、自治体で制定しているのが「生活安全条例」である。既に全国の自治体の半数以上で制定されているにもかかわらず、全国民に一律に適用される法律と異なって、自治体で制定される条例ということもあり、東京都千代田区条例のような特異な内容を有しない限り、全国紙ではほとんど報道されることはない。

しかし、「生活安全条例」には看過しえない問題点が多々ありながら、各地で必ずしも十分な議論がなされておらず、議会でも比較的簡単に可決されている場合が多い。法律家による批判的検討もまだ始まったばかりであるといえる。(1) そこで本章では、この「生活安全条例」についてより詳しい分析・検討を行うものである。

一　「生活安全条例」の内容

1　全国の展開状況

現在までに、いつ、どの自治体で、何という名称の「生活安全条例」が制定されたかについて、警察庁は一般的にはその情報を公開していない。それに対して、警察の関連団体である全国防犯協会連合会（全防連）は、かつてホームページで[2]制定一覧（制定都道府県又は市区町村名、条例名、制定又は施行年月日）を公表しており、これによれば、二〇〇二年一〇月二一日段階で一二〇一の自治体で制定されていることがわかる。しかし、その後はこの情報が全く更新されず、さらに、現在では全防連のホームページから制定一覧は削除されている。二〇〇三年に約三二〇〇もあった自治体が、二〇〇六年までのわずか三年間で約一八〇〇までに数を減らす「平成大合併」のため、情報把握と整理が困難になっていると思われる。

ただし、新聞に掲載された警察庁発表のデータによれば、二〇〇三年四月一日現在で一四六七自治体で制定されているとのことから[3]、条例の制定は近年急速に進んでおり、今や全国自治体の半数以上で条例が存在し、全国ほとんどの自治体で制定されるのも時間の問題だと思われる。

2　条例の名称と分類

①　いわゆる「生活安全条例」

本書では「生活安全条例」と表現しているが、実際の条例名は大変バリエーションに富んでいる。本章で問題点を考察する内容を有する「生活安全条例」としては、「〇〇〇生活安全条例」（〇〇〇の中に自治体名が入る）の他に、「〇〇〇安全・安心まちづくり条例」や「〇〇〇防犯条例」「〇〇〇生活環境条例」などがある。このように、実際の名称は様々であるが、本書ではこれらの条例を、警察や防犯協会などが一般的に使用している「生活安全条例」と表現する。さらに、「生活安全条例」の周辺条例として、「〇〇〇環境美化条例」や「〇〇〇暴走族追放条例」なども制定されている。

② 「生活安全条例」の分類から除外してよい条例

全防連のホームページでは「生活安全条例」として紹介されていたものでも、後で検討する条例内容の点から考えれば、純粋な「まちづくり条例」として分類すべき条例が混ざっている。たとえば、阪神大震災後に制定された「神戸市民の安全の推進に関する条例」（一九九七年一二月制定[4]）や「兵庫県まちづくり基本条例」（一九九九年三月制定[5]）などであるが、これらは本書では「生活安全条例」とみなさない。

③ 「生活安全条例」には分類されなくとも同様の問題がある条例

これに対して、いわゆる「生活安全条例」ではないが、部分的に「生活安全条例」と共通の問題点がある条例もある。たとえば、「生活安全条例」の制定があまり進んでいなかった神奈川県では、「鎌倉市開発事業等における手続及び基準等に関する条例」（二〇〇二年九月制定[6]）や「横須賀市特定建築等行為に係る基準及び手続き並びに紛争の調整に関する条例」（二〇〇二年一〇月制定[7]）、「川崎市建築行為及び開発行為に関する総合調整条例」（二〇〇三年七月制定[8]）などのいわゆる「開発規制条例」「建築規制条例」には、後で検討する「防犯カメラ」設置規定やこの設置に当たっての警察との協議規定が入っている。したがって、このような条例は「生活安全条例」ではないから法的問題などはない、と捉えるべきではない。

3　条例制定の歴史

全国で初めて制定された「生活安全条例」は「長岡京市防犯推進に関する条例」（一九七九年六月制定）[9]とされているが、これはかなり突発的に制定されたともいえるもので、その後、同種の条例制定が一五年間もない。したがって、本書で検討するいわゆる「生活安全条例」の制定は、警察法改正により警察庁に生活安全局が設置された一九九四年からのことであると考えてよい[10]。

本書でこれまで検討してきたように、この間、警察庁は「街頭犯罪等抑止総合対策」を掲げ、「安全・安心まちづくりの推進」を展開している。これには「犯罪防止に配慮した環境設計活動（ハード面の施策）の推進」と「地域安全活動（ソフト面の施策）の推進」の二つがある。警察は、一九九〇年代に入り、今後の日本の治安の悪化に対して治安強化で対応するため、「治安強化先進国」のアメリカ・イギリスの治安政策を研究・紹介し始め、これら施策が徐々に日本で導入され、「生活安全条例」の制定はその一環として行われてきた。

4　自治体の制定状況

①　市区町村（二〇〇二年一〇月二一日現在）

「生活安全条例」の制定は都道府県よりも市区町村で先行するが、制定状況は地域によって全く異なる。例えば、全防連ホームページの情報による二〇〇二年一〇月二一日段階で、石川県、奈良県、宮崎県では県内市町村全てで制定されているが、茨城県、埼玉県、神奈川県、愛媛県では制定率〇％である（もっとも、これらはあくまでも二〇〇二年一〇月段階でのことであり、現在ではここであげた四県ではもはや制定率〇％ではない）。また、同じく二〇〇二年一〇月二一日段階の資料から計算すると、各地方の市区町村制定率は、北海道四一％、東北三八％、東京二一％、東京を除く関東一四％、中部五五％、近畿七四％、中国四八％、四国一三％、九州三六％となっており、ここでも地域間のばらつきが大きい。

また、「生活安全条例」は都道府県よりも市区町村で制定が先行したのが特徴的である。これは、当初の「生活安全条例」は「地域安全活動」の実現を意図していたことと、直接警察権限に関する規定がなかったため、警察権限を有する都道府県レベルでの制定を急ぐ必要がなかったことからだと思われる。とはいえ、二〇〇二年一〇月以降は、制定率の低い都道府県内市区町村の条例制定が進んでいると思われる。

② 都道府県（現在まで）

一方、都道府県レベルでは、二〇〇二年三月に大阪府が初めて「生活安全条例」を制定し、その後、同年一二月に広島県、二〇〇三年三月に滋賀県及び茨城県が制定する。このように、市区町村と比べると、これまで都道府県レベルの条例制定率は悪かったのであるが、特に、首都東京で二〇〇三年七月に制定されて以降は状況が変わる。同年は一二月に沖縄県での制定にとどまるが、二〇〇四年には一一府県、二〇〇五年には一一道府で制定され、急速に制定が進んでいく。都道府県レベルの条例の特徴は、市区町村レベルの条例とは異なり、公安委員会の基準策定に関する規定などがあることである。

二　「生活安全条例」の制定から実施まで

1　条例の制定過程

①　条例制定のきっかけ

条例制定のきっかけは自治体により様々である。例えば、震災後のまちづくり（純粋な「生活安全条例」ではないが、神戸市[11]）、「環境浄化」対策（東京都豊島区[12]）、オウム真理教（現アーレフ）対策（東京都世田谷区[13]）、大阪・池田小児童殺傷事件（大阪府[14]）のようなそれぞれの地域が抱える問題を一つのきっかけにして制定される場合がある。とはいえ、一部の条例を除き、これらの条例の内容はどこの自治体でも見られる「生活安全条例」であることが一般的であり、条例制定のきっかけは名目上のものにすぎないといえるものもある。

これに対して、条例制定のきっかけとして多いと思われるのは、直接的には防犯協会による陳情（武蔵野市[15]、東京都千代田区[16]、八王子市[17]など）や都道府県警察本部の要請（神奈川県内の自治体[18]など）であり、最近では「体感治安の悪化」などの「社会の空気」に押されて制定が相次いでいる。

②　条例制定準備の方法

条例制定に向けて行政がどのような準備を行っているかであるが、特に大がかりな準備をしないのが一般的で、行政の判断で粛々と準備が進められ、議会等でさして問題とされずに制定されているのが一般的である。一方で、学者・諸団体などのメンバーによる「有識者懇談会」などを立ち上げて検討を行い、「報告書」を受けて制定する場合もある（大阪府、東京都など都道府県レベルで一般的）。また、最近いくつか見られるのは、パブリック・コメント制を導入し、市民の意見を聞くという形式を取る場合もある（東京都新宿区[19]など）。

③　条例制定に際しての警察の関与

しかし、①でも触れたように、条例制定に際して警察の関与が非常に大きい点が「生活安全条例」の特徴である。典型的なものとしては、警察と密接な関係にある防犯協会による陳情や警察による要請で条例作りが始まることのほか、制定に向けて自治体に警察官を出向させ、出向警察官が条例制定に関わる事例である（東京都豊島区、千代田区、武蔵野市などでの警視庁生活安全部から条例担当部局への出向）。また、東京都では条例制定準備に際して、知事部局ではなく警視庁が条例制定を検討する「有識者懇談会」を設置し、警視庁が条例案作成に関与している。

2　条例の基本的規定

①　条例制定の理由

「生活安全条例」制定の理由としては、例えば、既に言及した警察関係者や研究者から成る「安全・安心まちづくり研究会」編の書籍では、「地方自治法では、防犯は、防災や交通安全等とともに、自治体の固有事務として位置づけられている。都市計画など自治体の各種まちづくり業務に防犯を盛り込むことが望まれる」とした上で、「生活安全条例」の紹介をしている。そして、「生活安全条例の骨子（例）」の中で、「目的」として「安全で住みよい地域社会の実現／安全な市民生活の確保」をあげている[20]。

また、警察庁生活安全局生活安全企画課の資料から、「生活安全条例の制定効果」として、「地域社会で抱える各種問題に関して、市長等が中心となって行政も積極的に関与することになるため、従来、警察と地域住民だけでは解決できなかった問題についても解決できるようになる」「住民自身が地域の安全のために自主的な活動を行うことについて、明文規定されることで、地域住民の自覚が生まれ、自主活動の促進につながる」などとしている。(21) このような警察サイドの発想が条例制定に反映されているといえる。

また、最近の条例は、「有識者懇談会」による「報告書」を提出したり、条例に前文をつける場合があり、この中で制定の理由を明示している。ここでは、代表的な条例として東京都条例の「有識者懇談会」の「報告書」であげられている制定理由をあらためて列挙しておく。

まず、「犯罪の増加」「社会不安の拡大」「体感治安の低下」などをあげ、具体的には街頭犯罪・侵入犯罪の増加、少年犯罪の増加などの刑法犯認知件数の増加をデータで示している。そして、「犯罪多発の背景にあるもの」として、「地域社会の一体感・連帯意識の希薄化」「遵法意識・遵法精神の低下（家庭において、子どもに対するしつけが十分にできていないことなど）」「ライフスタイルの変化に伴う自己中心主義の風潮」「犯罪の実行を容易にする社会環境の出現」「少年非行の深刻化」「来日不良外国人の暗躍」「長引く不況による経済情勢の悪化」をあげている。(22)

②　条例に見られるキーワード

条例制定にあたっては、住民にわかりやすいキーワードが多用されている。例えば、住民の意識に関しては「住民意識の高揚」「自主的活動」「自ら地域を守る」、住民の姿勢に関しては「参加」「連帯」「協働」、住民と行政との連携に関しては「官民一体となったコミュニティの形成」「市民と行政とのパートナーシップの確立」、まちづくりに関しては「防犯まちづくり」「犯罪の機会を減らす都市環境づくり」、諸団体に関しては「ボランティアの拡充」「ＮＰＯとの連携」などである。

③　条例の定義規定

条例によっては定義規定を置く場合と置かない場合があり、置く場合でも何を定義するかは条例により異なる。一般的に定義規定を置く場合は、以下のような定義を行っている。まず、「住民等」という場合は「在住者、在勤者、在学者」（ほか、「通過者」を入れる場合がある）と定義されている。「事業者」という場合は「事業活動を行う法人・個人」、「公共的団体」という場合は「町会、商店会、防犯協会、交通安全協会、ＰＴＡ、ＮＰＯなど」と定義される。そして、「関係行政機関」という場合は、明示の有無に関係なく必ず警察署が入る。

④　条例の責務規定

最近の条例には責務規定が盛り込まれる場合が多い。この場合の責務規定は対象によって異なる。具体的には、「自治体の責務」としては自治体の諸計画の推進、住民等の啓発、住民等による自主的活動への支援、関係行政機関との協力、「住民の責務」としては条例規定事項の遵守（努力）、自治体・関係行政機関への協力、ボランティア・自主的活動への参加努力、「事業者の責務」としては住民の責務規定と基本的に同じであるが、従業員への教育を入れる場合もある。

3　条例のタイプ

① 最低限モデル型

一九九四年以降の初期の「生活安全条例」は全文五〜一〇条程度と非常に短く、「最低限モデル型」ともいえるものである。内容としては、自治体・住民等の責務規定、協議会の設置、警察との協力などが簡単に規定されているだけで、罰則規定はない。

② 個別型・総合型

それに対して、二〇〇〇年代に入ってからの最近の条例は自治体によって規定内容がバラエティーに富んできており、規制事項を限定する「個別型」や多種多様な規制・禁止事項などを入れた「総合型」ともいえるものである。

例えば、バリアフリー、空き家からの出火防止（東京都渋谷区）[23]、オウム真理教（アーレフ）対策（東京都世田谷区）、ピッキング用具の有償譲渡や方法教授の禁止（大阪府）、盗難自動車の不正輸出防止・中古自動車輸出業者の情報提供規定・通報義務（大阪府）、鉄パイプ・バット・木刀・ゴルフクラブ・角材その他棒状の器具等の原則携帯禁止（本来の用途に従い使用・運搬などする場合以外は携帯禁止）（大阪府）、つきまとい勧誘行為の禁止（武蔵野市、八王子市など）、路上喫煙の禁止（東京都千代田区、杉並区、品川区など）、住宅・駐車場・金融機関・特定小売店舗・道路・公園・学校の防犯対策（東京都など）である。既に検討したように、世間では「路上禁煙条例」として知られる千代田区条例は、路上喫煙・たばこのポイ捨て以外にゴミ等のポイ捨て、置き看板等の放置、チラシ等の散乱、落書き、犬猫のふん等の放置、善良な風俗を害する活動、路上駐車も禁止している。

③　理念型と規制型

「生活安全条例」の初期の最低限モデル型と最近の個別型・総合型とも対応する分類であるが、初期の規制規定のないものを「理念型（精神型）」、最近の規制規定があるものを「規制型」と分類することもできる。後者の規制も様々で、行政処分・制裁（改善命令、氏名等公表）、行政罰（過料）、刑事罰（罰金）があり、これらの単独又は組み合わせから構成されている。

4　治安強化につながる条例の特徴的規定

①　監視カメラ設置規定

最近の治安強化につながる特徴的な規定としては、まず監視カメラ（「防犯カメラ」）設置規定があげられる。これは一般的に、共同住宅、大規模店舗など不特定多数の者が利用する施設の所有者やこれから建築しようとする者に「防犯カメラ」等の防犯設備の整備を要求し、関係行政機関（警察署）との協議を求める場合もある。(24) これは二〇〇〇年の「安全・安心まちづくり推進要綱」制定以降に見られる規定であり、先にあげた横須賀市条例では全国初という協議しない場合の罰則規定までもある。(25)

②　監視カメラの問題点

昨今、各地で急速に進んでいるのが監視カメラの設置である。街頭では警察による「スパー防犯灯」（街頭緊急通報システム）や「街頭防犯カメラシステム」（コミュニティセキュリティカメラシステム）があり、道路上の「Nシステム」（自動車ナンバー自動読み取りシステム）を「街頭防犯カメラシステム」と連動させる動きもある（東京都新宿区歌舞伎町の事例[26]）。

自治体の街頭監視カメラでは、設置主体は自治体であるが運用は警察が行っている一九七八年四月設置の武蔵野市や、同時に映像を警察に配信している二〇〇二年七月設置の小野市などの事例もある。その他、防犯協会（二〇〇二年一一月設置の前橋市など）や商店会（一九九七年八月設置の横浜市など）の街頭監視カメラも各地で設置が進むが、警察との関与や運用の実態は定かでない[27]。

特に、例えば二〇〇三年七月の長崎・男児殺害事件では商店街の監視カメラが犯人発見に威力を発揮したといわれ、このような特異な事件をきっかけにプライヴァシー権や肖像権を日常的に侵害していることの問題点を無視して、カメラ設置が進みかねない。特に最近の「生活安全条例」は自治体や地域住民・事業者に監視カメラの設置を促す、条例によっては罰則規定を置くことで設置を強制させる規定があるだけに、カメラ設置の展開には慎重な姿勢が求められる。

③　指導・取締の実行部隊

条例で禁止規定や罰則規定を置く場合、それを誰が指導・取り締まるのかという問題がある。これについても、各地の条例によりまちまちであるが、たとえば千代田区条例では区職員、警察官、町会、商店会、ＰＴＡなどのメンバーから成る「合同パトロール」が条例の禁止規定全般を対象に月二回のパトロール活動を行っている。同じく、千代田区では区職員と警察官ＯＢ（当初は民間警備員）から成る「巡回パトロール」

が路上喫煙と置き看板を対象に毎日取締活動を行っている。

一方、民間警備会社に大幅に委託する場合もある。武蔵野市では条例の施行規則に基づき、嘱託職員と民間警備員（専用の制服着用）から成る「ホワイトイーグル」（専用の「パトロール車」保有）が生活安全確保のための安全パトロール活動を行っている。また、同じく武蔵野市では警察官ＯＢと民間警備員（専用の制服着用）による「ブルーキャップ」がつきまとい行為防止や路上宣伝活動の指導のための活動を行っている。

さらに、条例に基づき、地域住民などに活動させる事例としては、町長が町民やボランティア団体から防犯指導を行う非常勤職員に任命する神奈川県山北町の「防犯指導隊」（全国初の取り組みという）[28]、防犯関係団体などと連絡を取りながら犯罪防止活動を指導・連絡するために公安委員会が委嘱する広島県の「地域安全推進指導員」「職域安全推進連絡員」[29]というものがある。

④　協議会の設置

条例制定によって設置されているのが協議会（名称は「生活安全協議会」など）である。このメンバーとして、例えば、千代田区の場合には生活環境改善推進連絡会長、町会長、商店会長、鉄道・国土交通省関係者、警察署長、区長などが、世田谷区の場合には町会長、防犯協会長、消防団長、青少年地区委員会長、ＰＴＡ会長、青年会議所代表、警察署生活安全課長、消防署警防課長、区関係担当者などが入っており、警察・自治体・住民から成る組織を形成している。

三　「生活安全条例」の問題点

1　法的観点から

①　規範論

昨今、このような条例では「マナーからルールへ」（千代田区）というようなスローガンに典型的に見られるように、道徳規範の法規範化が進んでいる。この千代田区条例では、路上喫煙に限らず、ゴミ等のポイ捨て、犬猫のふん等の放置など、本来マナーで解決できる問題を罰則により取り締まることになった（例えば、鉄道で禁煙車両を設けているが、別に罰せられるわけではないのに、禁煙車で喫煙者を見かけることはないし、いたとしても乗員・乗客から注意されればやめる）。「ゼロ・トレランス」は警察権限の拡大を招くと同時に、権力が価値を市民に押しつけかねない。ここには、近代国家が道徳と法を分離し、公権力が市民の価値観に踏み込まず、私的自治に委ねた原点が忘れられている。

また、実際、「福祉国家化」が見られる現代国家においては、法制定分野・範囲の拡大が避けられないとはいえ、可能なかぎり国民を規制する法令は少ないほうが望ましいのであり、少なくとも道徳規範の法規範化は避けるべきである。

②　市民社会論

近代国家は「自律した市民による自治社会」を構築しようとしたのであるが、実際に「生活安全条例」で見られる現象は「公権力による市民社会の支配」ともいえるものである。具体的には、市民が「マナー違反」者に直接注意せずに、「条例違反」者の存在を公権力に通報し、市民が市民を公権力に「売り渡す」側面もある。ここには市民自ら望む場合もあるが（この点については、市民革命を経験せず、権力＝必要悪という意識が低い日本人の国民性もあろう）、歴史の逆行といえ、再考が必要である。

③　近代立憲主義論

そして、近代立憲主義は、市民と公権力との緊張関係の基で構築されたものである。社会の統治には公権力が必要だとしても、公権力は巨大な権限を有しており、常に暴走する危険性があるため、憲法で公権力の規制を行ってきた。しかし、「生活安全条例」により、市民が警察活動に組み込まれることは、近代立憲主義における市民と公権力との緊張関係をなくしていくことになる。それはまた、昨今の警察機能の変質によって助長される。

④　立法事実論

そもそも条例を制定するにあたっての立法事実を検証する必要がある。例えば、千代田区条例の制定にあたって、路上喫煙による被害調査や条例の目的と手段との関係の綿密な検討はなされていない(30)。また、東京都条例では、「犯罪の増加」を条例制定理由としているが、先ほど紹介したように、「有識者懇談会」の「報告書」であげた「犯罪多発の背景にあるもの」の中には、「地域社会の一体感・連帯意識の希薄化」「遵法意識・遵法精神の低下」「ライフスタイルの変化に伴う自己中心主義の風潮」などのように、個人を犯罪に駆り立てる社会的要因ではなくて、個人の意識が中心となっている。「長引く不況による経済情勢の悪化」は最後に簡単にしか言及していない。

したがって、両者の条例とも、客観的科学的な分析結果に基づく条例の制定というよりは、漠然とした住民の意識を背景に制定されている側面が強く、これでは立法事実論としては杜撰といえる。

2　憲法・刑事法上の観点から

①　適正手続の保障

憲法三一条は適正手続の保障を規定し、ここには手続的側面と実体的側面がある。条例の中で特に罰則規定を置く場合、条例は全国一律に適用されない（ある自治体では合法な行為が、ある自治体では違法な行為になる）以上、条例適用者には事前にどのような行為にどのような罰則があるのか周知する必要がある。しかし、例えば千代田区条例の場合、条例の適用範囲を「通過者」にまで拡大しており、地方からの旅行者や外国人も適用対象となる。日常的に区の広報誌などで区外の者に周知徹底することは困難であるにも関わらず、千代田区長が「条例を知らなくても過料を科す」とした（二〇〇二年一一月二日の指示）のは問題であろう。

また、適正手続の保障から実体的側面の問題として法内容の適正さも求められるが、この具体的事例については、⑦で紹介する。

②　明確性の原則

また、憲法三一条からは明確性の原則が保障される。しかし、条例に定義規定がなかったり（初期の多くの理念型条例には全くないし、最近の総合型でもない場合がある）、条文の中で「等」や「おそれ」を多用することは、明確性の原則に反するといえる。

③　プライヴァシー権、肖像権

最近の条例では、「防犯カメラ」（監視カメラ）の設置とそれに関する協議規定を置くことで、監視カメラの設置を助長・強制しているものが多い。しかし、不特定多数の人物を承諾もなく撮影する監視カメラは、当然、被撮影者の憲法一三条から保障されるプライヴァシー権や肖像権を侵害することになりかねない。

④　表現の自由

条例の中には、憲法二一条が保障する表現の自由を奪いかねない規定もある。例えば、千代田区条例ではチラシ等の散乱禁止規定を置いているが、ここで規制対象となるのはチラシ等を受け取って捨てた人ではなく、配布した人である。ということは、警察などが「敵視」する政党・政治団体・市民団体等がある場合、私服警官が当該団体等のチラシ等を受け取りながら故意にそれを捨てた場合、区が条例違反者の氏名・住所等を公表することができる。これにより、当該団体等のイメージ低下やネガティヴ・キャンペーンに活用することも可能である（もちろん、このような弾圧は不当であるが）。

実際にはそこまでいかなくても、このような条例の規定は、表現の自由に一定の萎縮効果をもたらしかねない。

⑤　結社の自由

世田谷区条例では、「団体規制法」により規制を受けている団体への規制条項がある。そもそも「団体規制法」自体違憲性など法的問題が指摘されており、さらに条例により団体規制を行うことは、憲法二一条が保障する結社の自由を脅かしかねない。(31)

また、罰則規定を置く条例では行為者が属する法人等を罰する両罰規定を置く場合がある。例えば、千代田区条例二四条二項は、「法人の代表者又は法人若しくは人の代理人、使用人その他の従業員が、その法人又は人の業務に関し」、「ゴミ等のポイ捨て・落書き・置き看板等の放置をした時は、「行為者を罰するほか、その法人又は人に対して同項の過料を科する」としている。条例違反行為を行った処罰対象の個人だけではなく、行為者が所属する法人等を罰することは、同じく結社の自由を脅かす点で問題がある。

⑥　財産権・営業の自由

東京都条例が典型なように、最近の都道府県レベルの条例では公安委員会が「防犯カメラ」の設置基準策定に関わり、事業者等にカメラの設置を促す構造となっている。しかし、カメラを店内等に設置するか否かは事業者の憲法二九条で保障される財産権や憲法二二条・二九条で保障される営業の自由に関わる問題である。山北町条例のように、条例の下で「防犯カメラ」の設置のみならずコンビニ等深夜営業事業者に店員の複数配置を求めることも同様の憲法上の問題がある。(32)

また、千代田区条例では「合同パトロール」参加者に商店会が入っているため、日中、仕事を抱える商店主等が、強制ではなくとも法制化と地域の圧力によりパトロールに参加せざるをえない状況におかれれば、同様の問題が生じる。

⑦ 上乗せ規制・横出し規制

憲法九四条は自治体に条例制定権を保障するが、「法律の範囲内」としている（地方自治法一四条では「法令に違反しない限りにおいて」）。この文言をめぐって、これまで例えば公害規制条例の上乗せ規制と横出し規制の合憲性が議論されてきたが、手続的に住民により選出された議会による条例の制定であり、内容的に住民の権利・自由や利益にかなう場合であれば、当該条例は合憲と解釈されてきた。一方で、公安条例のように、住民の権利・自由を制約しかねない条例での両規制は慎重であるべきである。このような観点からすると、「生活安全条例」の中で、特に罰則規定がある場合は検討を要する。

例えば、軽犯罪法では一条で公衆の集合する場所で大小便をした者を拘留（三〇日未満）又は科料（一万円未満）に処するとしているが、杉並区条例の場合は公共の場所で犬のふんの放置をした者を五万円以下の罰金に処するとなっている。(33) 条例からはなぜ人の大小便より犬のふんの放置の方が罰金額が高くなるのか理解できないし、猫のふんが罰せられずに犬のふんが罰せられる合理的理由もうかがえない。確かに、軽犯罪法には拘留の規定があるが、そもそも大小便で刑事罰を科すのが妥当か否かという問題はさておき、大小便で刑事罰を科すとしても拘留ではなくて一万円未満の科料であろう。であるならば、杉並区条例のような罰則規定は、先の実体的則面における適正手続との関係でも、人の大小便より犬のふんの放置の方が罰則が重いということになり、問題といえる。また、軽犯罪法には濫用防止規定（四条）があるが、罰則規定のある「生活安全条例」でこのような規定が見られないのも問題である。

⑧　地方自治の否定

「生活安全条例」は自治体による条例のため、条例推進側からは地方自治実践の一例としてあげる場合もあろうが、実体面から検討すれば必ずしもそうとはいえない。なぜなら、多くの自治体の制定過程で見られる警察主導の制定（警察による条例制定の要請、警察からの出向者による条例案作成など）は、地方自治の否定ともいえるからである。

また、都道府県条例の場合、条例により警察署単位などで「協議会」の設立や防犯体制を構築するため（東京都[34]など）、これにより当該都道府県内の市区町村が「生活安全条例」の制定に反対していたり、まだ「生活安全条例」がなくても、都道府県警察及び公安委員会主導で防犯体制が構築される。これは都道府県による市区町村の自治を否定する、あるいは脅かすことになりかねない問題がある。

⑨　行政罰の問題点

一般的に、刑事罰か行政罰かという問題設定をした場合、行政罰を選択することの方が望ましいとされている。しかし、「生活安全条例」の運用実績を見る場合、そのような考えには必ずしも賛同できるものではない。例えば、千代田区条例におけるこの問題については先に触れた通りであるが[35]、罰金の前に過料としていることに関する別の説明として、「罰則について警察署や検察庁と協議する中で、『直罰は他の法令等との関係上問題がある』『実際問題として適用上も刑事処分となると告発、摘発から起訴をへて裁判、判決と手続的にも時間がかかる』などから、結果として出たものです[36]」とある。

しかし、刑事罰を科すのに時間がかかるのは、刑事罰という人の財産や自由を制約する不利益処分を科す以上、十分な客観的証拠と第三者である裁判所による慎重な判断を必要とするからである。逆に、この千代田区の考えからすれば、面倒な手続を抜かして違反者を迅速・大量に罰したいという意図が伝わってくるが、実際の運用でもそのような側面は否定できない。特に、専門知識が十分ではない市民が、必要な知識を備えて取締にあたる区役所職員と警察官ＯＢに違反行為をとがめられた場合、過料をその場で支払う事例も多いと思われる。このような安易な行政罰の導入は、近代で「人の支配」を否定し「法の支配」を導入したにもかかわらず、行政のみの判断で市民を罰するという「人の支配」に逆行しかねない問題をはらんでいる。

⑩　行政警察の問題点

「生活安全条例」で見られる「防犯」「犯罪予防」のキーワードから明らかなように、「生活安全条例」は従来の警察権限限界の形骸化と行政警察の拡大を助長しかねない（この論点については、既に触れた[37]ので省略する）。

3　行政の運用上の問題点

①　行政の警察化

「生活安全条例」は行政警察の拡大を助長する一方で、「行政の警察化」ももたらしている。先に見たような警察の要請や警察からの出向者による条例制定が典型的である。

また、例えば、千代田区条例の違反者を取り締まるための現場でのマニュアルには「一声掛ける際、最も大切なことは、その相手の容姿（一見して○○風）を瞬時に見極める」[38]としている。この「○○風」の中に、「真面目そうな学生風」「大人しそうな会社員風」「非行をしていそうな少年風」「違法行為を侵していそうな暴力団風」など何が入るのかは現場の区役所職員次第であるが、警察官ＯＢも条例違反者を共に取り締まっていることから考えると、「行政の目」が「警察の目」に転化しかねない問題がある。

② 行政による拡大運用

行政罰のところで触れた問題とも関係するが、法適用には慎重さが求められる刑事罰に対して、行政罰の運用は必ずしも慎重ではなく、拡大運用に歯止めがなくなる可能性もある。例えば、千代田区条例では、区の「過料徴収基準」では「条例の趣旨、内容が全く不知である条例違反者については、周知を含め以後の協力を依頼する」[39]となっている。にも関わらず、先にあげた区長の指示は、条例の罰則規定の適用が始まった僅か一日後に「条例を知らなくても過料を科す」と安易に基準を変更している。

③ 行政による拡大解釈

さらに、行政による条例の拡大解釈も見られる。同じく千代田区条例に関する区作成の「生活環境条例に関するＱ＆Ａ」には、「Ｑ．この条例で、ホームレスに対応できるのか？」に対して、「Ａ．特に条例では路上生活者に対する条文内容はないが、環境美化の面で対象者には注意・指導をしていく」という記述[40]が見られる。そもそも、この「環境美化」という表現には「路上生活者」（ホームレス）を「汚い者」と規定する発想がうかがわれ、地域住民によるホームレスに対する差別を助長しかねず、問題である。そして、条例にはホームレスに関する規定は全くないにも関わらず、「環境美化」の名の下に、千代田区内からホームレスを排除しかねない解釈を行っているのである。

4　条例が助長する監視と統合

①　民衆の警察化

以上のような自治体における「生活安全条例」の制定は、警察主導の下、町内会・自治会、防犯協会、各種防犯団体、ＮＰＯ（特に日本ガーディアン・エンジェルス）というような既存の団体の防犯活動への動員を容易にし、新たに地域における防犯団体の結成を助長することで、地域における監視体制のための組織化が進む。その形態も、条例に規定された地域住民参加による千代田区の「合同パトロール」や防犯活動に住民を従事させる山北町の「防犯指導隊」から、全国各地で見られる自主的な防犯組織まで色々である。このような市民が市民を監視する組織作りは、「民衆の警察化」を助長することになる。

このような論に対して、地域で住民自ら積極的に防犯活動の組織化を展開する当事者からの反論が予想される。「自分たちのまちは自分たちで守る」というのは、一見、「自治」の「実践」のようにも聞こえるからである。しかし、本書第四部第一一章で検討するように、専門的な法知識と権限を有しない市民が治安活動を行うことは、時に「自警団」による暴走を招きかねないため、安易な取組は問題である。(41)

②　「参加」「連帯」「協働」

ここで注意しなければならないのは、先にキーワードのところで挙げた「参加」「連帯」「協働」というスローガンである。市民の中にある「何かをしたい」（特に社会的公益性のある何か）という空虚で抽象的な近代的主体を、支配層が市民の防犯活動への具体的な参加を介して市民の防犯意識を高め、規範意識を植え付けることである。(42)このようなスローガンで市民や諸団体が防犯活動に組み込まれていくことは、本来、警察が担うべき治安活動を市民が肩代わりし、または警察の末端に組み込まれるという側面と同時に、参加する市民の意識をも変えるという効果があるのである。(43)

おわりに

本稿では「生活安全条例」の問題点につき、基本的な論点を提示した。以上見てきたように、「生活安全条例」とは、一九九四年の警察法改正による生活安全局設置後に、「安全・安心まちづくり」の「ソフト面」、二〇〇〇年代以降は「ハード面」の実現のために制定されてきたものである。これにより、警察主導の下で警察の市民社会への介入と市民の相互監視により治安強化が進む。とはいえ、一方で、監視される市民自身がこのような条例を要請し、歓迎する場合もあるし、当該自治体議会などで条例制定反対の声が上がるのは限られている。

条例制定も含む「安全・安心まちづくり」の問題もそうであるが、まだこれらの問題は検討の緒についたばかりである。今後の課題としては、憲法学以外にも行政法学、刑事法学からの研究と、さらに法学以外にも哲学、社会学などからの多角的な検討が必要であろう。

（1）本書各章の基になる拙稿以外で、「生活安全条例」を批判的に検討する主な論稿としては、石埼学「有事法制で市民の生活はどうなるの？　その③――有事法制は市民の日常生活をしめつける――」渡辺治・三輪隆・小沢隆一編『戦争する国へ　有事法制のシナリオ』（旬報社、二〇〇二年）一二三頁以下、石埼学・清水雅彦「あなたの安全を守ります!?――警察国家化を推進する『生活安全条例』」法学セミナー五七六号（日本評論社、二〇〇二年）七六頁以下、石埼学「生活安全条例を考える」季刊自治と分権一一号（大月書店、二〇〇三年）一〇七頁以下、田中隆「『生活安全条例』が守るもの――戦争に出ていく国の治安体制」ほか『特集「草の根」治安立法（?・）＝「生活安全条例」を斬る！』法と民主主義三七七号（日本民主法律家協会、二〇〇三年）二頁以下、拙稿「全国で急増する『生活安全条例』とその論点」ほか『[特集]要注意!?　生活安全条例』月刊自治研（自治研中央推進委員会事務局、二〇〇三年）五八頁以下、「生活安全条例」研究会編『生活安全条例とは何か　監視社会の先にあるもの』（現代人文社、二〇〇五年）、拙稿「安全・安心まちづくり――〝路上禁煙条例〟を憲法学から考える――」たばこ総合研究センター編『紫煙のゆくえ――喫煙の社会環境――』（山愛書院、二〇〇五年）七八頁以下、石埼学『憲法状況の現在を観る――9条実現のための立憲的不服従』（社会批評社、二〇〇五年）七七頁以下など。

（2）http://www.bohan.or.jp/

（3）「監視する社会②　生活安全条例　市民の『警察化』危ぶむ声」朝日新聞二〇〇三年一一月七日夕刊。なお、（財）都市防犯研究センターホームページの二〇〇三年一月現在の「各都道府県における生活安全条例の制定状況」（http://www.jusri.or.jp/jorei.htm）によれば、一二九〇自治体で制定されているとなっている。

（4）当条例の条文については、神戸市公式ホームページの例規集（http://www.city.kobe.jp/cityoffice/09/010/reiki/）で見ることができる。
（5）当条例の条文については、兵庫県公式ホームページの例規集（https://www3.e-reikinet.jp/hyogo/d1w_reiki/reiki.html）で見ることができる。ただし、兵庫県では二〇〇六年三月に「地域安全まちづくり条例」を制定している。
（6）当条例の条文については、鎌倉市公式ホームページの例規集（http://www.kamakuracity-reiki.on.arena.ne.jp/reiki_int/reiki_menu.html）で見ることができる。
（7）当条例の条文については、横須賀市公式ホームページの例規集（http://www.city.yokosuka.kanagawa.jp/reiki/index.html）で見ることができる。
（8）当条例の条文については、川崎市公式ホームページの例規集（http://www.city.kawasaki.jp/16/16housei/home/reiki/reiki_menu.html）で見ることができる。
（9）当条例の条文については、長岡京市公式ホームページの例規集（http://www.city.nagaokakyo.kyoto.jp/Files/1/13180001/html/reiki_menu.html）で見ることができる。
（10）警察学論集では、警察庁に生活安全局が設置された一九九四年に、早速「生活安全条例」制定の効用を論じている（横山雅之「『生活安全条例』の制定と地域安全活動の効果的推進」警察学論集四九巻八号（立花書房、一九九四年）六四頁以下）。
（11）神戸市条例の前文は、「平成七年一月一七日に発生した大地震は、かけがえのない多くの生命を一瞬のうちに奪い……」という書き出しから始まる。なお、この神戸市条例を検討するものとして、木下智史「神戸市条例　『コミュニティ』を基礎にした防災対策としての先駆性」法と民主主義三七七号（日本民主法律家協会、二〇〇三年）四一頁以下。
（12）豊島区条例を検討するものとして、村山史世「豊島区条例　協働・住民自治と監視社会」前掲註（11）二八頁以下。

（13）本書第二部第五章参照。

（14）大阪府条例を検討するものとして、岩田研二郎「大阪府条例　事業者・府民に対する警察権限の拡大」前掲註（11）四四頁以下。「大阪府安全なまちづくり条例」の条文については、大阪府公式ホームページの例規集（http://www.pref.osaka.jp/houbun/reiki/reiki_menu.html）で見ることができる。

（15）武蔵野市条例を検討するものとして、石埼学「民衆が警察の手先となる時——東京・武蔵野市の条例の検討——」月刊マスコミ市民四〇七号（マスコミ市民、二〇〇二年）六〇頁以下。「武蔵野市生活安全条例」及び「武蔵野市つきまとい勧誘行為の防止及び路上宣伝行為等の適正化に関する条例」の条文については、武蔵野市公式ホームページの例規集（http://kensakusv.city.musashino.tokyo.jp/reiki/）で見ることができる。

（16）本書第二部第四章参照。

（17）八王子市条例を検討するものとして、吉田栄士「八王子市条例　運動の成果と反省——今後の危険な動き」前掲註（11）三八頁以下。「八王子市生活の安全・安心に関する条例」の条文については、八王子市公式ホームページの例規集（http://www.city.hachioji.tokyo.jp/somu/reiki/reiki.html）で見ることができる。

（18）神奈川新聞二〇〇三年一月一六日。

（19）「『（仮称）新宿区民の安全・安心の推進に関する条例』の制定に向けて区民のみなさまのご意見をお待ちしています（パブリック・コメント制度）」（新宿区役所、二〇〇三年）。

（20）以上、安全・安心まちづくり研究会編『安全・安心まちづくりハンドブック～防犯まちづくり編～』（ぎょうせい、一九九八年）四〇頁。

（21）以上、安全・安心まちづくり研究会編『安全・安心まちづくりハンドブック～防犯まちづくり実践手法編～』（ぎょうせい、二〇〇一年）三四頁。

(22) 東京都安全・安心まちづくり有識者懇談会『東京都安全・安心まちづくりについての報告書』（二〇〇三年）一頁以下。

(23) 渋谷区条例を検討するものとして、石川裕一郎「渋谷区『安全／セキュリティ』という視座」前掲註（11）二四頁以下。「渋谷区安全・安心でやさしいまちづくり条例」の条文については、渋谷区公式ホームページの例規集（http://www.city.shibuya.tokyo.jp/reiki_int/reiki_menu.html）で見ることができる。

(24) この一例として、千代田区条例については、本書第二部第四章一二〇頁。

(25) 横須賀市条例二六条では、「開発者は、開発区域及び予定建築物の必要とされる部分に防犯上の見通しの確保、防犯用カメラの設置、施錠装置の工夫等による生活の安全環境の整備を図るよう努めなければならない」とし、これに関して所轄警察署長との協議規定を置き（三〇条）、この協議の適正な遂行を市長の建築等行為承認事項に含め（四四条）、この承認を受けないで建築等行為に着手した行為者等には市長が行為停止又は違反是正を求める勧告・命令を出し（五〇条及び五一条）、この命令違反者に対しては六月以下の懲役又は五〇万円以下の罰金に処することができる（六六条）。

(26) 浜島望「Nシステムに見られる住民監視」前掲註（11）二一頁以下。

(27) サンデー毎日二〇〇三年一月一九日号（毎日新聞社）一五五頁以下参照。

(28) 「山北町安全で安心な住みよいまちづくり条例」の条文については、山北町公式ホームページの「まちづくり情報」のページ（http://www.town.yamakita.kanagawa.jp/machidukuri/index.html）で見ることができる。

(29) 「『減らそう犯罪』ひろしま安全なまちづくり推進条例」の条文については、広島県公式ホームページの例規集（http://www.pref.hiroshima.jp/soumu/bunsyo/kenhouki/reiki_menu.html）で見ることができる。

(30) 本書第二部第四章一二一頁及び関連註で触れたように、区長への陳情書では、「生活の安全に関する条例」の制定を求めているが、路上禁煙には一切言及していない。路上禁煙規定が条例に入ったのは、区長と住民とのタウンミーティングなどで出た住民からの要望がきっかけである。

(31) 本書第二部第五章一三一頁以下。

(32) 山北町条例六条三項は、「深夜の時間帯において業務を行う事業者は、犯罪被害の防止措置を講ずるとともに、従業員の安全確保に努めるものとする」としているだけだが、実際の具体的な町の要請内容は店員の複数配置となっている（前掲註（28））。

(33)「杉並区生活安全及び環境美化に関する条例」の条文については、杉並区公式ホームページの例規集（http://www2.city.suginami.tokyo.jp/library16/reiki.html）で見ることができる。

(34) 本書第二部第六章一四三頁。

(35) 本書第二部第四章一二〇頁以下。

(36) 千代田区『安全で快適な千代田区の生活環境の整備に関する条例　逐条解説』（千代田区、二〇〇二年）三七頁。

(37) 本書第三部第八章二〇六頁以下。

(38) 千代田区「現場での指導員マニュアル」（千代田区、二〇〇二年）一頁。

(39) 千代田区環境土木部『千代田区生活環境条例過料徴収の手引き』（千代田区、二〇〇二年）三頁。

(40) 前掲註（39）二四頁。

(41) 本書第四部第一一章二七二頁以下。

(42) 石埼学「生活安全条例と市民の主体的参加」前掲註（11）一六頁以下参照。

(43) 本書第三部第八章二〇四頁。

第四部

連動する有事体制と少数者の排除

第一〇章 「国民保護法制」と「生活安全条例」

はじめに

二〇〇四年六月、前年の「武力攻撃事態法」など有事関連三法の成立に続き、「国民保護法」など有事関連七法及び三条約の承認案件が成立した。本稿では、この「国民保護法」についての詳しい検討は別稿(1)に譲り、ここでは昨今の治安政策、とりわけ「生活安全条例」との関連する問題点を考察したいと思う。

一 「国民保護法制」の問題点

1 「国民保護法」の基本構造

「国民保護法」では、「国、地方公共団体等の責務」を明確にし(三条)、国民には「国民の協力等」を定める規定をおいた(四条)。国全体の統一がとれた方が戦争を行いやすいという発想から、「国民保護法」に基づき自治体が実施する事務は、本来、国の事務であるものを自治体に行わせるという第一号法定受託事務にした(一八六条及び附則三条による地方自治法の改正)。したがって、法定受託事務の場合は、自治体の抵抗を防ぐために国は指示権・執行権を発動することができ、「国民保護法」でも事務の種類に応じてそのような権限発動を規定している。これにより、憲法九条の下では許されないはずの「戦争の論理」により、従来、憲法第八章の地方自治規定で対等関係にあった国と自治体との関係は、否定されることになるのである。

また、国は国民に協力を求めるが、この協力は「自発的な意思にゆだねられる」(四条二項)とした。なぜ強制・義務ではないかであるが、強制・義務にすれば当然国民の反発が生じるということと、もう一つは、強制にしなくても日本人の国民性からして、「自発的」に周りを見ながら協力するのではないかという権力の側の余裕の姿勢も想像できる。これに関連して、「国及び地方公共団体は、自主防災組織及びボランティアにより行われる国民の保護のための措置に資するための自発的な活動に対し、必要な支援を行うよう努めなければならない」という規定(四条三項)もある。後で触れるように、既に平時からボランティア等による国民動員を「生活安全条例」を始めとする治安の場面で着々と進めているから、このような条文が規定されたと思われる。

2 平時から進む「国民保護体制」

そして、「国民保護法」には平時から有事体制を構築する仕組みもある。自治体は平時から諮問・審議機関としての「国民保護協議会」を設置し、この委員には自衛官や「国民の保護のための措置に関し知識又は経験を有する者」(ということは、これには自衛官OBが入りうる)も任命され、「協議会」には指定地方行政機関の職員や「国民の保護のための措置に関し専門的な知識又は経験を有する者」(ということは、これらには防衛施設局職員のほか、現職・OB自衛官も入りうる)などから構成される「専門委員」が置かれる(三七条等)。すなわち、平時から自衛官などが自治体行政に関与することになり、自衛隊により自治体が支配されかね

ない仕組みの下で、「有事」に「備え」る体制が構築されていくのである。(2)

さらに、平時から指定行政機関の長等による「国民の保護」のための「訓練」を行い（四二条）(3)、政府は「国民の保護」のための「重要性について国民の理解を深めるため」の「啓発」を行う（四三条）。平時から「武力攻撃災害」に備えた「自発的活動」による「訓練」が行われることにより、地域住民は「備え」への参加と忠誠が試され、「協力者」と「非協力者」との選別、「非協力者」への監視が進む可能性がある。参加を強制しなくても、日常的な地域住民の関係から、周りが参加するのに参加を拒む住民は多数派になりえないことが予想される。あるいは、積極的に参加することで満足感を得る住民や、参加をアピールすることで地域住民に自己主張を試みる住民も出てくる可能性がある。ともかく、「有事」への協力を義務にしなくても、日常から地域社会で半ば参加を強制していくような仕組があるのである。

二　「国民保護法」制定の時代状況

1　国際情勢と軍事大国化

ところで、「国民保護法」を含む有事法制は、日本の法体系の中でどのように位置付けられるのであろうか。これからの日本は「普通の国」になる必要があるという。(4)「普通の国」というのは、「国際社会において当然とされていることを、当然のこととして自らの責任で行うこと」(5)とするのが代表的な意見であり、安全保障面における具体的な行動として自衛隊による「国際貢献」がよく主張されている。(6)端的にいえば、欧米諸国のような「軍隊を所持する国」「戦争する国」という意味であり、このような国ではアメリカとイギリスが「先端」を行っているといえる。こういう状況の中で、日本は西側先進国の一員として経済大国になったが、憲法九条の縛りやアジア諸国の反発と日本国民の平和意識により、必ずしも十分な軍事大国にはなっていない「普通でない国」といえる。

一方、一九八〇年代以降の流れは、新自由主義改革とグローバリズムにより、自由競争、市場原理、外に向かっての市場拡大の激化、「北」の国による「南」の収奪等々で、いかに経済的繁栄を維持し発展させるかを追求してきた流れである。こうした中で、アメリカは新たな市場を開拓するために、あるいはその「南北」の支配体制に反発するものを軍事力で押さえつけるために世界規模の展開をし（レーガン政権のLIC戦略、クリントン政権の「ならず者国家」論、ブッシュ・ジュニア政権の「悪の枢軸」論など）、自衛隊への協力要請もエスカレートしてきた(7)。

このような中で、日本は対外的改革として、特に一九九〇年代以降、着々と法整備をしつつ、軍事大国・「戦争する国」になることを追求してきた。具体的には、米軍支援のための「周辺事態法」「テロ特措法」「イラク特措法」「有事法制」の制定であり(8)、度重なる自衛隊法改正による自衛隊の活動範囲拡大であり、中央省庁等改革法制定・安全保障会議設置法改正・「武力攻撃事態法」制定による危機管理法制の整備である(9)。

2　国内情勢と治安強化

他方、国内問題に目を向けてみれば、「危機」もグローバル化の影響を受けるからこそ、海上保安庁法改正・テロ資金提供処罰法制定・警察法改正により「テロ」にも備える法と体制整備が進む。また、新自由主義あるいはグローバリズムによる経済改革は規制緩和と競争原理によって、一九九〇年代末から解雇・リストラ・失業者・ホームレス・「落ちこぼれ」を増やしていく。治安の悪化をもたらし、従来の国民統合を解体していくのである。本来、このような状況を生み出す新自由主義改革などの要因こそ変えなければならないはずなのに、市民監視としての「通信傍受法（盗聴法）」制定・住民基本台帳法改正・「生活安全条例」制定によって、治安の悪化に対処するのである。また、「国旗・国歌法」の強引な運用・教育基本法改正など、国民の内心を国家がコントロールし、国民統合を図る動きも出てくる。軍事大国化は対内的改革としての治安強化と国民統合を必要としてくるのである。[10]

具体的な出来事では、二〇〇四年に入ってからの二月の立川テント村事件、三月の堀越事件、一二月の葛飾事件などの表現弾圧事件、小泉純一郎首相による毎年の靖国神社参拝があげられる。「戦争する国」への道（もちろん、既に「アフガン戦争」への協力とイラク派兵により、日本は海外派兵と国内「テロ」警戒という「戦時体制」に入っているといえるのであるが）に反対する「突出した人間」には過剰な弾圧と監視を強める。その他多数派の国民に対しては、排外主義をあおり（外為法改正や特定船舶入港禁止法もその一環である）、教育の場で愛国心を植え込もうとし、新たな英霊を奉る場の確保を目指すことで国民を統合していこうとしているのである。

三　「国民保護法制」と「生活安全条例」

1　軍事と治安の融合化

以上のような動向の中で、その流れをますます助長するのが昨今の軍事と治安の融合化である。従来、原則として警察が対処する国内治安と軍隊が対処する防衛とは一応区分されていたが、特に「九・一一」後のアメリカで成立した「アメリカ合衆国愛国法」が典型のように、「対テロ」のために警察も軍隊も協力しあいながら、活動を展開していく。(11) そして「テロリスト」には誰もがなりうるし、市民の間に潜んでいる可能性があるからこそ、日常から市民を監視するというロジックとなる。これにより、各地にさらに監視カメラの設置が進み、密告制度が整備されていく。(12) しかし、この「愛国法」はいわゆる「テロリスト」だけではなく、反体制運動からさらに市民運動に対する弾圧にも活用されていることには注意が必要である。(13)

日本でも最近、軍事と治安の融合化が見られるようになってきた。「武力攻撃事態法」で「不審船」「テロ」対処条項（二五条）が入り、「国民保護法」には「緊急対処事態（武力攻撃の手段に準ずる手段を用いて多数の人を殺傷する行為が発生した事態又は当該行為が発生する明白な危険が切迫していると認められるにいたった事態）」概念が挿入された（第八章）。今後、戦争から「テロ」・自然災害までを対象とする「緊急事態基本法」の制定も予定されている。そして、現実にも「自衛隊の警察化」「警察の軍事化」が進んでいる。(14)

2　「国民保護法制」と「生活安全条例」の共通点

ところで、本書で見てきたように、「生活安全条例」は自治体・住民・事業者等の安全確保のための責務を明確にし、地域で自治体・住民・警察から成る「協議会」を結成し、自治体や住民の警察への協力をうたっている。そしてこの取組の中では、「自分のまちは自分で守る」というスローガンがよく使われる。

本来、治安活動は専門知識と技術・武器・権限を有する警察が行うものであったのに、地域住民などが「自発的に」（実際には、警察主導により警察の手足の代わりとして）担っているのである。このような中で、条例制定や施策の警察主導の推進や「協議会」への警察の参加、自治体への警察官の出向・警察出身者の副知事登用などにより自治体が警察に支配され、警察主導で治安強化が進む一方、日常から住民の相互監視によって、「不審者」「異端者」のあぶり出しをやっていくことになる。その担い手の中心は町内会・自治会・PTAなどの既存の組織や、ボランティア精神旺盛な住民などなのである。

この「生活安全条例」と本稿で取り上げた「国民保護法」とには、人的・思想的な共通性があることに気がつく。現場における有事の際の「国民保護体制」にしろ、「生活安全協議会」にしろ、それぞれの担い手は今ある町内会・自治会が中心となる。平時においては「不審者」「異端者」を市民相互の取組で監視・排除するというシステムが、有事になると「敵国人」「非国民」を監視・排除していくというシステムに転化するわけである（そして、このような法律による強制ではない「自発的な」国民の動員体制の方が、「非協力者」の排除、「自警団」の暴走などを招きかねず、危険性が高い）。

また、「対テロ戦争」と防犯活動の共通性ということでいえば、アメリカのブッシュ政権が従来の攻撃を受けた場合の自衛権発動を、「対テロ戦争」の中では「先制攻撃」という形で自衛権発動の時期を前倒しした。一方で、警察の最も基本的な活動は、犯罪発生後の捜査・検挙活動であるが、昨今の防犯活動も「犯罪予防」という形で警察活動が前倒ししてきている。従来の司法警察中心から、生活安全警察主導の行政警察が拡大の一途をたどり、「警察権の限界」（警察消極目的の原則、警察責任の原則、警察公共の原則、警察比例の原則）が形骸化し、これまで警察が十分にできなかった予防活動や私的領域への介入が拡大しつつあるのである。

3　法制定原因の隠蔽と責任転嫁

さらに、「テロ」と「治安の悪化」に関して見ておかなければならないのは、政府による原因の隠蔽と責任転嫁である。小泉首相が二〇〇四年三月に、スペインでの「列車テロ事件」を受けて、「国民の皆さんも、日頃から外出する際にも心構えというか、どの地域でもテロは起きる可能性はある。ご自身の注意はもちろん、社会全体が自分たちで守るという認識をもってほしい」と発言した。[15] このような「テロに備えるのが国民の努めだ」式発想は、なぜ「テロ」が起きるのかという原因を隠蔽し、対策を市民の責任に転嫁することになりかねない。すなわち、日本で「テロ」が発生する可能性の原因として考えられる「アフガン戦争」への協力とイラク派兵の政府責任を隠蔽し、市民を「テロ対策」に動員することになる。

同じように、「治安の悪化」に対する「安全・安心まちづくり」「自分のまちは自分で守る」というスローガンは、「治安の悪化」の原因を隠蔽し、対策を市民の責任に転嫁することになりかねない。すなわち、日本で「治安の悪化」をもたらしている大きな原因として考えられる新自由主義改革を維持したままで、これに対して社会保障などで対応しない政府責任を隠蔽し、市民を防犯活動に動員することになる。市民に犯罪に遭わない心構えを持つことや自発的な防犯パトロールを奨励することは、犯罪が発生しても市民の取組の不十分さに責任転嫁可能となる。[16]

おわりに

「国民保護法」は「有事」に初めて発動されるわけではない。平時から、自治体行政に自衛隊が関与し、住民を組織化し、「自発的な」住民の参加により「防衛体制」構築が行われる。二〇〇六年度中には、自治体における「国民保護基本計画」策定が一通り終わることになる。

一方で、既に全国で制定されてきた「生活安全条例」体制の下で、自治体行政に警察が関与し、住民を組織化し、「自発的な」住民の参加により「防犯体制」構築が行われてきている。平時の「地域安全活動」における「不審者」「異端者」の監視と排除の取組は、有事に「非国民」「敵国人」の監視と排除に容易につながる。「自分のまちは自分で守る」という考えは、「自分の国は自分で守る」という考えに安易に転化しかねない。「不安感」と「生活保守主義」により「治安強化」に向かう「普通の市民」の危険性に警戒しつつ、「生活安全条例」と「国民保護法制」の連続構造に警戒が必要である。

(1)「国民保護法制」の問題点を考察する論稿は多々あるが、拙稿については、「有事法制で市民の生活はどうなるの？その②――『国民保護法制』で国民を統制する!?――」渡辺治・三輪隆・小沢隆一編『戦争する国へ　有事法制のシナリオ』(旬報社、二〇〇二年)一一三頁以下、「有事法制における『国民保護法制』の問題点」和光大学表現学部紀要三

号（和光大学、二〇〇三年）一六七頁以下、共著（三輪隆・小沢隆一・清水雅彦・松尾高志『戦争のできる国』へ⁉

——有事関連法案の問題点」法学セミナー五九五号（日本評論社、二〇〇四年）六七頁以下を参照していただきたい。
（2）「国民保護法」に基づき、都道府県は二〇〇五年度中に、市町村は二〇〇六年度中に「国民保護基本計画」を策定することになり、これとの関係で自治体の防災・危機管理担当職員に再就職する自衛官OBが二〇〇三年度から増え始め、二〇〇六年五月末で四一都道府県・四三市区町村に自衛官OBが在籍しているという（朝日新聞二〇〇六年六月一九日朝刊）。
（3）二〇〇五年一一月、福井県で「国民保護法」に基づく初の住民を動員した実動訓練を実施し、その後、各地で順次実施している。
（4）代表的な議論としては、小沢一郎『日本改造計画』（講談社、一九九三年）の「第二部　普通の国になれ」（一〇二頁以下）。
（5）前掲註（4）一〇四頁。
（6）ただ、この自衛隊による「国際貢献」の内容については、国連のPKO活動への参加にとどめるものから、アメリカ主導の「アフガン戦争」「イラク戦争」でイギリスのように戦闘に参加するものまで色々である。
（7）以上の点については、拙稿「90年安保と日本国憲法」和光大学人文学部紀要三四号（和光大学、一九九九年）八九頁以下。
（8）以上の点については、前掲註（7）七九頁以下。
（9）なお、戦後、日本は平和憲法の制約の下、アメリカの軍事戦略に組み込まれたODAによって軍事的貢献の不足分を補ってきた問題があるが、その点については、拙稿「統合の手段としての日本のODAと憲法の平和主義」憲法理論研究会編『憲法理論叢書⑥　国際化のなかの分権と統合』（敬文堂、一九九八年）五五頁以下、拙稿「国際社会と国家財政」日本財政法学会編『財政法講座　第一巻　財政法の基本課題』（勁草書房、二〇〇五年）三二九頁以下。

(10) この議論については、渡辺治「開発主義・企業社会の構造とその再編成」渡辺治編『変貌する〈企業社会〉日本』(旬報社、二〇〇四年) 一〇六頁以下参照。

(11) 軍事と治安の融合化問題については、岡本篤尚「『安全』の専制――際限なき『安全』への欲望の果ての『自由』の荒野」全国憲法研究会編『憲法問題12』(三省堂、二〇〇一年) 九八頁以下、岡本篤尚「果てしなき『テロの脅威』と《安全の専制》――《9・11》以後の世界」全国憲法研究会編『法律時報増刊　憲法と有事法制』(日本評論社、二〇〇二年) 二五八頁以下。

(12) ジム・レッデン (田中宇監訳)『監視と密告のアメリカ』(成甲書房、二〇〇四年)。

(13) 米国自由人権協会 (宮田章訳)「『愛国者法』という名の権力の飽くなき欲望」白石孝・小倉利丸・板垣竜太編『世界のプライバシー権運動と監視社会』(明石書店、二〇〇三年) 二〇一頁以下など。

(14) この点に関する拙稿として、「警察の『テロ対策』の内容と問題点――警察の肥大化と『軍隊化』」法と民主主義四〇七号 (日本民主法律家協会、二〇〇六年) 三二頁以下参照。

(15) 朝日新聞二〇〇四年三月二七日朝刊。

(16) 小泉首相は、このような発言に続けて、「警察だけに頼るのではなく、地域住民のボランティア的な活動が犯罪を抑止している面がある。不審な物を見て見ぬふりをせずに、おかしい点があれば注意する対応が必要だ」と述べている。

第一一章　「不安社会」と「安全」——オウム真理教事件を手がかりに

はじめに

本稿は、オウム真理教・現アーレフ信者（以下、「信者」と表記）に対する「過剰対応」が、日本の市民社会にとって危うさを抱えているという問題意識(1)を受けてまとめたものである。具体的には、過剰対応の事例として、全国自治体における信者の住民票不受理、麻原彰晃こと松本智津夫死刑囚（本稿で検討する事例は、松本死刑囚が被告であった時なので、以下、「松本被告」と表記）の子どもに対する自治体の就学拒否、同子どもに対する大学の入学拒否を題材に考察している。この問題は、市民の防犯パトロールによる「不審者」排除の構造と共通する問題があるため、本書の一論稿として加えた。

一　市民社会による排除の実例

1　自治体による住民票不受理

オウム真理教（以下、「教団」と表記）排除が始まるのは、一九九五年の地下鉄サリン事件発生後の教団への一斉捜査（同年三月）や宗教法人法に基づく解散命令の決定確定（同年一二月）直後ではなく、「破壊活動防止法」に基づく解散指定処分の請求棄却（一九九七年一月）後、一連の事件実行犯への死刑判決が出始める一九九八年末以降のことである。

具体的には、一九九八年末に長野県北御牧村で武装住民が信者を襲撃して以降、各地で信者排斥が激しくなっていく。一九九九年四月に茨城県三和町が信者の転入届の受理を拒み、二〇〇〇年一月までに全国一一〇以上の自治体で転入届不受理を決め、一二〇以上の自治体で信者の公共施設の使用を禁止した。この間、関係自治体は「オウム真理教対策関係市町村連絡会」を結成し（一九九九年四月）、政府は「オウム真理教対策関係省庁連絡会議」を設置する（同年五月）。そして、同年一二月には「団体規制法」が成立した(2)。

この住民票の不受理問題については信者が訴訟に持ち込み、自治体による転入届の不受理処分についても、住民票の消除処分についても、多くの裁判所が自治体の処分を違法とし(3)、二〇〇一年六月には、住民票消除処分について自治体（東京都世田谷区）の主張を退ける最高裁の決定が出ている。このような中で、東京都世田谷区の区長（当時）は、「もはや司法判断に期待することはできない」という理由で、教団対策を名目に二〇〇二年六月に「世田谷区安全安心まちづくり条例」を制定するにまでいたっている。

2　自治体による就学拒否

信者の子どもの就学に関しては、地域住民が教育委員会等に就学拒否を要請しはじめ（一九九九年四月埼玉県都幾川村、同年九月栃木県大田原市など）、二〇〇〇年一月までに就学拒否の自治体は全国約七〇に達した。

本稿で、特に取り上げたいのは、茨城県龍ヶ崎市における松本被告の子どもたちの就学拒否問題である。

二〇〇〇年七月、龍ヶ崎市に松本被告の子どもたちが引っ越してくると、「周辺住民の不安」を理由に（市の担当者は「麻原彰晃の子」であることを理由として明言）転入届と就学を拒否した。これに対して、子ども側が同年八月に就学拒否処分の取消を求める訴訟を提起。その後、市側が子どもたちの学齢簿を編製したため、二〇〇一年三月の第二回口頭弁論で、訴訟代理人兼後見人は訴訟を取り下げ、その際、子どもたちが教団の組織上の地位に就いたり、その運営に関わっていないことを確認し、また、そうしないよう指導監督することを表明し、就学が可能となった（これは、実質的には、市側が違法行為を認めて、子どもたちの就学が可能になったということである）(4)。

3　大学による入学拒否

二〇〇四年、松本被告の娘の一人（以下、「娘」と表記）が和光大学を受験・合格し、入学手続（書類提出、納付金納入）を行い、大学はこれを受領した。しかし、その後、大学は同女を呼んで面接を行い、松本被告の娘本人であるか否かと入学の意思を確認。同年三月一二日付で彼女に「入学不許可について」と題する文書を送付し、同大学への入学を拒否した。さらに、大学は同女の入学拒否を記者会見やホームページ上で一方的に発表した(5)。

和光大学の主張は以下の通りである。「和光大学は2004年度入試において人間関係学部の合格者1名を、3月12日に入学不許可とすることを決め、同日本人宛通知した。……本学は、入学手続書類提出とともに、保証人、家族構成を記させている。したがって、本件における受験生がいかなる家庭的背景をもっているかは、その際、はじめて判明した。……本学は当該合格者が入学した場合、当人が学内外で特異な存在となり、内外の不安や好奇な目にさらされることを防ぐ自信を持たない。その結果、本人に責任がなくとも、学内の平穏や教育環境を乱す可能性が大きい。……本人の本学における自由な学習を護りきれないと同時に、在学生の学習環境を維持し切れないと考えざるを得ず、現時点では入学不許可という苦渋の選択をすることになった。(6)」

和光大学の入学拒否公表をきっかけに、文教大学でも同女が合格していたことがわかった。彼女は既に入学手続（書類提出、手続金納付）を行い、大学も入学許可書を送付しながら、大学側は同年三月に入学許可を取り消した。そこで同女は地位保全を求める仮処分申請を行い、同年四月に東京地裁は地位保全を認める決定を出す。これにより文教大学は同年五月に入学取消処分を撤回し、彼女も登校を始めた。

そして、同年五月、和光大学と二〇〇三年の入学試験に合格し、入学手続時納入金を納付し、入学手続書類を郵送した後で入学を取り消した武蔵野大学に対して、同女は損害賠償を求める裁判を起こした。(7)

二　排除の法的問題点

1　住民票不受理の場合

選挙人名簿の登録は住民基本台帳に記録されている者で選挙権を有する者について行い（住民基本台帳法一五条）、選挙人名簿の登録は住民票が作成された日から引き続き三か月以上当該市町村の住民基本台帳に記録されている者について行い（公職選挙法二一条）、選挙人名簿に登録されていない者は原則として投票できない（公職選挙法四二条）。また、市町村の区域内に住所を有する者を当該市町村が行う国民健康保険の被保険者とする（国民健康保険法五条）。したがって、市町村による違法な住民票の不受理は、居住・移転の自由（憲法二二条）、選挙権（憲法一五条）、生存権（憲法二五条）を侵害するものであり、教団信者であることを理由に不利益処分を行うことは、思想の自由（憲法一九条）、信教の自由（憲法二〇条）、法の下の平等（憲法一四条）に反するといえる。

実際、「周辺住民の不安」などを理由とする不受理を、「住民に関する正確な記録」という住民基本台帳制度の趣旨に反し、違法と判断した多くの判決・決定は当然のものといえる。最高裁も二〇〇一年六月に、住民票の消除処分の効力執行停止を求める裁判の特別抗告事件で、執行停止の申立を却下した東京高裁決定に対して、「市区町村長が住民基本台帳法に基づき住民票を調製するに際し、地域の秩序が破壊され住民の生命や身体の安全が害される危険性が高度に認められるような特別の事情の存否について審査することができる」というような審査権限を、「有するとは必ずしも即断し難い」と判断し、原決定を破棄した。(8)

2　就学拒否の場合

憲法及び教育基本法は国民にひとしく教育を受ける権利を保障し（憲法二六条及び旧教育基本法三条、現教育基本法四条）、国民には保護する子どもに普通教育を受けさせる義務を課している（憲法二六条及び旧教育基本法四条、現教育基本法五条。そして具体的には、学校教育法二二条及び三九条）。自治体が松本被告又は信者の子どもの小中学校への就学を拒否することは、以上の憲法及び各法律に反し、さらに、出自による差別を禁止した法の下の平等（憲法一四条）、子どもの権利条約の差別禁止（二条）、同教育への権利（同二八条）にも反するものといえる。

龍ヶ崎市の場合、市は処分の正当化に「周辺住民の不安」を根拠に挙げ、訴訟でも「不安」を述べる住民の文書を出した(9)。しかし、かつて親との関係で教団幹部とならざるをえなかった経緯を無視し、既に教団との関係を断ち切った後でも根拠なき「不安」により就学を拒否することは違憲・違法であるし、仮に関係があっても拒否は許されない。

3　入学拒否の場合

大学入学試験に合格し、大学の求めに応じて入学手続を終えたにも関わらず、松本被告の子どもであることを理由に大学への入学を拒否することは、出自による差別を禁止した法の下の平等（憲法一四条）に反する。また、過去に教団の幹部であったことや、現在の教団に対する影響力を理由に拒否する場合には、そのような事由の当不当はおくとしても、事前に受験生に入学不許可の事由を告知すべきである。しかし、そもそも教団幹部・信者＝犯罪者ではないし、合格者の内心に関わる問題を調査することは思想の自由（憲法一九条）及び信教の自由（憲法二〇条）に抵触しかねず、教団との関係で入学拒否すること自体、思想の自由、信教の自由及び法の下の平等に反するであろう。

文教大学に対する仮処分決定で、裁判所は、私立学校は学生の入学許可について原則として自由に決定できるとしながら、一旦、学生に入学許可を出した後は、自由にその学生を排除できず、退学処分と同様一定の歯止めが必要であるとした。また、学校教育法五二条を根拠に、大学は「最高学府として学生の教育と学術の研究を目的とする公共的な施設としての役割」を担っているとし（そのため、私学助成があるとする）、入学許可の取消の限界を考えるにあたっては、「私立大学と学生という私人間の法律関係であることを前提としても、より憲法の精神を反映した法解釈が要請される」とした。そして、娘が教団に現在も強い影響力があることは認められず、かつて幹部であったことは親との関係によるもので、自ら望んでなったものではなかったと認定。その上で、「日本国憲法の精神を体した教授研究を標榜する債務者［文教大学］が、現在の債権者［娘］の姿に目を向けず、債権者の逃れられない過去を理由に錯誤無効を主張することは、出自による差別であり、憲法一四条に反し許されない」とした。入学による混乱、受験者減などによる財政問題についても、これまで同女が高校・予備校で大きな混乱なく卒業していることや、これらの学校が何の問題もなく学校経営を継続している事実から、大学の主張を認めなかった。[10]以上の裁判所決定を考察するに、この決定は妥当なものといえる。ただし、私自身は仮に娘が現在も教団と関係があったとしても、入学は認められるべきだと考える。

さらに、二〇〇六年二月に東京地裁は和光大学に対する損害賠償請求事件の判決を出した。この判決の中で裁判所は、「私立学校であっても高度に公の性質を有するものと考えるのが相当である」から、「私立大学も……憲法に定められた諸規定の趣旨を尊重する義務を負うものというべきである」とした。そして娘については、「普通の女性として高校及び予備校に通い、アルバイトをしたのであり、そのことで重大な問題が生じたことはなかったのである」と認定し、娘を大学に入学させたとしても大学の存続を揺るがしたり在校生の平穏な学習環境の提供ができなくなる問題は生じないとした。その上で、和光大学に対しては、「現実の危険性が具体的にどれだけ存在するのかということについて慎重に調査するという態度を欠き、安易に、原告が危険を誘発するほど教団と深い関係にあると判断し、その誤った判断を前提に、自ら抽象的に予想する危険性が仮に現実化した場合を想定し、その想定を前提とした判断を行った」と認定し、和光大学の入学不許可は違法、娘に三〇万円の支払を命じた[11]。この判決も娘と教団との関係を問題にする点で文教大学事件決定と同様の問題があり、明確な憲法論が後退した点で不満が残るが、和光大学敗訴は当然の判断として評価できる[12]。

三　日本社会の現況

1　地域住民の過剰・異常反応

一連の教団に対する反応は、私たちの市民社会・日本社会がどの程度成熟しているかを明らかにする試金石ともいえるものであった。しかし、結果はかなりひどいものである。

まず、地域住民の反応であるが、信者に投げかけられたいくつかの言葉を以下に列挙する。「ブス！　こっち向け」「何か言え！　お前らつんぼか」「人殺し」「うじ虫」「地球から出ていけ」「オウムはサリンで死ね‼」（一九九九年七月、栃木県大田原市の信者住居前監視小屋住民からの信者への又は抗議集会の際の罵声やプラカード文字）、「麻原死刑」「アホチャリー正大師」「SEX真理教」（時期不明、埼玉県吹上町の信者住居への落書き）、「悪魔のお前たちに人権はなーい！」（二〇〇〇年八月、茨城県龍ヶ崎市の抗議デモ時における松本被告の子ども宅前でのシュプレヒコール）など。さらに、実力行使としては、金属バットや工具で武装した住民が信者宅を襲撃し、信者を引きずり出したり（一九九八年一二月、長野県北御牧村）、検問と信者の荷物チェックや拒否した者をその場で一時間以上拘束したり（一九九九年一〇月、埼玉県吹上町）、実行犯は不明だが、釘で作ったマキビシにより信者の車が何度もパンクしたり（一九九九年七月、栃木県大田原市）した[13]。

怖いのは遵法精神のない住民である。実態は別として、警察の場合は法の縛りがある。もちろん、住民に法律違反が許されているわけではないが、警察にはできない一部の脱法行為が野放しになった。今、「体感治安の悪化」なる主観的な「不安感」の高まりにより、全国で「安全・安心まちづくり」が展開されている。これにより各地で作られている防犯ボランティア団体や「自警団」が、ある意味「熱心に」活動するあまり、今後、「不審者」「異端者」排除という形で暴走しないかが懸念される（関東大震災時の虐殺を思い出してほしい）。十分な法的トレーニングを受けていない地域住民が、地域で防犯活動を行うことは安易で危険であるといえる。

2　「人権派」政党の鈍感さ

政党の中では社共（社会民主党・日本共産党）両党が「護憲政党」として他党よりも憲法理念を主張しているが、オウム真理教事件の対応は必ずしもそうではなかった。

まず、龍ケ崎市では、二〇〇〇年八月に、共産党県南部地区委員会・龍ケ崎市委員会が「オウム問題を考えるつどい」で「就学拒否は当然」との見解を示した。[14]政党として唯一この問題に関与しようとした社民党の衆議院議員三名が二〇〇一年一月に子どもたちの家に来たが、「反対住民は人間的よ。……まずは話しあって理解してもらうしかないのよ」と発言したり、市が家の前にあるゴミ集積所に「オウム（アレフ）関係者のごみは収集しません　龍ケ崎市」という張り紙をしているのに、「ゴミ袋もって『おっちゃん、ゴミ出させて』って言えばええんよ。人間なんやから大丈夫って！」と発言したという。[15]

また、世田谷区条例に対しては社民党は賛成した。共産党は区の条例案には反対したが、事実上教団を標的にした対案を提出する。両党とも、この条例が教団対策に限定されない「生活安全条例」の一つにすぎないということに気がつかず、当該条例が広く市民の監視につながるという危険性にも鈍感であったといえる[16]。突出した弾圧が徐々に一般市民に広がっていったナチス・ドイツや治安維持法体制下の教訓を忘れたのであろうか。

3　「高邁な理念」を掲げる大学の現実

和光大学はこれまで「自由な学風」を掲げる大学として知られてきた。しかし、今回はあっさりと理念を捨ててしまったといえる。まず、今回の決定は、教授会や職員集会の多数決ではなく、学長判断という非民主的方法で決められた（もちろん、多数決で決めたからよい、というわけではない）。非常勤講師には、二〇〇四年三月一七日付で一五日付の文書が一方的に送られてきただけである。

今回の件で非常に残念なことは、これまで差別やマイノリティ問題を扱ってきた社会学者の学長[17]がこのような「苦渋の選択」を行ったことである。入学を拒否された娘も受験前に見た、大学発行の二〇〇四年度入学案内で学長は教員紹介欄に、「ある集団に、社会的なレッテルが張り付けられる現象を解明して、そのレッテルがなくなるようにするための方向をさぐっています[18]」と書いていた。

しかし、さらに残念なことは、このような「苦渋の選択」がある一方、他の教職員が当初沈黙したことである。もちろん、学長決定に反対する専任教職員はいたが、教授会や職員集会で反対決議をあげたわけでもなく、個別に教職員が公式な形で意見表明を行ったわけでもなかった（当初あったのは、ウェブサイトのブログへの一専任教員による書き込み程度[19]）。入学拒否に否定的な立場からの教員有志による学内集会が開催されたのは、二〇〇四年一二月になってからのことである（さらに、学生有志と合同で二〇〇五年一月にも集会を開催した[20]）。

また、この件に関しては、教職員組合も学内の左翼系学生団体も何の意見表明も行っていない。ということは、大学当局に対して「弱者」である教職員は、社会における「弱者」に考えが及ばなかったといえる。また、かつて武装闘争を展開した政党（もちろん、過去の誤りは現在認めている）を支援している学生団体や、対立党派と内ゲバをしていた党派の活動家が関わる学生団体は、大学が自分たちの現在の姿を見ずに、過去に暴力行為を行った団体との関係により自分たちが排除される論理に今回の決定がつながること（もちろん、このような論理は憲法上許されないが）の危険性には気がつかなかったといえる。

少なくとも、文教大学の決定の中で、裁判所は娘が現在教団に所属していないことと、これまでの学校生活で大きな混乱なく卒業していることを認めたにもかかわらず、和光大学は抽象的な「不安」論を掲げるだけで、「自由」とは「当局の自由」にすぎないことを明らかにしたといえる。

4　日本社会の未成熟さ

教団への捜査では、恐怖と憎悪の「世論」を背景に、信者に対してはおびただしい「無犯罪逮捕」を含む「微罪逮捕」が刑事手続を歪曲した[21]。裁判自体は、「有罪の予断に固まったマスコミを巻き込み、世論操作に終始した現代日本の『魔女裁判』であった[22]」。そして、麻原弁護団が法廷のあった週には必ず記者会見を開いても、その中身は報道されず、「『麻原有罪、早く死刑を』という社会的な雰囲気の中で、『弁護団の引き延ばし』というデマ宣伝だけが伝えられた[23]」。「オウム真理教の最盛期には、一万一〇〇〇人を越える信者が集まっていて、そのうちの九九％は今回の事件に関係［ない］[24]」にもかかわらず、「社会的に広がった『オウムバッシング』による異質切り捨ての激流が、「オウム・麻原」と言いさえすれば、何でもできるような警察・検察の強権体制を可能にしてきた。……教団や麻原被告が奪われて失った権利は、『オウムバッシング』に走った国民の自分たちの権利ではなかったのか[25]」といえるものである。

戦後、「破壊活動防止法」「暴力団対策法」「組織犯罪対策立法」「団体規制法」と、特定の団体取締法が制定されてきたが、これらの法律は自分とは関係ないと思いこんでいる実はその市民の自由にも関わることや、「安全」を求めて治安強化を呼び込む市民の欲求が自分たちの自由を奪いつつあることにも気がつくべきである。

おわりに

では、今後の日本社会の課題は何であろうか。まず、オウム真理教事件により明らかになった少数者の人権を保障できない日本の市民社会の未成熟さを自覚することである。

そして、個人レベルの視点から考えるならば、ステレオタイプが偏見を生みだし、内集団（住民）が外集団（信者）を排除し、これが「外集団均質性効果」や「錯誤相関」により助長される構造を認識すべきである。これに対しては、外集団と内集団との制度的な支援により是認される又は個人化した「接触」により、集団と個人との不一致情報に接する機会を増やすことで非カテゴリー化を進め、ステレオタイプや偏見を軽減・変容させなくてはならない[26]。また、逸脱者に対する排除は、公権力によるラベル付与や「社会的距離」の大きさにより助長されるため、[27]警察による「微罪逮捕」などに異議を唱える姿勢と、住民と信者との交流が求められる。今、「異端者」排除思想を克服しなければ、「オルレアンのうわさ[28]」は繰り返されるだけである。

また、人間は社会的存在の故、社会レベルの視点も必要である。法律論としては犯罪者処罰が重要であるが、一方で、消費社会化の進展の中で、「自然のカタストロフ、テロ行為、技術上の事故という三つのアスペクトは、潜在的には等価である」「最悪のカタストロフはシステム自体の無謬性そのものではないのか[29]」という視点や、近代の「脱魔術化」の果てに、現代の消費社会ではシミュレーションの技法により「再魔術化」が進んでいる[30]という視点である。これらの視点を土台に教団を生み出した社会構造の変革も視野に入れなければ、教団を排除してもまた同様の事件が起きるだけである。

そして、教団に対してにしろ「不審者」に対してにしろ、得体の知れない「不安」や「安全」欲求が自由を脅かしていくこと。普遍的人権に特例（「オウム信者には人権がない・制限してもよい」「不審者監視のためにどこにでも監視カメラを設置してもよい」など）を持ち込むことが、人権自体の縮減につながるということを認識し、これらの考えを否定していくことが求められる。

（1）川崎英明「オウム裁判が投げかけたもの」法律時報七六巻七号（日本評論社、二〇〇四年）一頁以下。
（2）以上、治安制度研究会編『オウム真理教の実態と「無差別大量殺人行為を行った団体の規制に関する法律」の解説』（立花書房、二〇〇〇年）など参照。
（3）判例時報一七四六号（判例時報社、二〇〇一年）八二頁以下、判例時報一七七六号（判例時報社、二〇〇二年）三頁以下、判例タイムズ一一一九号（判例タイムズ社、二〇〇三年）一六〇頁以下など。
（4）手塚愛一郎・松井武・山際永三・深見史『「悪魔のお前たちに人権はない！」——学校に行けなかった「麻原彰晃の子」たち』（社会評論社、二〇〇一年）参照。
（5）以上、この事実関係については、大学側は次にあげる文書しか公表していないため、二〇〇四年五月二八日に娘側代理人により報道関係者に配布された「訴状要旨」に基づく。
（6）和光大学学長三橋修「2004年度入試における合格者の入学不許可について」（二〇〇四年三月一五日）。
（7）註（5）文書と同時に配布された武蔵野大学に対する「訴状要旨」参照。
（8）最二小決平一三（二〇〇一）六・一四。
（9）前掲註（4）参照。
（10）東京地決平一六（二〇〇四）・四・二八。
（11）東京地判平一八（二〇〇六）・一二・二〇。
（12）この判決を考察する論稿として、上出勝「和光大学入学拒否訴訟判決について」法と民主主義四〇七号（日本民主法律家協会、二〇〇六年）七二頁以下。
（13）以上、月刊「創」編集部編『ドキュメント　オウム真理教』（創出版、一九九九年）、前掲註（4）参照。非常に不愉快な言葉や差別語もあるが、そのまま記載した。
（14）前掲註（4）九五頁。

(15) 前掲註（4）二九六頁。
(16) 本書第二部第五章参照。
(17) 三橋修『差別論ノート』（新泉社、一九七三年）。
(18)『和光大学２００４』（和光大学、二〇〇三年）八頁。
(19) なお、内部情報であり、大部分伝聞情報のため、学長決定賛成派の教員が教授会や講義・ゼミでどのような発言をした・しているのかを記せないのが残念である。ただ、この中には誤解や偏見、大学人としてふさわしくない発言もあるとだけ記しておく。
(20) この二つの集会の模様・資料については、篠田博之「オウムの娘入学拒否めぐり和光大学で教授らが集会」創二〇〇五年二月号（創出版）一四頁以下、篠田博之ほか「和光大学入学拒否問題をめぐる大議論」創二〇〇五年三月号（創出版）一三八頁以下。
(21) 五十嵐二葉「オウム事件による刑事手続の歪曲」法律時報六八巻一号（日本評論社、一九九六年）一九頁以下。
(22)「鼎談　オウム麻原裁判の法廷を振り返って［渡辺脩発言］」法学セミナー五九〇号（日本評論社、二〇〇四年）七〇頁。
(23) 渡辺脩「麻原裁判と日本のマスコミ」法と民主主義三八九号（日本民主法律家協会、二〇〇四年）四四頁。
(24) 渡辺脩『麻原を死刑にして、それで済むのか？』（三五館、二〇〇四年）二〇二頁。
(25) 前掲註（24）三二頁。
(26) 上瀬由美子『ステレオタイプの社会心理学』（サイエンス社、二〇〇二年）参照。
(27) 大村英昭・宝月誠『逸脱の社会学』（新曜社、一九七九年）二五八頁以下参照。
(28) エドガール・モラン（杉山光信訳）『オルレアンのうわさ』（みすず書房、一九七三年）。

(29) ボードリヤール「顔のないシステム、顔のないテロル」J・ボードリヤール＝吉本隆明（塚原史訳）『世紀末を語る』（紀伊國屋書店、一九九五年）一八三頁以下。
(30) 伊豫谷登士翁・成田龍一編『山之内靖対談集　再魔術化する世界』（御茶の水書房、二〇〇四年）の特に三四五頁以下参照。

※なお、本稿執筆にあたっては、渡辺脩弁護士、荒木昭彦弁護士、松井武弁護士、上出勝弁護士より判例集未収録の判決・決定などの資料提供、ご教示をいただいた。厚く御礼を申し上げたい。

終章　「安全・安心まちづくり」を越えて

はじめに

以上、本書で「安全・安心まちづくり」とはどのような治安政策で、どのように構築されてきたのか、そしてどのような問題があるのかを考察してきた。私は憲法学とは何よりも、憲法が国家権力の制限規範であることから、「国家権力に対する批判の学」であると考えている。したがって、憲法研究者は単に憲法条文の解釈にとどまらず、絶えず憲法学の観点から現実の国家権力を監視し、国家行為が憲法の規範を越えるような場合には批判する必要があると考える。

とはいえ、一方で憲法学の中には憲法の観点からどのような政策を展開すべきなのかという憲法政策論というものもある。憲法の観点から望ましい治安政策を描くのは難しいが、「安全・安心まちづくり」を批判するからには、この治安政策を見直すための糸口程度は提起しておきたい。そこでこの終章では、「安全・安心まちづくり」を含む昨今の治安政策を批判する際の基本的視点と「安全・安心まちづくり」の背景を考察した上で、「安全・安心まちづくり」を転換するための視点を簡単に示しておく。

一　「安全・安心まちづくり」批判の基本的視点

1　刑法犯認知件数増加の要因

「安全・安心まちづくり」や「生活安全条例」について、特に第三部第八章と第九章で問題点を考察したが、このような治安政策批判に対してまず出てくる反論は、「今の治安政策を批判しても現に治安が悪化しているのだから問題は解決しないのではないか」というものである。ここで「治安の悪化」という場合、世間的には犯罪の増加と検挙率の低下を意味するが、まず冷静にこの状況を分析する必要がある。

まず注意しなければならないのは、「犯罪の増加」といった場合に用いられるデータは刑法犯認知件数のことである。刑法犯認知件数とは、実際に発生した犯罪の件数（犯罪実数）ではなく、犯罪被害者による届出や警察自らの活動を通じて警察が認知した刑法犯の件数のことである。ということは、犯罪の被害にあった人が被害届を出すか出さないか、警察が日常的に熱心に活動するか否かで当然認知件数は左右される。昨今、刑法犯認知件数が増加したのは事実であるとはいえ、重要な問題は犯罪実数の推移は誰にもわからないということである。したがって、本当に犯罪が増えているのか否かは厳密には証明できない。実際に、警察の取締姿勢や被害者の意識の変化に比較的影響を受けず、実数と認知件数の差がほとんどない殺人は、認知件数・検挙件数・検挙人員ともここ何年も大きな変動はない。

その警察の取締姿勢という点でいえば、二〇〇〇年以降、犯罪に対する警察の姿勢が大きく変わったということを見る必要がある。一九九九年以降各地で相次いだ一連の警察の不祥事や、同年に発生した桶川ストーカー殺人事件などに対する警察の不適切な対応について、全国市民の大きな反発が生じた。これを受けて、二〇〇〇年四月に警察庁刑事局長通達「告訴・告発の受理・処理の適正化と体制強化について」が発出され、同年八月に国家公安委員会・警察庁による「警察改革要綱」が策定される。特に「警察改革要綱」では、『国民のための警察』の確立」として警察安全相談の充実、告訴・告発への取組の強化、パトロールの強化、少年犯罪対策の強化、民事不介入暴力対策の強化などを掲げた。これらにより、従来、現場の警察官が事件として受理しないなど適正に対処しなかった軽微な犯罪にも対処するようになったのである。[1]

また、これに関連して、新たな犯罪類型を創設してきたということも影響を与えている。かつては民事不介入などを理由に警察が対処しなかった行為を、法律や条例の制定により新たに犯罪にしたのである。「児童買春等処罰法」「ストーカー規制法」「DV防止法」などがそうであるし、まさに一部の「生活安全条例」による罰則規定もこれに入る。このような新たな犯罪類型の創設と適正な告訴の受理等は、刑法犯認知件数を増やした一因といえる。

さらに、被害者意識の変化も大きい。自転車が盗まれたり痴漢にあった場合など、これまで被害にあっても我慢していたり、ストーカー被害やDVにいたってはこれまで「犯罪」とは明確に定義されていなかった。しかし、諸法の整備や被害者が「おかしいものはおかしい」という意識を持ち始めたこと、権利意識の高まりにもよって、泣き寝入りせず、被害を訴え始めたのである。被害者が警察に相談し、告訴などを行えば、当然警察も対処することになり、結果的に刑法犯認知件数の増大をもたらす。

以上、昨今の複数の要因によって、当然、刑法犯認知件数の増加に影響を及ぼすことになる。

2　刑法犯検挙率低下の要因

一方で、先に述べたことの裏返しであるが、これまで警察が受理しなかった軽微な犯罪に対処し始めると、刑法犯認知件数が増加するのに対して、警察官の人員が飛躍的に増加しているわけではないので、どうしても刑法犯検挙率は低下してしまう。限られた人員の中で現場の警察官の仕事が忙しくなり、検挙者の余罪追及を丹念に行わなくなったことなどが典型的な例である。

また、先にも触れた一九九九年以降の一連の警察の不祥事は、一方で市民の警察への不信感を高め、現場の警察官の士気の低下をもたらした。この時期は連日のように警察官による不祥事がマスメディアで報道され、国内全体で警察に対する批判が強まった。実際に当時は、交通検問をやってもドライバーに逆に非難され、現場の警察官がやる気をなくしたり、検問自体回数を減らすということも起きる。そして、検問に限らず、警察活動全般への市民の協力が減り、また警察活動の停滞により、一九九九年から二〇〇一年にかけて大きく刑法犯検挙率を下げ、しかも戦後最低の検挙率を更新し続けるのである。一九九四年に四三・〇%だった刑法犯検挙率は二〇〇一年に一九・八%にまで落ち込む（二〇〇六年は三一・二%まで回復）。ちなみに、「地域安全活動」の概念が登場する前年の一九九二年は、刑法犯検挙率が六四・一%あった一九八七年から検挙率が下落し続け、三六・五%にまで落ち込んだ年である。

さらに、警察組織の問題もある。戦後日本の警察は、左翼政党・政治党派対策を中心的な任務とする政治警察としての警備・公安部門偏重で活動してきた。今や一九六〇年代や七〇年代のような荒れた街頭デモがないのに、いまだに機動隊を数多く抱え、新左翼党派の活動や左翼政党の停滞・衰退減少が見られるのに、いまだに公安部門は健在である。時代の変化に応じて警察内の組織変更を適正に行うべきなのに、これまで警備・公安部門の大幅な縮小と司法警察部門の大幅な拡充ができなかったことも検挙率低下の原因として考えられる。(2)

3　「治安は悪化していない」論の検討

以上述べてきた刑法犯認知件数増加や検挙率低下の背景から、「実は治安は悪化していない」という議論も出てくる。例えば、少年による殺人事件は減少しているのにマスメディアの過剰な報道により「少年犯罪が激増している」というレトリックを批判する議論[3]や、一般市民については不安感を増大させ、「体感治安の悪化」という幻想を現出させ、厳罰化施策の展開まで正当化するにいたっているとする議論[4]、さらには、統計資料を丹念に分析し、「犯罪認知件数」増加の背景を明らかにした上で、実は治安の急激な悪化は起きていないとする犯罪学者や法社会学者、前東京都治安対策担当部長による議論である[5]。

しかし、このような議論も検討の必要がある。昨今、日本で増えている刑法犯の筆頭は全体の約八割を占める窃盗犯（侵入盗、自動車盗、ひったくり、すりの「重要窃盗犯」とそれ以外の自転車・オートバイ盗、車上ねらい、万引き、自販機ねらい等）である。確かに犯罪は犯す人間に責任があるので、実行犯を捕まえて処罰する必要がある。しかし、犯罪は様々な要因や社会環境に影響を受けて起きることも考えれば、なぜその人が犯罪にいたったかを探求し、根本的な原因を解決していかないと、同じような境遇に置かれた人が同じような犯罪を犯すだけになりかねない。日本における犯罪実数の動向は正確には誰にもわからないが、どこの国でもいつの時代でも、景気が悪くなれば財産犯は増加してきた。では、なぜ窃盗犯がこれだけ多く、しかも増加してきたのかを探求しなければ、根本的な解決にはならないであろう。次に検討するように、私自身は「治安は悪化していない」という立場には立たない。

二　「安全・安心まちづくり」の背景

1　米英の後追いによる新自由主義改革とグローバリゼーション

ではなぜ警察は一九九〇年代以降、アメリカやイギリスの治安政策を研究・紹介・具体化してきたのであろうか。特に一九八〇年代以降、アメリカは「コミュニティ・ポリシング」と「環境設計による犯罪予防」を導入し、イギリスでも「コミュニティ・ポリシング」と「状況的犯罪予防」を導入してきた。特に二〇〇一年の「九・一一」以降は「テロ対策」とも相まって、両国とも各地に監視カメラの設置を進め、急速に監視社会化が進んでいる(6)。

ではなぜ両国がこのような治安政策を進めてきたのであろうか。二〇世紀の先進資本主義諸国家は、戦前の恐慌対策や戦後の社会主義諸国家との対抗と国内労働運動の成果・社民勢力の伸張などにより、ケインズ主義・福祉政策による「大きな政府」路線を歩んできた。しかし、これに行き詰まりを感じた一九八〇年代のアメリカ・レーガン政権も、イギリス・サッチャー政権も、規制緩和・民営化・「小さな政府」などの新自由主義改革とグローバリゼーションを進めたのである（「レーガノミクス」と「サッチャリズム」）。この中で、上層市民と下層市民との階層分化が進み、下層市民層で治安の悪化が進んだ。これに対して、アメリカもイギリスも新自由主義改革・グローバリゼーションを修正するなり、社会保障を手厚くするのではなく、治安の強化で改革を押し進めたのである。

これに対して日本はどうであったか。日本でも一九八〇年代以降の海外直接投資の急増と国内生産から海外生産へのシフト転換・多国籍化が進み、アメリカ・イギリスほどではないが徐々にグローバリゼーションが進展していく。一方、国内政治では一九八〇年代の中曽根政権が新自由主義改革に乗り出そうとするが、自民党（支持層）内「守旧派」の抵抗もあり、規制緩和や民営化など部分的にしか進まなかった。企業は従来の日本型経営を、国内政治は従来の政官財癒着体質と農業・自営業の保護政策を大きく変えることはなかったからである。そのような状況の中で、国内ではバブル経済がはじけ、国際市場では日本の国際競争力が落ちていくのである。

そこで一九九〇年代以降、企業は競争力回復のためにリストラと一層の海外展開を進める。政府は税制・財政改革（法人税率の引き下げ、消費税の導入・引き上げ）、社会保障制度・医療制度改革（社会保障の切り捨て）、規制緩和（農業・自営業の保護政策の放棄）などの構造改革を進める。米英に遅れ、紆余曲折はありながらも、ようやく日本も新自由主義改革とグローバリゼーションを展開し始めるのである。

具体的には、不完全ではあったが一九九六年以降の橋本政権による「六大改革」（財政、税制、経済構造、金融、社会保障、教育）の実施により、その効果が出だす一九九八年から失業率は四パーセントを、自殺者は三万人を越え始め、一九九九年からホームレスが急増した（全国で二万人以上）。犯罪についても、一九九六年以降刑法犯認知件数が増え始めるが、一九九八年からは増加率がさらに拡大する。このような状況に対して、政府は社会保障を徹底するわけでもなく、一方で治安強化の政策を全面的に打ち出すわけでもなかった。肝心の警察が一九九九年からの一連の不祥事で、とてもそのような状況ではなかったのである。

そうこうしているうちに、二〇〇〇年代に入り、失業率・ホームレス・自殺者・犯罪の状況は一向に改善しないばかりかますます悪化し、刑法犯検挙率は二〇〇一年に戦後最低にまで落ち込む。このような状況の中で、従来の自民党政治を打破するために登場した小泉政権はさらに構造改革など新自由主義改革を推し進めることになった。小泉政権は、医療・介護・年金分野での給付の抑制と保険料・自己負担分の増大、IT企業などに関する減税政策や法人税免除措置などにより法人税減税を進める一方、所得税の定率減税の縮小・廃止などにより所得税増税を行ったのである。これらによって、最近では景気の拡大局面が

「バブル景気」を越え、一部大企業の業績は好調であり、六大金融・銀行グループの当期利益も「バブル期」ピークを越えた。しかし、庶民生活に目を向ければ、伸び悩む給与水準と税や公的負担金等の引き上げにより、生活は苦しくなっている。最近では、パート・アルバイト・派遣・契約・嘱託職員など非正規雇用労働者の数が増大し、貯蓄ゼロ世帯率・生活保護受給世帯数・ジニ係数が拡大している。いわゆる一部の「勝ち組」とそれ以外の「負け組」の問題、「格差社会」が進展しているのである。

このように、特に二〇〇〇年代に入って「治安の強化」が叫ばれた背景には、アメリカ・イギリスに遅れて日本でも本格的に新自由主義改革に乗り出したことがあげられる。

2 米英の後追いによる治安政策

以上の状況に対して、警察サイドは既に一九九四年段階で警察庁に生活安全局を設置する背景として、犯罪情勢悪化の背景に「近年における都市化や国際化、ボーダレス化等の社会情勢変化(7)」をあげていた。まさに、新自由主義改革がもたらす規制緩和や開発主義誘導政策による「都市化」や、グローバリゼーションがもたらす「国際化」「ボーダレス」が、「治安の悪化」をもたらすと見込んで警察組織を改編したのである。そして、一足早く新自由主義改革とグローバリゼーションを押し進め、その結果による「治安の悪化」に治安の強化で対抗したアメリカ・イギリスの治安政策を、一九九〇年代以降約一〇年かけて着々と研究し、導入してきた。「生活安全条例」も一九九四年以降、じわじわと全国で増えていったのである。また、治安の強化は一九八七年から一九九二年に刑法犯検挙率が激減したことに対する挽回策という側面もある。

このような状況を受けて、警察サイドは、二〇〇〇年の「安全・安心まちづくり推進要綱」や「警察改革要綱」、二〇〇三年の「緊急治安対策プログラム」を策定した。これらにより、警察によるものと「生活安全条例」による民間人の監視カメラ設置が、また地域での各種事業者・法人と警察との「ネットワーク」作りと「生活安全条例」による「地域安全活動」の実践が急速に進む。そして、ようやく二〇〇三年に中央政治でも治安政策が前面に出ることで、ますます治安強化が進むのである。

さらに、二〇〇五年一〇月に発表した自民党の「新憲法草案」や二〇〇六年一二月に成立した改正教育基本法には、これからも日本が新自由主義改革を推し進めるのに適合的な内容も含まれている。

要するに、日本における新自由主義改革とグローバリゼーションによる既存の社会統合の解体と「治安の悪化」に対して、治安の強化で対抗することになったのである。[8] そして、今後も新自由主義改革を展開するからこそ、ますます「安全・安心まちづくり」などの治安政策は重要になってくるのである。

三 「安全・安心まちづくり」を越える視点

1 正確な分析と認識の必要性

では、このような「安全・安心まちづくり」を含む治安政策に対して私たちはどのように向き合うべきなのであろうか。最後に簡単に考察したい。

まず、本書執筆に当たって数々の警察文献を読み、検討してきて感心するのは、警察中枢官僚による「安全・安心まちづくり」についての早めの対応と諸外国の事例を丹念に研究していることである。そして内容的にも一定のレベルの高さを感じる。現場の警察官についても、特に「地域安全活動」におけるネーミングのセンスの良さと多種多様な創意工夫について感心する。それぞれ治安回復に向けて熱心に取り組んでいる警察官僚や現場警察官が数多くいることであろう。治安回復に向けた熱心さは、地域において防犯パトロールに取り組む住民についてもいえることである。

しかし、取組の名称や表面的な説明などだけで判断するのではなく、警察の別の意図を正確に分析し、認識した上で対応すべきである。本書で検討したように、「安全・安心まちづくり」は新自由主義改革をこれからも進めていくために必要な治安政策であり、警察権限の拡大と市民の相互監視社会をもたらす。さらに、生活安全警察は市民に規律訓練を行い、規範意識まで注入しようとしている。このような意図を理解せずに警察と一緒になって、または独自に地域で防犯パトロールに従事する市民の姿は滑稽でもある。

2　法的観点からの批判の徹底

「安全・安心まちづくり」や「監視社会化」に対しては、やはり憲法で保障された様々な基本的人権の観点から批判と対峙が必要である。(9) 例えば「生活安全条例」についていえば、本書第三部第九章で詳細に検討したように、単にプライヴァシー権や肖像権侵害を指摘するのみならず、適正手続の保障や表現の自由、財産権・営業の自由など、あまりに多くの権利・自由に抵触することを強調すべきである。

また、同じく本書第三部第九章などで指摘したように、そもそも近代立憲主義の観点から批判する必要がある。国家と市民との緊張関係を基本とする近代立憲主義の観点からすれば、「安全・安心まちづくり」に見られる「警察の民衆化」「民衆の警察化」「警察の行政化」「行政の警察化」は異常である。市民や行政機関が警察的活動を行うべきではないし、警察の私的領域への介入や行政警察化は最小限にとどめるべきである。市民は警察に治安活動を委ねつつ、警察の暴走を監視していかなくてはならない。「地域安全活動」のような「警察と市民との連携」が安易に進む要因として、市民革命を経験せず、「国家権力＝悪」と捉える近代立憲主義が日本社会で十分に定着していないことも考えられる。であるならば、近代立憲主義の原点に立ち返って、まずは市民が「国家権力＝悪」との認識を持って警察と距離を保つことが必要である。

そして、「国家権力＝悪」という認識が市民の中に十分ないところで「警察権の限界」論を越える警察活動を行うことは危険である。これまで確立してきた警察行政法や刑事法の理論から、常に警察権力を統制していく視点を失ってはならない。

さらに、憲法政策論からすれば、「監視カメラ」の具体的な規制を講じるべきである。監視カメラは社会の矛盾を覆い隠すものであり、社会を安全へと導かないという観点から「原則論としての監視カメラ不要論」もあるが[10]、既に設置されている監視カメラ規制のルール作りがまず求められる[11]。

3　新自由主義改革是正の視点

警察の「安全・安心まちづくり」など治安強化を進める背景には、刑法犯検挙率の低下や一連の警察不祥事に対する市民の信頼回復や、警察の天下り先など密接な関係を有するセキュリティ業界や警察官ＯＢの再雇用などの利権もあるが、最大の狙いはこれからも新自由主義改革を進めるからこそ治安強化を図るという狙いである。この構図は、グローバリズムを展開するからこそ「対テロ戦争」を進めるのと同じである。日本で「テロ」が発生する可能性があるのは、アメリカの戦争に協力しているからである。であるならば、「テロ」を防ぐためには監視の強化などの「テロ対策」ではなくて、インド洋での米軍等への兵站支援及びイラク派兵の中止である。さらに、「テロ」の温床になっているといわれている世界の貧困問題の解決である。根本的原因を解消しなければ、行われる対策は対症療法にしかすぎず、真の解決策にはならない。

「安全・安心まちづくり」についていえば、これからもグローバリズムは進むし、新自由主義改革を進めるからこそ治安の強化をしているのである。来日外国人犯罪が増えているというが、グローバリズムの進展により来日外国人が増加するのは避けられないとして、来日外国人労働者に対して適正な賃金や安定的な雇用保障・社会保障は確保されているのであろうか。少年犯罪が増えているというが、教育分野への競争原理の導入によって、授業に付いていけない子どもたちを増やしていないだろうか。年によっては農作物の盗みが多発するが、不作時やそもそも農家に対する国家の保障は手厚いのであろうか。最近は年金受給者のような高齢者でもスーパー等での万引きが増えているというが、高齢者への年金・医療などの社会保障は十分なものなのであろうか。そして、解雇・リストラ・ホームレス・非正規雇用労働者の増大に対して、政府の雇用・失業対策は問題ないのであろうか。やはり、グローバリズムに対する不適切や政府の対応や、社会保障予算と教育予算を切り捨て格差を助長する新自由主義改革に「不安感の増大」や「治安の悪化」の要因がある。であるならば、根本的な解決策は新自由主義改革の見直しや社会保障の拡充である。

4 不信社会から信頼社会へ

二〇〇三年にNHKが放映した『要塞町の人々』という番組[12]があったが、これはアメリカの「ゲーテッド・コミュニティ」の住民を紹介するものであった。この番組の中で印象的だったのは、ある「町」での「スクール・ファイト事件」というエピソードである。子どもの人口増から「町」の中に公立の小学校をつくる必要があるという議論になった時に、公立の学校を作ると「町」の外から外部の「見知らぬ」教職員などが入ってくることで治安が悪化し、「町」の資産価値も下がるから反対との声が大きく（住民投票では八四％の住民が反対）、結局「町」の外に学校を作ったという。番組で紹介されているように、「ゲーテッド・コミュニティ」に住む住民はいわゆる「勝ち組」の人々である。厳しい競争社会の中で他人を蹴落としのし上がり、自分のこと（富や名声など）しか考えず、特に「見知らぬ人」を信用しない人々。「ゲーテッド・コミュニティ」が人間不信の人間作りを助長していることをよく示しているが、このような「見知らぬ人」を信用しない傾向は日本の「セキュリティ・マンション」や「安全・安心まちづくり」でも生じるであろう（「テロ対策」でも同様である）。

環境犯罪学についても、「誰も見ていないところでは人は犯罪を犯す」という発想を根底に有する、一端全ての人を「不審者」「犯罪者予備軍」と見なした上で防犯対策を講じる人間不信の犯罪学である。防犯パトロールについても、人をまずは疑う人間不信の論理がある。しかし、いくら監視カメラの設置を増やしたり防犯パトロールを行ったところで、身内からの犯罪を防げないばかりか[13]、「不安の組織化」しかもたらさない[14]。

今必要なのは、弱肉強食と軍事・治安優先の統治政策が人間的・社会的連帯の破壊をもたらしているからこそ、人間的・社会的連帯の回復・強化である[15]。国家が行うべきことは、社会保障の切り捨てと「対テロ戦争」「安全・安心まちづくり」による軍事・警察の肥大化という「新たな夜警国家」ではなくて、「真の福祉国家」である。そして、市民は警察を監視しながら「安全」の確保を警察に命じ、市民がお互いを信用し、「安心」できるような社会を構築していくことである。警察主導の「安全・安心まちづくり」を越えなければならない。

（1）一連の警察不祥事後の警察改革の取組については、例えば、吉村博人『警察改革――治安再生に向けて――』（立花書房、二〇〇六年）など。

（2）各都道府県警察の「合理化・再配置及び増員の現状」の配置基準の推移を見ると、最近は毎年のように総務・警務部門、留置管理部門、地域部門、生活安全・刑事・組織犯罪対策部門、交通部門は増加しているが、警備部門は減少している（例えば、日刊警察二〇〇六年七月二六日など）。警備部門の減少は、存在感を示すために警備・公安警察活動の活発化をもたらす可能性がある。

（3）高橋哲哉『教育と国家』（講談社現代新書、二〇〇四年）一九頁以下。

（4）村井敏邦「治安強化と市民的自由　不安・不信・不寛容の治安政策」法律時報七八巻六号（日本評論社、二〇〇六年）七五頁以下。

（5）遠藤比呂通・白藤博行・浜井浩一・田島泰彦「[座談会]『監視社会』に向かう日本と法――その動向・背景・特質・

課題を探る」法律時報七五巻一二号（日本評論社、二〇〇三年）一三頁以下の浜井発言部分、河合幹雄『安全神話崩壊のパラドックス——治安の法社会学』（岩波書店、二〇〇四年）、久保大『治安はほんとうに悪化しているのか』（公人社、二〇〇六年）。また、これらに関連して、犯罪統計の読み方については、浜井浩一編『犯罪統計入門——犯罪を科学する方法』（日本評論社、二〇〇六年）が参考になる。

（6）ジム・レッデン（田中宇監訳）『監視と密告のアメリカ』（成甲書房、二〇〇四年）は「九・一一」後のアメリカにおける監視と密告の展開を紹介するものであるが、日本における「安全・安心まちづくり」を考える上で参考になる。

（7）島田尚武「生活安全局の設置について」警察学論集四七巻一〇号（立花書房、一九九四年）一一頁。

（8）以上、新自由主義改革とグローバリゼーションの展開が既存の社会統合の解体と犯罪の増加をもたらすため、これに対抗するために「強い国家」政策として昨今の警察による治安政策が展開されていると捉えるものとして、渡辺治「開発主義・企業社会の構造とその再編成」渡辺治編『変貌する〈企業社会〉日本』（旬報社、二〇〇四年）二三頁以下、渡辺治「グローバル化・『強い国家』政策と現代警察のねらい」小倉利丸編『グローバル化と監視警察国家への抵抗戦時電子政府の検証と批判』（樹花舎、二〇〇五年）一三頁以下。渡辺は、「治安は悪化していない」論には批判的であるが、私も全く同感である。

（9）監視社会への対抗の課題については、田島泰彦「『監視社会』と市民的自由——その批判的考察」法律時報七五巻一二号（日本評論社、二〇〇三年）二九頁以下など。

（10）小倉利丸「監視カメラと街頭管理のポリティクス　ターゲットにされる低所得層とエスニック・マイノリティ」小倉利丸編『路上に自由を　監視カメラ徹底批判』（インパクト出版会、二〇〇三年）四頁以下。

（11）例えば、九州弁護士会連合会定期大会シンポジウム実行委員会編『第57回九州弁護士連合会定期大会　シンポジウム監視カメラとプライバシー』（九州弁護士会連合会・福岡県弁護士会、二〇〇四年）一八六頁以下。

(12) NHKスペシャル「地球市場・富の攻防③　要塞町の人々〜アメリカ・競争社会の勝者たち〜」（二〇〇三年三月三〇日）。

(13) 例えば、二〇〇六年中の児童虐待による死亡児童数は五九人にも達し、前年より五五・三％も増加している（日刊警察二〇〇七年三月二日）。二〇〇五年の広島県や栃木県での下校中の女児殺害事件後、さらに地域における防犯パトロールなどが活発になったが、児童虐待防止策はさほど進んでいない。

(14) 森田ゆり『子どもが出会う犯罪と暴力　防犯対策の幻想』（NHK出版生活人新書、二〇〇六年）。本書の中で昨今の防犯対策を批判する一方、「効果的な子どもの安心・安全対策」を論じている。

(15) 小田中聰樹『人身の自由の存在構造』（信山社、一九九九年）など。

資料

安全で快適な千代田区の生活環境の整備に関する条例

平成十四年六月二十五日
条例第五十三号

目次

千代田区は、日本の政治経済の中心地として四百年の歴史と伝統と風格を備えたまちである。

そこには、そのなかで住み、働く人々によって形成され、護られてきた生活環境がある。

これを、護り、向上させていくことは、先人からこのまちを受け継いだ千代田区に住み、働き、集うすべての人々の責務である。

千代田区は、区民とともに、安全で快適な生活環境を護るため、ごみの散乱防止を始め、諸施策を実施してきた。しかし、公共の場所を利用する人々のモラルの低下やルール無視、マナーの欠如などから、生活環境改善の効果は不十分である。

生活環境の悪化は、そこに住み、働き、集う人々の日常生活を荒廃させ、ひいては犯罪の多発、地域社会の衰退といった深刻な事態にまでつながりかねない。

今こそ、千代田区に関わるすべての人々が総力を挙げて、安全で快適な都市環境づくりに取り組むときであり、区民や事業者等すべての人々の主体的かつ具体的な行動を通じて、安全で快適なモデル都市千代田区をつくっていこう。

千代田区は、このような決意のもとにこの条例を定める。

第一章　総則

(目的)

第一条　この条例は、区民等がより一層安全で快適に暮らせるまちづくりに関し必要な事項を定め、区民等の主体的かつ具体的な行動を支援するとともに、生活環境を整備することにより、安全で快適な都市千代田区の実現を図ることを目的とする。

(定義)

第二条　この条例において、次の各号に掲げる用語の意義は、それぞれ当該各号に定めるところによる。

(1) 区民等　区民及び区内に勤務若しくは在学又は滞在し、又は区内を通過する者をいう。
(2) 事業者　区内で事業活動を行う法人その他の団体及び個人をいう。
(3) 公共的団体　町会、商店会、防犯協会、交通安全協会その他の団体をいう。
(4) 関係行政機関　区の区域を管轄する警察署、消防署、国道及び都道の管理事務所その他の関係行政機関をいう。
(5) 環境の美化及び浄化　まちをきれいにすること及びまちの風俗環境を浄化することをいう。
(6) 吸い殻、空き缶等　たばこの吸い殻、チューインガムのかみかす、紙くずその他これらに類する物及び飲料、食料等の缶、びん、その他の容器をいう。
(7) 公共の場所　区内の道路、公園、広場その他の公共の場所をいう。
(8) 違法駐車等　道路交通法(昭和三十五年法律第百五号)の規定に違反して自動車及び原動機付自転車を駐車する行為又は自動車の保管場所の確保等に関する法律(昭和三十七年法律第百四十五号)に規定する保管場所としての道路の使用禁止に違反する行為をいう。

(区の責務)
第三条　区は、安全で快適なまちを実現するため、具体的な諸施策を総合的に推進しなければならない。
2　区は、生活環境改善について区民等の啓発に努めるとともに、区民等による生活環境の整備の自主的な活動に対し、積極的な支援を行わなければならない。
3　区は、第一項に規定する施策の計画及び実施に当たっては、関係行政機関と協力し、密接な連携を図らなければならない。

（区民等の責務）

第四条　区民等は、自宅周辺を清浄にする等、安全で快適なまちの実現に資するため必要な措置を講じるよう努めなければならない。

2　区民等は、相互扶助の精神に基づき、地域社会における連帯意識を高めるとともに、相互に協力して、安全で快適なまちづくりの自主的な活動を推進するよう努めなければならない。

3　区民等は、この条例の目的を達成するため、区及び関係行政機関が実施する施策に協力しなければならない。

（事業者等の責務）

第五条　事業者及び公共的団体（以下「事業者等」という。）は、事業活動等に当たっては、その社会的責任を自覚し、周辺住民等のため自己の施設及びその周辺を清浄にする等、安全で快適なまちの実現に資するため必要な措置を講じるよう努めなければならない。

2　事業者等は、前項の責務について、従業員等その事業活動等に従事する者に周知しなければならない。

3　事業者等は、この条例の目的を達成するため、区及び関係行政機関が実施する施策に協力しなければならない。

（関係行政機関の責務）

第六条　関係行政機関は、区の安全で快適なまちづくりの諸施策に協力するものとする。

第二章　安全なまちづくり

（安全環境の整備）

第七条　区は、街路灯の整備その他の安全に係る環境の整備に努め、防犯及び防災の観点から環境の改善に努めなければならない。

2　共同住宅、大規模店舗その他不特定多数の者が利用する施設の所有者又はこれを建築しようとする者は、防犯カメラ、警報装置等の設備内容又は防犯体制の整備に努めなければならない。この場合において、区は関係行政機関と協議するよう指導するものとする。

（交通の危険のないまちづくり）

第八条　区は、関係行政機関と協力して、違法広告物、放置自転車等の路上障害物の除去に努めなければならない。

2　区は、除去した路上障害物の保管場所の確保に努め、提供できる土地等を有する者は、これに協力するものとする。

3　区は、違法駐車等の防止に関して広く区民等、事業者等及び関係行政機関の協力を求め、必要な施策を実施しなければならない。

第三章　快適なまちづくり

（公共の場所の清浄保持）

第九条　何人も、公共の場所においてみだりに吸い殻、空き缶等その他の廃棄物を捨て、落書きをし、又は置き看板、のぼり旗、貼り札等若しくは商品その他の物品（以下「置き看板等」という。）を放置（設置する権限のない場所に設置する場合は放置とみなす。以下同じ。）してはならない。

2　区民等は、公共の場所において歩行中（自転車乗車中を含む。）に喫煙をしないように努めなければならない。

3　犬猫その他愛玩動物の飼い主又は管理者は、当該動物を適切に管理しなければならず、公共の場所で、ふんを放置する等他人の迷惑となる行為をしてはならない。

（土地建物等の占有者等の責務）

第十条　土地、建物又は工作物を所有し、占有し、又は管理する者は、その土地、建物又は工作物及びそれらの周辺の清潔を保ち、地域の良好な生活環境を保全するよう努めなければならない。

2　前項に規定する者は、その土地、建物又は工作物に廃棄物が捨てられ、又は落書きがされ、貼り札、チラシ等が放置されているため地域の良好な生活環境を損なう状況にあるときは、その廃棄物等を自らの責任で処理しなければならない。ただし、廃棄等をした者に対する損害賠償の請求を妨げない。

（公共の場所の管理者の責務）

第十一条　公共の場所の管理者は、その管理する場所を清潔に保ち、かつ、みだりに廃棄物が捨てられないように適正に管理しなければならない。

2　区は、必要に応じ、公共の場所の管理者に清掃等適切な維持管理を要請するものとする。

3　区は、区内の国又は東京都が管理する道路について、当該道路管理者の委託を受けて清掃することができる。

4　前項の場合においては、区は当該道路管理者に対して、それぞれ所要の経費の負担を求めるものとする。

（事業者のごみの散乱防止等に関する責務）

第十二条　事業者は、その事業活動に伴って生ずるごみ（学校、集客施設等において学生や客から排出されるごみを含む。以下同じ。）の散乱を防止しなければならない。

2　事業者は、事業所及びその周辺その他事業活動を行う地域において、清掃その他の環境美化活動に努めなければならない。

3　ごみの散乱の原因となるおそれのある物の製造、加工、販売等を行う者は、その散乱の防止について、区民等に対する意識の啓発を図るとともに、回収及び資源化について必要な措置を講じなければならない。

4　容器入りの飲料又は食料を販売（自動販売機による販売を含む。）する事業者は、空き缶、空き箱等の容器及び包装若しくは袋の散乱防止について消費者の啓発を行うとともに、その販売する場所（自動販売機の設置場所を含む。）にこれらを回収する設備を設けるなど、適正な回収及び資源化に努めなければならない。

5　土木工事、建築工事その他の工事の施行者は、当該工事により生じる土砂、がれき、廃材等が、道路その他の公共の場所に飛散し、又は流出しないよう、適正に管理しなければならない。

（チラシの散乱等の防止）

第十三条　何人も、屋外広告物を掲出し、チラシその他の宣伝物を配布しようとするときは、まちの美観に配慮しなければならない。

2　公共の場所において、チラシ等を配布し、又は配布させた者は、そのチラシ等が散乱した場合においては、速やかにこれを回収し、当該公共の場所の清掃を行わなければならない。

（健全な環境の確保）

第十四条　何人も、善良な風俗を害し青少年に悪影響を及ぼす活動を行い、その活動に関し広告物の掲出、チラシ、パンフレット等の配布等を行ってはならない。

2　何人も、前項の活動に資金や場所を提供し、その他の協力をしてはならない。

（改善命令及び公表）

第十五条　区長は、前六条のいずれかの規定に違反することにより、生活環境を著しく害していると認められる者に対し、期限を定めて必要な改善措置を命じることができる。

2　区長は、前項の命令を受けてこれに従わない者については、千代田区規則（以下「規則」という。）で定めるところによりその事実を公表することができる。

第四章　生活環境整備の体制及び活動

（ボランティアの参加及び協力）

第十六条　区は、環境の美化及び浄化活動に関し、ボランティアとして、広く区民等の自主的な参加及び協力を求めるものとする。

（生活環境の状況の把握）

第十七条　区は、区内各地域の生活環境の状況を、常に適切に把握しなければならない。

2　区は、前項の規定により問題点を把握したときは、速やかに改善するものとする。

（千代田区一斉清掃の日）

第十八条　区民等及び事業者等の環境美化意識の向上を図り、日常的な実践活動を行うため、毎年、規則で定める日を「一斉清掃の日」とする。

2　区、区民等及び事業者等は一体となって、一斉清掃の日を中心に、清掃活動及び環境美化に関する啓発活動を行うものとする。

（違法駐車等防止重点地区）

第十九条　区長は、違法駐車等が多く、区民等の安全で快適な生活環境の保持及び一般交通に障害があると認められる地域を、違法駐車等防止重点地区（以下「重点地区」という。）として指定することができる。

2　区長は、必要があると認めるときは、前項の重点地区を変更することができる。また、重点地区の指定を存続する必要がないと認めるときは、当該重点地区を解除することができる。

3　区長は、重点地区において、次に掲げる措置の実施に努めるものとする。

（1）　違法駐車等の防止に関する広報及び啓発活動

（2）　違法駐車等の防止活動を推進する公共的団体の育成

（3）　その他区長が特に必要と認める措置

4　区長は、重点地区を指定し、又は指定を解除しようとするとき及び前項の措置を実施しようとするときは、当該地区の区民等の意見を聴くとともに、当該地区を管轄する警察署（以下「所轄警察署」という。）と協議するものとする。

5　区長は、重点地区を指定し、変更し、又は解除するときは、規則で定める事項を告示するものとする。

6　区長は、所轄警察署に違法駐車を防止するため必要な措置を他の地域に優先して講じるよう要請することができる。

（環境美化・浄化推進モデル地区）

第二十条　区長は、来街者が多い地域で、吸い殻、空き缶等の散乱が著しく、又は置き看板等が放置され、かつ、青少年の健全育成が阻害されるおそれがあり、特に環境の美化及び浄化の改善を図る必要があると認められる地区を、環境美化・浄化推進モデル地区（以下「推進モデル地区」という。）として指定することができる。

2　区長は、必要があると認めるときは、前項の推進モデル地区を変更することができる。また、推進モデル地区の指定を存続する必要がないと認めるときは、当該推進モデル地区を解除することができる。

3　区長は、推進モデル地区において、環境の美化及び浄化の推進に関し、意識の啓発、区民等の自主的な活動への支援等を重点的に実施するものとする。

4　区長は、推進モデル地区を指定し、変更し、又は解除しようとするときは、当該地区の区民等の意見を聴くとともに、所轄警察署と協議するものとする。

5　区長は、推進モデル地区を指定し、変更し又は解除するときは、規則で定める事項を告示するものとする。

（路上禁煙地区）

第二十一条　区長は、特に必要があると認める地区を、路上禁煙地区として指定することができる。

2　前項の指定は、終日又は時間帯を限って行うことができる。

3　路上禁煙地区においては、道路上で喫煙する行為及び道路上（沿道植栽を含む。）に吸い殻を捨てる行為を禁止する。

4　区長は、路上禁煙地区を指定し、変更し、又は解除しようとするときは、当該地区の区民等の意見を聴くとともに、所轄警察署と協議するものとする。

5　区長は、路上禁煙地区を指定し、変更し、又は解除するときは、規則で定める事項を告示するとともに、その地区であることを示す標識を設置する等周知に努めるものとする。

（環境美化・浄化推進団体及び千代田区生活環境改善連絡協議会）

第二十二条　区民及び事業者等は、前三条に定める指定地区の環境美化に自主的に取り組むため、各地区ごとの環境美化・浄化推進団体の組織づくりに努めなければならない。

2　区長は、前項の組織づくりを支援するものとする。

3　区長は、環境美化・浄化推進団体、区民等、事業者等及び関係行政機関が千代田区の安全で快適なまちづくりについて総合的に調整・協議するため、千代田区生活環境改善連絡協議会（以下「協議会」という。）を設置する。

4　協議会の組織及び運営について必要な事項は、規則で定める。

（環境美化・浄化協定）

第二十三条　事業者等は、その活動する地区において環境美化及び浄化に関する協定（以下「協定」という。）を締結するよう努めなければならない。

2　協定を締結したときは、当該事業者等は、区長に届け出てその認証を受けるものとする。

3　区長は、前項により届出のあった協定が、内容等に関し適切なものであると認めるときは、これを認証し、告示するものとする。

4　区は、協定の締結及び認証した協定の実現について支援するものとする。

第五章　罰則

（過料）

第二十四条　次の各号のいずれかに該当する者は、二万円以下の過料に処する。

（1）　推進モデル地区内において第九条第一項の規定に違反し、生活環境を著しく害していると認められる者

（2）　第二十一条第三項の規定に違反して路上禁煙地区内で喫煙し、又は吸い殻を捨てた者（前号に該当する場合を除く。）

2　法人の代表者又は法人若しくは人の代理人、使用人その他の従業者が、その法人又は人の業務に関し、前項第一号に該当したときは、行為者を罰するほか、その法人又は人に対して同項の過料を科する。

（罰金）

第二十五条　推進モデル地区内において第九条第一項の規定に違反し、第十五条の改善命令を受けてこれに従わなかった者は、五万円以下の罰金に処する。

（告発）

第二十六条　前条に該当する者があるときは、区長は、これを告発するものとする。

第六章　補則

（顕彰）

第二十七条　区は、環境の美化又は浄化への貢献に対し、顕彰を行うことができる。

2　前項の顕彰の方法については、別に定める。

（委任）

第二十八条　この条例の施行について必要な事項は、規則で定める。

附則

（施行期日）

1　この条例は、規則で定める日から施行する。

（千代田区吸い殻、空き缶等の散乱防止に関する条例の廃止）

2　千代田区吸い殻、空き缶等の散乱防止に関する条例（平成十年千代田区条例第五十三号）は、廃止する。

（千代田区一般廃棄物の処理及び再利用に関する条例の一部改正）

3　千代田区一般廃棄物の処理及び再利用に関する条例（平成十一年千代田区条例第三十号）の一部を次のように改正する。

目次中「第四章　地域環境の清潔保持（第六十三条――第六十七条）」を「第四章　削除」に改める。

第四章を次のように改める。

第四章　削除

第六十三条から第六十七条まで　削除

世田谷区安全安心まちづくり条例

平成十四年六月二十一日
条例第四十三号

安全で安心して生活することのできる地域社会を築くことは、すべての区民の共通の願いである。

今、私たちの身の周りでは、毎日のように事件や事故が起こり、多くの人たちが被害にあっている。特に、子ども、高齢者など社会的に弱い立場に置かれている人たちの安全が脅かされている。今こそ私たちは、誰もが安心して暮らすことのできるまちを取り戻さなければならない。

そのためには、区、区民及び事業者それぞれが、生活の安全に関する意識を高め、的確に行動することが求められている。

世田谷区は、すべての区民及び事業者と力を合わせ、安全で安心して生活することのできる地域社会を築くことを宣言し、この条例を定める。

（目的）
第一条　この条例は、すべての区民が安全で安心して生活することのできる地域社会の実現を目指すことを目的とする。
（基本理念）
第二条　区が実施する安全安心のまちづくりは、区民の生命及び財産を守り、区民一人ひとりが尊重される地域社会を実現することを基本として、推進されなければならない。

（施策の実施等）

第三条　区は、すべての区民が安全で安心して生活することのできる地域社会を形成するため、次に掲げる事項について必要な施策を実施するものとする。

（1）　生活の安全に係る区民の意識の高揚を図るための啓発に関すること。

（2）　生活の安全に係る区民等の自主的な活動に対する支援に関すること。

（3）　生活の安全に寄与する環境の整備に関すること。

（4）　前三号に掲げるもののほか、この条例の目的を達成するために必要な事項に関すること。

2　区は、前項の施策を実施するに当たっては、区の区域を管轄する関係行政機関（以下「関係行政機関」という。）と連携を図るものとする。

3　関係行政機関は、区が実施する生活の安全に関する施策に積極的に協力するとともに、区、区民及び事業者に対し、生活の安全に関する情報の提供等に努めるものとする。

（世田谷区安全安心まちづくり協議会）

第四条　区民の生活の安全に関する情報を共有し、施策の実施に関し必要な事項を協議するため、世田谷区安全安心まちづくり協議会（以下「協議会」という。）を設置する。

2　協議会は、区民の生活の安全に関する問題の現状の把握に努め、関係者が連携をし、生活の安全に関する施策を実施するための事項について協議する。

3　前二項に定めるもののほか、協議会の組織及び運営に関し必要な事項は、規則で定める。

（調査及び事業の実施）

第5条　区は、無差別大量殺人行為を行った団体の規制に関する法律（平成十一年法律第百四十七号）の規定による処分を受けている団体等の集団的活動その他これに類する行為により、区民が安全で安心して生活することが妨げられるおそれがあるときは、そのことから生ずる住民の生活への影響等を速やかに調査するとともに、区民が安全で安心して生活することのできる社会の確保に資する事業を行っていくものとする。

（補助）

第六条　区は、前条に規定するおそれがあるときは、そのことから生ずる地域住民の生活への被害等を防止し、区民が安全で安心して生活することのできる社会の確保に資する活動を行う区民等の団体に対し、当該活動に要する費用について、補助することができる。

（委任）

第七条　この条例の施行に関し必要な事項は、区長が定める。

附　則

この条例は、公布の日から施行する。

東京都安全・安心まちづくり条例

平成十五年七月十六日
条例第百十四号

目次

第一章　総則

（目的）

第一条　この条例は、東京都の区域における個人の生命、身体又は財産に危害を及ぼす犯罪の防止に関し、東京都（以下「都」という。）、都民及び事業者の責務を明らかにするとともに、安全・安心まちづくりを推進し、もって安全で安心して暮らすことができる社会の実現を図ることを目的とする。

（基本理念）

第二条　安全・安心まちづくり（地域社会における都民、事業者及びボランティア（以下「都民等」という。）による犯罪の防止のための自主的な活動の推進並びに犯罪の防止に配慮した環境の整備をいう。以下同じ。）は、都並びに特別区及び市町村（以下「区市町村」という。）並びに都民等の連携及び協力の下に推進されなければならない。

（都の責務）

第三条　都は、区市町村及び都民等と連携し、及び協力して、安全・安心まちづくりに関する総合的な施策を実施する責務を有する。

2　都は、前項の施策の実施に当たっては、国及び区市町村との連絡調整を緊密に行うものとする。

3　都は、区市町村の安全・安心まちづくりに関する施策の実施及び都民等の安全・安心まちづくりに関する活動に対し、支援及び協力を行うよう努めるものとする。

（都民の責務）

第四条　都民は、安全・安心まちづくりについて理解を深め、自ら安全の確保に努めるとともに、安全・安心まちづくりを推進するよう努めるものとする。

2　都民は、都がこの条例に基づき実施する安全・安心まちづくりに関する施策に協力するよう努めるものとする。

（事業者の責務）

第五条　事業者は、安全・安心まちづくりについて理解を深め、その所有し、又は管理する施設及び事業活動に関し、自ら安全の確保に努めるとともに、安全・安心まちづくりを推進するよう努めるものとする。
２　事業者は、都がこの条例に基づき実施する安全・安心まちづくりに関する施策に協力するよう努めるものとする。

（推進体制の整備）

第六条　都は、区市町村及び都民等と協働して、安全・安心まちづくりを推進するための体制を整備するものとする。
２　警察署長は、その管轄区域において、区市町村及び都民等と協働して、安全・安心まちづくりを推進するための体制を整備するものとする。

第二章　都民等による犯罪防止のための自主的な活動の促進

（都民等に対する支援）

第七条　都は、安全・安心まちづくりについての都民等の理解を深め、都民等が行う犯罪防止のための自主的な活動を促進するために必要な支援を行うものとする。

（情報の提供）

第八条　都は、都民等が適切かつ効果的に犯罪防止のための自主的な活動を推進できるよう、必要な情報の提供を行うものとする。
２　警察署長は、都民等が適切かつ効果的に犯罪防止のための自主的な活動を推進できるよう、その管轄区域における犯罪の発生状況等の必要な情報の提供を行うものとする。

第三章　住宅の防犯性の向上

（犯罪の防止に配慮した住宅の普及）

第九条　都は、犯罪の防止に配慮した構造、設備等を有する住宅の普及に努めるものとする。

（住宅に関する指針の策定）

第十条　知事及び公安委員会は、共同して、住宅について、犯罪の防止に配慮した構造、設備等に関する防犯上の指針を定めるものとする。

（建築確認申請時における助言等）

第十一条　都は、共同住宅について建築基準法（昭和二十五年法律第二百一号）第六条第一項の規定により都の建築主事の確認を受けようとする建築主に対し、当該共同住宅への犯罪の防止に配慮した設備の設置等に関して、その所在地を管轄する警察署長に意見を求めるよう助言するものとする。

2　前項の規定により建築主から意見を求められた警察署長は、共同住宅への犯罪の防止に配慮した設備の設置等に関して、必要な情報の提供及び技術的助言を行うものとする。

（建築事業者、所有者等の努力義務）

第十二条　住宅を建築しようとする事業者及び共同住宅を所有し、又は管理する者は、第十条に規定する防犯上の指針に基づき、当該住宅を犯罪の防止に配慮した構造、設備等を有するものとするために必要な措置を講ずるよう努めるものとする。

（建築主、所有者等に対する情報の提供等）

第十三条　都は、都の区域において住宅を建築しようとする者、住宅を所有し、又は管理する者、住宅に居住する者等に対し、住宅の防犯性の向上のために必要な情報の提供、技術的助言その他必要な措置を講ずるものとする。

第四章　道路、公園等の防犯性の向上

（犯罪の防止に配慮した道路、公園等の普及）

第十四条　都は、犯罪の防止に配慮した構造、設備等を有する道路、公園、自動車駐車場及び自転車駐車場の普及に努めるものとする。

（道路、公園等に関する指針の策定）

第十五条　知事及び公安委員会は、共同して、道路、公園、自動車駐車場及び自転車駐車場について、犯罪の防止に配慮した構造、設備等に関する防犯上の指針を定めるものとする。

（自動車駐車場及び自転車駐車場の設置者等の努力義務）

第十六条　自動車駐車場又は自転車駐車場を設置し、又は管理する者は、前条に規定する防犯上の指針に基づき、当該自動車駐車場又は自転車駐車場を犯罪の防止に配慮した構造、設備等を有するものとするために必要な措置を講ずるよう努めるものとする。

第五章　商業施設等の防犯性の向上

（犯罪の防止に配慮した店舗等の整備）

第十七条　銀行、信用金庫、労働金庫、商工組合中央金庫、農林中央金庫、信用組合、農業協同組合、漁業協同組合、信用農業協同組合連合会、信用漁業協同組合連合会及び貸金業の規制等に関する法律（昭和五十八年法律第三十二号）第二条第二項に規定する貸金業者（以下「金融機関」という。）は、犯罪の防止に配慮した構造、設備等を有する店舗等の整備に努めるものとする。

2　深夜（午後十時から翌日の午前六時までの間をいう。）において営業する小売店舗で東京都公安委員会規則（以下「規則」という。）で定めるもの（以下「特定小売店舗」という。）において事業を営む者は、犯罪の防止に配慮した構造、設備等を有する店舗の整備に努めるものとする。

（事業者、管理者等に対する情報の提供等）

第十八条　警察署長は、その管轄区域において、金融機関の店舗等又は特定小売店舗（以下「金融機関店舗等」という。）を開設しようとする者、金融機関店舗等を管理する者等に対し、当該金融機関店舗等の防犯性の向上のために必要な情報の提供、技術的助言その他必要な措置を講ずるものとする。

第六章　学校等における児童等の安全の確保等

（学校等における児童等の安全の確保）

第十九条　学校（学校教育法（昭和二十二年法律第二十六号）第一条に規定する学校（大学を除く。）、同法第八十二条の二に規定する専修学校の高等課程及び同法第八十三条第一項に規定する各種学校で主として外国人の児童、生徒、幼児等（以下「児童等」という。）に対して学校教育に類する教育を行うものをいう。）、児童福祉法（昭和二十二年法律第百六十四号）第七条に規定する児童福祉施設及びこれに類する施設として規則で定めるもの（以下これらを「学校等」という。）を設置し、又は管理する者は、次条に規定する児童等の安全の確保のための指針に基づき、当該学校等の施設内において、児童等の安全を確保するよう努めるものとする。

（児童等の安全の確保のための指針の策定）

第二十条　知事、教育委員会及び公安委員会は、共同して、学校等における児童等の安全の確保のための指針を定めるものとする。

（学校等における安全対策の推進）

第二十一条　都立の学校等の管理者は、必要があると認めるときは、その所在地を管轄する警察署その他の関係機関の職員、児童等の保護者、地域における犯罪の防止に関する自主的な活動を行う都民等の参加を求めて、当該学校等における安全対策を推進するための体制を整備し、児童等の安全を確保するために必要な措置を講ずるよう努めるものとする。

2　都は、都立の学校等以外の学校等を設置し、又は管理する者に対し、当該学校等における安全対策の実施について、必要な情報の提供、技術的助言等を行うよう努めるものとする。

（通学路等における児童等の安全の確保）

第二十二条　警察署長は、その管轄区域において、通学、通園等の用の供されている道路及び児童等が日常的に利用している公園、広場等（以下「通学路等」という。）の管理者、地域住民、児童等の保護者並びに学校等の管理者と連携して、当該通学路等における児童等の安全を確保するために必要な措置を講ずるよう努めるものとする。

2　都民は、通学路等において、児童等が危害を受けていると認められる場合又は危害を受けるおそれがあると認められる場合には、警察官への通報、避難誘導その他必要な措置を行うよう努めるものとする。

第七章　雑則

（指針の公表）

第二十三条　知事、教育委員会又は公安委員会は、第十条、第十五条又は第二十条に規定する指針を定め、又は変更したときは、遅滞なくこれを公表するものとする。

（委任）

第二十四条　この条例に定めるもののほか、この条例の施行に関し必要な事項は、規則で定める。

附　則

この条例は、平成十五年十月一日から施行する。

初出一覧

（ほとんどの章で大幅に加筆、改変、改編を行っているが、元になった初出を示しておく）

序　章　書き下ろし

第一部第一章　書き下ろし

第一部第二章　「『安全・安心まちづくり』の展開——一九九三年以降の『生活安全警察』の取り組み」法と民主主義三八七号（日本民主法律家協会、二〇〇四年）四八頁以下

第一部第三章　「ここまで来た『地域安全活動』～『生活安全警察』による市民の取り込み」月刊マスコミ市民四二二号（マスコミ市民、二〇〇四年）五八頁以下

第二部第四章　「『市民社会の敗北』と『公権力支配社会の登場』～東京・千代田区〝路上禁煙条例〟の問題点」月刊マスコミ市民四〇七号（マスコミ市民、二〇〇二年）六六頁以下

第二部第五章　「世田谷区条例　警察・自治体・住民の『協働』による『異端者』排除の危険性」法と民主主義三七七号（日本民主法律家協会、二〇〇三年）三二頁以下

第二部第六章　書き下ろし

第二部第七章　「石原都政と『強い国家』——東京都の治安政策に焦点をあてて」ポリティーク八号（旬報社、二〇〇四年）一五一頁以下

第三部第八章　「『安全・安心まちづくり』の批判的検討」法の科学三四号（日本評論社、二〇〇四年）一九二頁以下、「『安全・安心』イデオロギーと統治の『危機』——治安政策に焦点をあてて——」憲法理論研究会編『〝危機の時代〟と憲法』（敬文堂、二〇〇五年）一〇七頁以下

第三部第九章　「『生活安全条例』の展開と問題点」田島泰彦・斎藤貴男・山本博編『住基ネットと監視社会』（日本評論社、二〇〇三年）二三〇頁以下、「『安全』による自由の侵蝕――『生活安全条例』がもたらす問題」法律時報七五巻一一号（日本評論社、二〇〇三年）七六頁以下

第四部第一〇章　「『国民保護法制』と『生活安全条例』」インパクション一四二号（インパクト出版会、二〇〇四年）七〇頁以下

第四部第一一章　「オウム事件と市民社会のありよう――不安社会と安全」法律時報七六巻九号（日本評論社、二〇〇四年）八五頁以下

終章　書き下ろし

あとがき

人生には何が起きるのかわからない。本書は私にとって初の単著となるが、まさかこのような内容の書籍を、しかも単著で出版するとは思ってもいなかった。私的なことを述べて大変恐縮であるが、初の単著ということもあるし、そう簡単に単著を出すこともできないだろうから、本書出版までの道のりを振り返ってみたい。

私自身はあまり計画性のある人間ではない。高校生の時に将来は社会を少しでもよくするための活動をしたいと考え、その目的実現の一手段として大学教員を考えた。しかし、関心のあった学問分野は哲学か政治学で、法律学には全く関心がなかった。それが、大学入試直前に弱気になってしまい、受験する学部に法学部も加え、志望学部ではなく法学部（明治大学）に入学したのである。しかし、志望した学部ではないから法律学の講義を受けていても面白いとは思えなかった（他の法律分野の研究者には全く失礼な話であるが）。

大学二年生になり四年間法学部で過ごすのは辛いと思い始めた時、当時では法律学の中で最も「面白い」と感じた憲法学と出会ってしまったのである。私が受けた二年次の「憲法」は大谷正義先生が担当していた。中学生の頃に初めて日本国憲法の条文を読んだ時の感動がよみがえってきたのである（国民には様々な権利・自由がある、差別はいけない、これからの日本は平和主義でやっていく、などの諸規定・基本原理。中学一年生の時に、些細なことで友だちから仲間はずれにされた時に、憲法一四条の条文を使って批判したことがある）。また、良くも悪くも憲法は法律学の中で最も政治的な学問なので、政治学を学びたかった私にはぴったりだった。政治学は直接学べなかったが、大学では雄弁部に所属して政治的なるものにも触れながら、政治的なものとの関わりを満足させることにした。

大学三年生になると迷わず大谷先生の憲法のゼミに入り、四年も大谷ゼミで継続した。当時の私は、高校生の時に考えた目的実現の別の手段としてジャーナリスト（新聞記者）を志望していたが、大谷先生の誘いもあり、大学院でさらに学ぶことにしたのである。ただ、それでも博士前期課程を修了したら新聞の世界に入ろうと考えていた。しかし、記者はどこまで自由に活動ができるのか疑問を抱き始めたことと、何よりも憲法学の研究がさらに面白くなってしまったことから、新聞記者への道は断念し、博士後期課程に進むのである。大谷先生の定年退職との関係から、今度は野上修市先生の指導を受けることになった。

博士後期課程以降は、国内の問題としては平和主義を、比較法の対象としてはスウェーデン憲法を研究していた。そんな中、二〇〇二年一〇月にある新聞記事に疑問を抱く。本書でも扱った東京の千代田区条例の施行を伝える記事である。私自身は煙草が大変苦手であるが、マナーの問題を罰則付きで取り締まることにまず疑問を抱いた。さらに、記事の中でほんの少し書かれていた他の禁止事項の存在が気になった。マスメディアが千代田区条例を「路上禁煙条例」と伝えていたが、条例のいかがわしさに疑問を感じて条例全文を確認すると、路上喫煙以外のあまりに多岐にわたる禁止事項と監視カメラ設置奨励規定に驚いた。これはマスメディアがいうところの単なる「路上禁煙条例」ではないのである。

早速、この条例の問題点について研究者仲間にメールで発信したところ、亜細亜大学の石埼学さんが応答してくれ、これは「生活安全条例」だと教えてくれた。彼は私も一緒に執筆している『有事法制のシナリオ』（旬報社、二〇〇二年）で、「生活安全条例」の問題にも言及していたのである。そこで、石埼さんと共に、その後は、『法学セミナー』『マスコミ市民』『法と民主主義』などの雑誌上や、それぞれが「生活安全条例」の問題点を提起する取組を始めたのである。したがって、恥ずかしながら私は二〇〇二年まで「生活安全条例」の存在と問題点をわかっていなかった。しかし、その後はこの条例を徹底的に調べ、色々な角度から問題点を活字にしてきた。また、「生活安全条例」から、さらにこの元にある治安政策としての「安全・安心まちづくり」の研究も始めたのである。

そんな折、二〇〇六年三月に突然、社会評論社から昨今の「防犯パトロール」を批判的に検討する一般向け編著の企画依頼が届いた。そこで、この企画担当者である濱崎誉史朗さんと四月に会うことになった。しかし、このような企画に私を指名していただいたことは大変名誉に思いつつ、一般向けの書として「防犯パトロール」問題に限定して書籍を出版することには気が向かなかったのである。それよりは、これまで執筆してきた「生活安全条例」や「安全・安心まちづくり」について、研究書として単著で出版したいと考えていた。そこで、自分の考えを述べ、こちらの構成案を送付して松田健二社長にも検討していただいたところ、私の案が受け入れられ、本書の企画がスタートしたのである。ただ、初出原稿があるので、当初は比較的早期に本書刊行にいたると考えていたが、註がない短い一般向けの初出原稿に註を加え一定の分量の研究論文の体裁に変えたり、時間が経った初出原稿については新たな状況を加筆する必要があったので、全ての原稿をまとめるまで相当な時間を必要としてしまった。

ところで、本書の内容に関することであるが、「安全・安心まちづくり」という治安政策に私は批判的である。一連の不祥事問題やビラ配布弾圧事件など警察には許せない問題が多々ある。その一方で、国家には警察を必要とせざるをえない。問題のある者もいる一方、「安全・安心まちづくり」に見られる地域でユニークなアイデアを出したり奮闘する現場警察官がおり、時間をかけて諸外国の事例を研究したり政策立案する優秀な警察官僚が存在する。一部敬意を表したい取組や政策もあるが、やはり行き過ぎは禁物である。本来、家庭や学校、市民社会で解決すべき問題について、警察は介入しすぎている。市民が警察を監視をした上で、警察は適正な活動をすべきであり、逆ではない。

また、本書の主たる批判対象は警察・政府・与党・自治体の治安政策である。これらの治安政策に対して、批判的に対応する政党や諸団体を評価したい。しかし、警察や政府に普段批判的な政党なども、時に地域では治安政策推進派になったり、対応に問題がある場合もある。そのような政党など（本書では大学も）に対しても本書では必要な範囲で批判している。公権力から野党・在野団体まで批判するとは、全ての者を私が批判しかねない行為ともいえるし、その他の問題では評価できるところもあり、内心批判したくない人々・団体もいる。ただ、研究者として一端全ての人々・団体と距離を置き、憲法その他の観点から批判せざるをえないということをご理解いただければと思う。

あと本書を読む際に注意していただきたいのは、本文中に色々な個人が登場するが、それぞれその時の肩書・所属等で表記しているので、当然、その後は肩書・所属等が変わっている場合もあるということである。

この多少私的な「あとがき」によって、本書がなぜ現実問題の具体的紹介に多くの頁を費やしているのかを理解していただけると思う。個人的には元々ジャーナリスト志望ということもあり、この「安全・安心まちづくり」に限らず平和主義の問題についても、私の研究スタイルはまず現実問題・事実関係をなるべく詳しく調べ、その中に潜む憲法その他の理論的問題を抽出していくというスタイルである。このような方法は、憲法学界の中では必ずしも評価されているわけではないと思うが、これがこれまでの私の歩みから生まれた研究スタイルとしてご理解していただければと思う。

最後に、本書刊行にあたって、ほとんど手を加えているとはいえ、初出原稿掲載の各出版社・団体には、転載を快く許可していただいたことに御礼を申し上げる。また、この間、監視社会問題に対する取組でご一緒することが多かったジャーナリストの斎藤貴男さんには、本書推薦の言葉を執筆していただき光栄に思っている。そして、何よりもこのような単著出版の企画を立てていただき、私の原稿の遅れからご迷惑をおかけしながら、このような形で世に送り出していただいた社会評論社の皆様には大変感謝している。その他、学会、研究会、講演、交流会、雑談等の場における多くの先生、研究者仲間、弁護士、地方議員、市民団体の方々などとの交流から本書を生み出すことができた。一人ひとりのお名前を記すことができず大変申し訳ないが、感謝の気持ちで一杯である。このような拙著を読んでいただいた読者の皆様にも心からお礼を申し上げたい。

清水雅彦

二〇〇七年三月

清水雅彦（しみず・まさひこ）

1966年兵庫県生まれ。明治大学大学院法学研究科博士後期課程単位取得退学。現在、明治大学兼任講師、和光大学非常勤講師、明治大学軍縮平和研究所特別研究員、法政大学現代法研究所客員研究員。専攻は憲法学。主な共著に、『有事法制のシナリオ』（旬報社、2002年）、『アメリカ映画がわかる。』（朝日新聞社、2003年）、『住基ネットと監視社会』（日本評論社、2003年）、『生活安全条例とは何か』（現代人文社、2005年）、『わかりやすい法学・憲法』（文化書房博文社、2005年）など。

治安政策としての「安全・安心まちづくり」
——監視と管理の招牌——

2007年4月15日　初版第1刷発行

著　者：清水雅彦
発行人：松田健二
発行所：株式会社社会評論社
東京都文京区本郷2-3-10
Tel 03-3814-3861 Fax 03-3818-2808
http://www.shahyo.com
印　刷：瞬報社写真印刷
製　本：東和製本